思维的精进

聪明人如何避开智力陷阱

[英]大卫·罗布森 著
David Robson

沈悦 译

The Intelligence Trap

CTS K 湖南科学技术出版社   博集天卷 CS-BOOKY

献给我的父母 **,** 还有罗伯特

目录
Contents

引　言

冒险进入互联网更为黑暗的深处，你或许会偶然了解到凯利的观点。如果他的话可信，他的一些独到洞见没准能改变世界的秩序。[1]

比如说，他怀疑自己曾在加利福尼亚州纳瓦罗河附近被一个外星人拐走，在那之前，他遇到了一个长着"诡谲的黑眼睛"、闪闪发亮的浣熊模样的奇异生物。他其实不太能回忆起"那个小怪物"向他致以"礼貌的问候"之后究竟发生了什么事情；那一晚余下的时间一片空白。但他强烈怀疑它与外星生物有关联。"山谷里有许多神秘的事物。"他神秘兮兮地写道。

他还是占星术的忠诚信徒。"大多数（科学家）都抱着错误的印象，觉得占星术是不科学的，对他们那种严肃的研究而言并不是合适的对象。"他气冲冲地咆哮道，"他们真是大错特错。"他认为这是改善精神疗法的关键，而每一个不同意他观点的人，"脑袋都结结实实地插进屁股里去了"。除了笃信外星人和星象，凯利还觉得人可以在星界穿越以太 *。

---

* 古希腊哲学家提出的一种假想物质。17 世纪创立的电磁理论假设其为传导电、光、热、磁的媒质，于 19 世纪下半叶为欧洲物理学界广泛应用。20 世纪随着爱因斯坦相对论的建立，此种假说被否定。——编者注（除特别说明外，本书脚注均为作者注）

谈到政治时，凯利的观点变得更为偏激。"选民们所接受的某些重大事实，包括'艾滋病是由 HIV 病毒引起的''释放到大气中的氟利昂让臭氧层出现了一个空洞'，几乎或根本就没有科学依据。"他如此宣称。

无须赘言，这些想法几乎被科学家们普遍认可，但凯利告诉读者，那些科学家只不过是图钱。"关掉电视。读一读基础科学课本。"他哀求道，"你得知道他们在干什么。"

我希望，我不需要告诉你凯利是错的。

网络上到处都是说话毫无根据的人，当然如此，但我们并不指望占星术士和否认艾滋病病因的人能代表智力成就的巅峰。

然而，凯利的全名是凯利·穆利斯，他可绝对不是人们刻板印象中那种孤陋寡闻的阴谋论者，而是一位获得过诺贝尔奖的科学家——我们可以将凯利与玛丽·居里、阿尔伯特·爱因斯坦和弗朗西斯·克里克相提并论。

穆利斯因发明了聚合酶链式反应而被授予诺贝尔奖，科学家可以通过该反应大批量克隆 DNA。这个主意显然是他在加利福尼亚州门多西诺县的一条路上灵光乍现得来的，同时，过去几十年里的许多非凡成就，包括人类基因组工程在内，都取决于那耀眼的一刻。这一发现是如此重要，一些科学家甚至将生物学研究划分成两个时代：穆利斯之前和穆利斯之后。

毋庸置疑，拥有加州大学伯克利分校博士学位的穆利斯拥有令人难以置信的聪明才智；他的发现只可能源于他一生都在致力研究人体细胞内那极其复杂的变化过程。

不过，这种令穆利斯得以做出惊人发现的天赋，是否也可以解释他对外星人的笃信和对艾滋病病因的坚决否定呢？他那超凡的聪明才智是否也令他出奇地愚蠢呢？

本书将探讨为什么聪明人会做出愚蠢的行为，以及为什么在某些情况下，他们甚至比普通人更容易犯错。同时，本书也给出了我们都可以用来避免犯下同样错误的策略：那些将帮助任何一个人在这个后真相世界中更为睿智、理性地思考的经验教训。

你不需要成为诺贝尔奖得主，便可以使用这些策略。尽管我们发现也存在像穆利斯和杰出的物理学家保罗·弗兰普顿这样的案例。后者曾被骗携带两公斤可卡因穿越阿根廷边境。还有阿瑟·柯南·道尔，这位举世闻名的作家也曾中过两个年轻人的圈套。我们也会看到相同类型的思维缺陷能够让任何一个智力水平高于平均水准的人误入歧途。

和大多数人一样，我原本相信聪明是思维能力强的同义词。20世纪初以来，心理学家已测试了一小部分抽象技能——回忆事实、类比推理和词汇量，他们相信这些技能反映了某种先天的一般智力，这是各种形式的学习、创造、解决问题和做出决策的基础。然后，教育便建筑在"原始的"智能之上，为我们提供更多的有关艺术、人文和科学方面的专业知识，这些知识对许多职业来说都至关重要。根据这些标准，你越聪明，你的判断力就越精准。

但当我成了一名专注于心理学和神经科学的科学记者之后，我注意到最近的研究揭示了有关这些假设的某些严重问题。一般意义上的智力和学院教育不仅不能令我们免于犯各种认知方面的错误，聪明人甚至更容易被一些特定类型的愚蠢想法坑害。

例如，聪明人和受过良好教育的人不大能从他们犯过的错误中吸取教训，或接受他人的建议。犯错后，他们更擅长构建复杂精致的说辞，为自己的论证辩护，这意味着他们会画地为牢，变得越来越武断。更糟糕的是，他们似乎有更大的"偏见盲区"，更不容易发现自身逻辑中的漏洞。

我被这些研究成果吸引，开始将视野投向更为广阔的领域。举例来说，管理学家已经论证，一味地追求生产力的糟糕的组织文化，会使体育团队、商业机构和政府组织更有可能做出非理性的决策。结果是，你可以找来极为聪明的人组成整个团队，但这些人将做出极为愚蠢的决定。

后果是极其严重的。对个体来说，这些错误可能会影响我们的健康、幸福和事业上的成功。在法庭上，这将导致严重的误判；在医院里，医生的误诊率是 15%，而死于这些误诊的人比死于乳腺癌的人还要多；在商业领域，则会引发破产与毁灭。[2]

这些错误中的绝大部分都不能被解释为是因缺乏知识或经验；相反，它们出自独特且有缺陷的思维习惯，而这些思维习惯是与更高的智商、更好的教育和专业知识相伴而来的。类似的错误会导致宇宙飞船坠毁、股票市场崩溃，或令国际领导人忽略气候变化之类的全球性威胁。

纵然这些问题看上去并无联系，但我发现，在所有这些现象背后，都有某些共同的运作过程：一种模式，我称其为智力陷阱。[3]

大概用车来类比再合适不过了。一台更好的引擎能让你更快地到达目的地，前提是你懂得如何正确地使用它。仅仅拥有更强劲的马力无法确保你安全抵达目的地。如果没有正确的知识和装备，比如刹车、方向盘、里程表、指南针和一幅准确的地图，更好的引擎兴许只会让你开着车兜圈子或撞上迎面而来的车辆。这么一来，引擎越好，你越危险。

同理，聪明能帮你掌握和回忆事实，并快速处理复杂信息，但同时你也需要具备制约与平衡的能力，来保证大脑正确发挥功能。缺了它们，高智商实际上会令你在思考过程中更加容易走偏。

幸运的是，在概括智力陷阱的同时，最近的心理学研究也开始意识到那些防止我们走偏的额外的心理素质。举例来说，考虑一下下面这个看上去不太重要的问题：

杰克正看着安妮，但安妮正看着乔治。杰克已婚，但乔治未婚。一个已婚的人正看着一个未婚的人吗？

是，不是，或者无法确定？

正确答案为"是"，但绝大多数人会说"无法确定"。

如果你一开始没答对，请不要沮丧，很多常青藤大学的学生也答错了，而当我将这个测试发表在《新科学家》（*New Scientist*）杂志上时，我们史无前例地收到了海量信件，声称答案给错了。（如果你还是无法明白其中的逻辑，我建议你画个图，或者看本书的第 274 页。）

这个测试是在估量一种被称为认知反射的特质，它倾向于质疑我们自身的假设和直觉，那些在这一测试中得分不高的人更容易受虚假的阴谋论、谣言和假新闻的影响。（我们将在第六章中进一步详述这方面的内容。）

除了认知反射，其他能够保护我们远离智力陷阱的重要特质还包括智力上的谦逊、积极的开放性思维、好奇心、对微妙情绪的觉察和成长型思维。这些特质共同使我们的思维走在正轨上，并防止我们的想法掉下众所周知的悬崖。

这一研究甚至催生了一门新学科：循证智慧。这个曾被其他科学家质疑的领域，近年来蓬勃发展，新的推理测试可以比传统的一般智力测试更好地预测人们在现实生活中会如何做决定。我们如今甚至见证了推动这一研究的新机构的成立，比如在 2016 年 6 月启用的芝加哥大学实践智慧研究中心。

然而这些特质都不是标准的学院派测试评估的对象，你不需要牺牲任何一个高智商带来的好处以培养这些不同的思维方式和推理策略；它们只是帮助你更明智地运用自己的智力。同时，与智商不同，它们可以通过训练来培养。无论你的智商如何，你都可以学会更明智地思考。

ഗ

这一前沿科学拥有深厚的哲学渊源。早期关于智力陷阱的讨论甚至可以追溯到公元前 399 年对苏格拉底的审判。

依照柏拉图的描述，指控者声称苏格拉底一直在用邪恶、不敬的想法腐化雅典的年轻人。苏格拉底否认了这些指控，相反，他阐明了自己以智慧闻名的缘由，以及那些指控背后的嫉妒。

他说，一切缘于德尔菲神谕。里面写道，在雅典，没有人比苏格拉底更有智慧。"神在说的是什么呢？这是一个谜：它会意味着什么？"苏格拉底这样问自己，"我反而不知道自己在哪方面有智慧，无论大小。"

于是，苏格拉底就去城里，想找出最受尊敬的政治家、诗人和工匠来证明神谕是错的。然而每一次，他都失望了。"因为他们在自己的技能方面很有成就，每个人都认为自己在其他事情上也很聪明，而他们的这个错误，在我看来正掩盖了他们实际拥有的智慧……"

"那些最有名望的人，"他补充道，"在我看来实际上是最有问题的，而说到理智和判断力，那些被认为是低等的人似乎更有天赋。"

他的结论有些自相矛盾：他之所以有智慧，正是因为他意识到了自己认知的局限性。尽管如此，陪审团还是判定他有罪，苏格拉底被处以死刑。[4]

这与最新的科学研究惊人地相似。将苏格拉底遇到的政治家、诗人和工匠换成今天的工程师、银行家和医生，他遭到的审判则几乎完美地捕捉到了心理学家目前所发现的盲点。（就像苏格拉底的指控者们一样，许多现代的专家也不喜欢自己的缺陷被人揭露。）

但他们是有先见之明的，苏格拉底的陈述与新的发现并不完全相符。毕竟没有一个研究者会否定，智力和教育对良好的思维来说是必备的。问题是我们经常无法正确地使用智力。

正因如此，我们说勒奈·笛卡尔的观点才最接近当代对智力陷阱的理解。"拥有聪明的头脑还不够；最重要的是要正确地使用它。"笛卡尔于 1637 年在《方法谈》中这样说，"最伟大的头脑能造就最伟大的美德，也能造就最伟大的罪恶；相比于那些匆匆忙忙并误入歧途的人来说，那些一直速度很慢但总是走在正确的道路上的人会走得更远。"[5]

最新的科学让我们远远超越那些哲学沉思，精心设计的实验证明了智力既可以是优势也可以是劣势的明确缘由，还提供了躲避这些陷阱的具体途径。

∽

在我们开始这一旅程前，请允许我事先声明：许多关于智力主题的精彩的科学研究都没有被囊括进来。比如说，宾夕法尼亚大学的安杰拉·达克沃斯（Angela Duckworth）完成了有关"毅力"这一概念的开创性工作，她将其定义为我们"对长期目标的坚持不懈和热情"，而且她反复证明了她的毅力测评通常比智力测试更能预测成就。这是一个十分重要的理论，但尚不清楚它能否解决某些因智力而被夸大的偏见；它也没有被纳入更具普遍意义的循证智慧的保护伞之下，而我的大部分论证是以此为指导的。

在写《思维的精进》时，我将自己限制在三个特定问题上。为什么聪明人会做出愚蠢的行为？他们缺少了哪些技能和品质导致他们犯下这些错误？以及我们如何培养这些品质来避免这些错误？我立足于社会的各个层面对此进行了研究，从个人的情况开始，以困扰大型组织的那些错误作结。

第一部分定义了问题。它探讨了我们在理解智力的过程中存在的不足，并阐述了哪怕是最聪敏的头脑也会出人意料地适得其反——从阿瑟·柯南·道尔对精灵的顽固信仰，到美国联邦调查局在 2004 年马德里爆炸案上的调查漏洞——以及知识和专业素养只会放大这些错误的原因。

第二部分通过介绍"循证智慧"这门新学科，提出了解决这些问题的方法，并概括了其他一些对明智的推理至关重要的思维倾向和认知能力，同时也提供了培养这些能力的实用技巧。在此过程中，我们会发现为什么我们的直觉总是出错，以及我们可以通过一些方法改正这些错误来调整直觉。我们还会探索避开谣言和假新闻的策略，从而确保我们的选择基于可靠的证据，而非想当然。

第三部分转向学习和记忆的科学。尽管聪明人有强大的脑力，但他们有时候还是很难学得很好，他们会受限于某种能力的瓶颈，无法发挥出自己的潜力。循证智慧有助于打破这种恶性循环，为深度学习提供三条原则。在帮助我们达到个人目标的同时，这一前沿研究也能解释为什么东亚的教育体系已经很成功地应用了这三条原则，西方学校如果借鉴他们的经验，就能培养出更优秀的学习者和更有智慧的思想者。

第四部分将我们的注意力拓展到个体之外，去探索聪明的群体干蠢事的原因。我们将从英格兰足球队的失利，继而讲到诸如英国石油公司、诺基亚、美国国家航空航天局这样的大型组织遭遇的危机。

　　据说，19 世纪伟大的心理学家威廉·詹姆斯（William James）曾说："许多人看似在思考，其实他们不过是在重新整理自己的偏见。"《思维的精进》写给每一个想要逃离这种错误的人，比如我，它是一本有关智慧的科学与艺术的指南。

智力的消极面

高智商、教育和专业知识如何助长愚蠢

–1–

白蚁的兴衰：
智力是什么以及它不是什么

　　当这些孩子紧张地坐下来，准备接受刘易斯·特曼（Lewis Terman）的研究测试时，他们并没有想到测试结果会永远地改变自己的生活——或世界的历史。*这二者都将以自己的方式被孩子们的测试结果定义，无论是好是坏，它们自身的轨迹也将永久地改变我们理解人类心智的方式。

　　其中一个最聪明的孩子叫萨拉·安，6 岁，门牙中间有道缝，戴着厚片眼镜。涂写完答案后，她随手在试卷之间留下了一块橡皮软糖——大概是给批卷人的一个小小贿赂。当科学家问她，是不是"仙女们"把糖落在那儿了的时候，她咯咯地笑了。"有个小女孩给了我两块，"她可爱地解释道，"但我觉得两块对我来说不好消化，因为我的流感才刚好。"她智商 192，几乎排到了智商分布的最顶端。[6]

　　与她同样位于高智商区域的还有比阿特丽斯，这个早熟的小姑娘 7

---

*下面这四个孩子的故事，以及其他"白蚁"的生活，在 J. 萨尔金的《特曼的孩子们》（*Terman's Kids*，1992）一书中有更详细的描述。

个月大就开始走路和说话了。10 岁时，她已经读了 1400 本书，创作的诗歌显然也颇为老到，旧金山当地的一份报纸称，这些诗"使得斯坦福大学的一堂英语课成了笑柄"，大学生们把小姑娘的诗误认作丁尼生的作品。像萨拉·安一样，她的智商也是 192。[7]

还有 8 岁大的谢莉·史密斯，"一个迷人的孩子，人人都喜欢她"；她脸上明显洋溢着按耐不住的快乐。[8] 还有杰斯·奥本海默，"一个自我又自负的男孩"，他努力和其他人交流，但一点幽默感也没有。[9] 他们俩的智商在 140 上下浮动——刚好可以被纳入特曼的研究，但已然远高于平均水平，这些孩子注定要出人头地。

直到那个时候，智力测试——一个相对来说仍比较新的发明——还主要用于鉴别那些有学习障碍的人。但特曼强烈地相信，这几种抽象的学院派特征，例如事实记忆、词汇量和空间推理能力，代表了一种天生的"一般智力"，是你所有思考能力的基础。无论你的生活背景或教育程度如何，这种很大程度上源自天生的特质代表了某种原始脑力，将决定你学习知识、理解复杂概念和解决问题的难易程度。

"对一个人来说，没有什么比他的智商更重要了。"他那时宣称 [10]，"我们必须寻找智商最高的前 25% 的人，特别是排在前 5% 的人，来担任促进科学、艺术、政府管理、教育和社会福利发展的领导者。"

通过追踪他们接下来几十年的人生轨迹，特曼希望萨拉·安、比阿特丽斯、杰斯和谢莉，以及其他的"白蚁"能逐步证实他的观点，他预测他们会在中学和大学里，在事业和收入上，在健康和生活幸福方面取得成功；他甚至相信智商预言了这些人的道德品质。

特曼的研究结果将在世界范围内永久性地确立标准化测试的应用。如今，尽管许多学校没有明确地运用特曼的测试来筛选孩子，我们的许多教育内容仍在围着他当初那些测试中体现出的狭隘技能打转。

如果我们想解释为什么聪明人会做蠢事，我们先要理解为什么会用这种方式定义智力，这种定义捕捉到了什么能力，以及漏掉了哪些至关重要的思考角度——那些在创造力和实事求是地解决问题上同样必需的技能，在我们的教育体系中被完全忽略掉了。只有完成这些之后，我们才能开始思索智力陷阱的源头，以及或许可以解决它的方法。

我们将看到，当特曼设置他的测试时，其中的很多盲点对当代研究者来说是显而易见的，而这些盲点在比阿特丽斯、谢莉、杰斯、萨拉·安以及许多其他"白蚁"的胜利与失败中将更为明显，他们的生活有时会以出人意料的戏剧化方式展开。但由于智商的持久性，我们只是刚开始掌握这意味着什么，以及会对我们做出决策有何影响。

实际上，特曼自己的人生故事也揭示了，由于傲慢、偏见，还有热爱，高超的智力会如何灾难性地起到适得其反的作用。

∽

正如许多伟大的（即便是搞错了的）想法，此种对智力的理解萌芽于这位科学家的童年时期。19 世纪 80 年代初，特曼在印第安纳州的乡下长大。在一所"红色的小校舍"中只有一间屋子，没有书，一个安静的红头发小男孩静静地坐着，观察他的同学们。有些孩子会遭到他的嘲笑，其中就包括一个"发育迟缓"的白化病孩子，他只跟自己的姐姐玩，还有一个已经 18 岁了，却仍在努力掌握字母表的"低能傻瓜"。另一个玩伴，"一个富有想象力的小骗子"，迟早会变成臭名昭著的连环杀手，特曼后来如此宣称——尽管他从未提过那到底是谁。[11]

然而，特曼知道自己和周围那些缺乏好奇心的孩子不一样。在走进那间没有书的教室之前，他就能够阅读了；在第一个学期，老师就同意他跳级，去学习三年级的课程。直到某个巡回推销员造访了家庭农场，特曼的智力优势才得到了证实。这个推销员找到了一个带些书生气的家庭，决心写一本关于颅相学的书。为了证明书中的理论，他和特曼家的孩子们围坐在火炉边，开始检查孩子们的头皮。他解释说，头皮下边骨头的形状可以透露出孩子们的美德和恶习。小刘易斯厚实的头发下那些凸起，似乎给他留下了特别的印象。这个男孩，他预言，会成就"大事"。

"我想这个预言或许给我增加了一点自信，让我努力去实现比原本可能设想的目标更有野心的追求。"特曼后来写道。[12]

1910年，当特曼得到斯坦福大学的一个显赫职位时，他早已清楚颅相学是伪科学；他头盖骨上的凸起根本无法反映他的能力。但他仍强烈地怀疑智力是某种与生俱来的特征，能够划定你的人生道路，而眼下他有了新的标准，来测量"低能傻瓜"和"小天才"之间的差异。

让特曼着迷的是阿尔弗雷德·比奈（Alfred Binet）开发的一个测试，比奈是20世纪末巴黎的一位著名心理学家。按照法兰西共和国全体公民都享有平等权利的原则，政府最近开始对所有6到13岁的孩子推行义务教育。然而，一些孩子根本无法把握这个机会，公共教育部门因而陷入两难境地。这些"低能儿"应该在学校里被单独教育吗？或者应该把他们挪到收容所去？比奈同西奥多·西蒙（Théodore Simon）一起，发明了一种测试，能够帮助老师衡量一个孩子的学习进度并据此调整他们所接受的教育。[13]

对当代读者来说，这里的一些问题或许看起来十分荒谬。词汇测试中有这样一道题，比奈要求孩子们看几个女人的脸部画像，并判断哪个女人"更漂亮"（如下页图）。不过很多测试题的确反映了孩子们在今后的生活中要想取得成功所必备的技能。比如说，比奈会列举一系列数字或单词，参加测试的孩子要以正确的顺序复述，以测试他们的短时记忆能力。另一个问题是要求他们用三个给定的单词造句，以考验他们的语言组织能力。

比奈—西蒙测试

比奈自己并没有抱任何幻想，认为他的测试能够涵盖全部的"智力"；他相信我们的"脑力价值"太过于难以捉摸，无法用单一尺度来衡量，同时他也拒绝这样一种观点，即较低的分数限定了一个孩子未来的机会，他相信在人的一生中，这是有可能改变的。[14] "我们必须抗议

和反对这种残忍的悲观主义，"他写道，"我们必须努力说明这是毫无根据的。"[15]

然而其他心理学家，包括特曼在内，都已经接受了"一般智力"的概念，认为存在某种服务于大脑的脑力"能量"，它可以解释你在解决各种问题时和在学校学习时的表现。[16]例如，如果你心算的速度比较快，那么你就更有可能具有良好的阅读能力并能更好地记忆事实。特曼相信智力测试能捕捉到原始脑力，它是由遗传决定的，可以预测你一生中在方方面面的事情上取得的总体成就。[17]

于是，他着手将比奈的测试改写成了英语版本，加入了新的问题并扩展为适用于较大儿童和成年人的测试，比如：

> 如果买两支铅笔要花 5 美分，那么你花 50 美分能买多少支铅笔？

以及：

> 懒惰（laziness）和闲散（idleness）有何不同？

在改写这些问题的同时，特曼还改变了表达测试结果的方式，使用了一个沿用至今的简单公式。考虑到年龄较大的孩子会比年龄小的孩子表现得更好，特曼首先为不同年龄设立了平均成绩。从这些表格中你可以看到一个孩子的"脑力年龄"，用它除以实际年龄再乘以 100，便得出了"智力商数"。一个 10 岁的孩子像 15 岁的孩子那样思考，他就会有 150 的智商；与之相反，一个 10 岁的孩子像 9 岁的孩子那样思考就只有

90 的智商。在各个年龄段，平均分是 100。*

特曼的许多动机值得赞许：他想为教育体系提供某种实证基础，这样一来，教学便可依照一个孩子的能力进行调整。但即便是在测试的概念中，特曼的想法也有一种令人讨厌的倾向，那就是他设想了一种以分数为基础的社会工程。比如，在描述了一小群"流浪汉"之后，他相信可以用智力测试从社会中分离出不良分子，而他们甚至并未犯罪。[18] "道德，"他写道，"无法开花结果，如果智力仍是幼稚的。"[19]

谢天谢地，特曼从未实现这些计划，但他的研究在第一次世界大战期间吸引了美国军方的注意，美军用他的测试评估了 175 万名士兵。那些最聪明的士兵直接被送去接受军官培训，最笨的则被军队开除或被送往劳工营。许多观察者相信，这一策略显著改进了征兵流程。

借着这次成功的东风，特曼开始了将会支配他余生的项目：一项针对加利福尼亚那些最具天分的学生的大规模调查。该项目始于 1920年，他的团队着手发掘加利福尼亚最大的几座城市里的那些顶尖人才。老师们受到鼓励，推荐他们最聪明的学生，之后，特曼的助手们会测试这些孩子的智商，只挑选出那些智商超过 140 的孩子（不过他们后来把门槛降到了 135）。既然假定智力具有遗传性，他的团队也测试了这些孩子的兄弟姐妹，这使得团队得以快速建立起一个总数超过 1000 人的天才儿童群体，其中就包括杰斯、谢莉、比阿特丽斯和萨拉·安。

在接下来的几十年里，特曼的团队持续跟踪这些孩子的成长过程，亲切地称他们为"白蚁"，而他们的故事将定义我们近一个世纪以来判别

---

* 对于成年人，至少依照一般智力的理论，他们的智力已经停止发展，智商的计算方式略有不同。你的分数不再反映你的"脑力年龄"，而是反映你在著名的"贝尔曲线"上所处的位置。比如说，一个智商 145 的人，该曲线显示你的智商水平处于总人口的前 2%。

天才的方式。脱颖而出的白蚁包括核物理学家诺里斯·布拉德伯里、在纽伦堡审判中担任监狱精神病学家的道格拉斯·麦格拉申·凯利，以及剧作家莉莉思·詹姆斯。到 1959 年，其中有 30 多人入选美国名人录，同时近 80 人被列入美国科学家名录。[20]

并不是所有白蚁都取得了巨大的学术成就，但他们在各自的事业领域中都大放光彩。回忆一下谢莉·史密斯——"一个迷人的孩子，人人都喜欢她"。从斯坦福大学辍学后，她在《生活》杂志做研究员和记者，还在那里遇到了摄影师卡尔·迈登斯并嫁给了他。[21] 他们一起周游了欧洲和亚洲，报道第二次世界大战期间逐渐紧张的政治局势，她后来还通过自己捕捉到的画面和声音，回忆起在外国街道上奔跑的日子。[22]

另一方面，杰斯·奥本海默，那个"自我又自负的男孩"，"没有什么幽默感"，后来成了一名作家，为弗雷德·阿斯泰尔的广播剧供稿。[23] 没过多久他就赚到了不少钱，当他提到自己的收入时，他发现很难不笑出声来。[24] 遇见喜剧演员露西尔·鲍尔后，他的运气就更好了，他们一起打造了热门电视剧《我爱露西》。在写作剧本的间隙，他还改进了拍摄技术，也是新闻主播们如今还在使用的提词器的专利申请人。

这些成功无疑支持了一般智力的观点；特曼的测试可能只检验了学术能力，但它们似乎的确反映出一种"原始的"潜在大脑能力，这种能力帮助孩子们学习新观点、解决问题，以及富有创造性地思考，不论他们选择什么样的人生道路，都能活得充实且成功。

特曼的研究很快就说服了其他教育家。1930 年，他辩称道："智力测试将在未来的半个世纪中蓬勃发展至成熟阶段……几十年后，从幼儿园到大学，孩子们将花费数倍于现在看来合理的时间进行智力测试。"[25] 他是对的，在随后的几十年中，他的测试又经历了多次迭代。

在测试词汇和数字推理能力的同时，后来的测试还包括更多复杂的非语言类难题，例如下面的四分之一图。

回答这样的问题，你要能抽象思考并看到连续图形背后的一般规律。这无疑反映了某种高级的信息处理能力。同样，根据一般智力的观点，这些抽象推理技能意味着一种"原始脑力"，它与你接受的特定教育无关，是你所有思考的基础。

我们的教育也许会教给我们很多属于各种特定学科的专业知识，但每种学科最终依赖于那些抽象思维层面更基本的技能。

你会如何补充右下的图形？

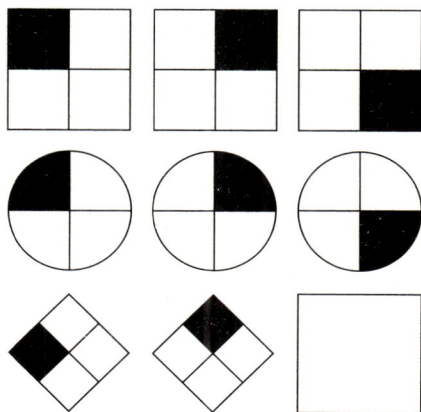

在智力测试最受追捧的时期，美国和英国的大多数学生都是根据智商被加以分类的。今天，用该测试筛选年轻学生的方法已不再流行，但在教育和工作领域，我们依然可以感受到它的影响力。

例如，在美国，大学用来招生的学业能力倾向测验（SAT）就直接受到特曼在 19 世纪 20 年代所做研究的启发。今天，也许提问方式会有所不同，但这类考试依然同样关注记忆事实、遵循抽象规律、掌握大量词汇和斑点图像这样的基本能力，因此一些心理学家也将它们描述为智力测试。

很多中学和大学的入学考试和员工招聘考试也是如此，如美国研究生入学考试（GRE）和用于挑选求职者的温德利人事测验。甚至在招聘美国国家橄榄球联盟的四分卫时，也要进行温德利测验，因为有理论认为，更高的智商会提高选手在球场上的战略能力，由此可见特曼的巨大影响力。

这并不是西方独有的现象。[26] 你可以在世界任意角落看到源于智商理论的标准化测试，而在某些国家和地区——最明显的是印度、韩国、新加坡，所谓"补习班"产业已经发展起来，指导学生们参加 GRE 一类的考试，这是他们升入顶尖大学的必经之路。[27]（让我们用数字证明其重要性，光是在印度，补习班每年的产值就高达 64 亿美元。）

然而，与这些考试本身同样重要的，是这些理论对我们产生的持续影响。即便你质疑智力测试，许多人还是相信，这些抽象的推理技能对学业成功至关重要，无论是工作上、家里，还是经济或政治领域，它都代表着某种潜在的智力，在生活中能够自动转换为更好的判断力和决策力。举例来讲，我们假设更高的智商意味着你能自发地在得出结论前评估事实根据；这就是为什么我们发现像凯利·穆利斯这样的人持有奇怪的阴谋论值得讨论。

对无法用智力测试去衡量的其他影响决策的能力，我们会敷衍了事，倾向于使用诸如"生活技能"等无法精确测量的模糊概念，而且我们会假设它们是通过耳濡目染得来的，而非刻意训练。我们中的大多数人肯定没有像在学校里发展抽象思考和推理能力那样，付出同样多的时间与精力来发展这些技能。

因为大多数学校考试都有时间限制，需要快速思考，所以我们也被教导说推理的速度标志着我们的智力水平；犹豫不决和优柔寡断是不可取的，任何认知上的困难都象征着我们自身的失败。总体来说，我们尊敬那些能快速思考、快速采取行动的人，"缓慢"则是愚蠢的同义词。

我们会在接下来的章节中看到，这些都是误解，如果我们想要找到摆脱智力陷阱的方法，就必须纠正这些误解。

∽

在我们检验一般智力理论的局限性，谈论那些它未能捕捉到的思维方式和能力前，让我们先明确一下：无论是智力测试、SAT 考试、GRE 考试，还是温德利人事测验，大多数心理学家赞同这些测试确实能反映出某些关于大脑的学习能力和处理复杂信息的能力。

这些测试完全是基于这种原因发展起来的，所以测试成绩可以预测你在中学和大学中的表现也就不足为奇了，但它们也能在一定程度上预测你毕业后的职业路径。处理复杂信息的能力意味着你更容易理解和记忆复杂的数学或科学概念；这种能力也会帮你在历史小论文中构建更强有力的论点。

特别是，如果你想进入诸如法律、医学或计算机程序设计这一类需要更高学习和抽象推理能力的领域时，更好的一般智力无疑是一种优势。或许因为白领职业带来了社会经济方面的成功，因此智力测试中分数更高的人也相应地更健康长寿。

神经科学家也已经发现了某些解剖学上的差异，这或许可以解释为什么有些人有更高的一般智力。[28] 举例来说，智力越高的人，树皮似的大脑皮层越厚，并有更多的褶皱，这些人的大脑总体上也较大。[29] 连接大脑不同区域的神经纤维聚集区（被称为"白质"，因为被包裹在脂肪鞘中）也有所不同，搭建出了更有效的信号传输网络。[30] 这些差异有助于更快的信息处理能力和更好的长短时记忆能力，所以高智商人群更容易识别模式和处理复杂信息。

否认这些结果的价值，否认智力在我们的生活中扮演着毋庸置疑的重要角色，都是愚蠢的。然而，当我们过分相信这些评估方式能代表一个人全部的智力潜能 [31]，而忽略掉那些无法用这些分数解释清楚的行为及表现变量时 [32]，问题就出现了。

举例来说，如果你看看那些调查，就知道律师、会计师或工程师的平均智商大概都在 125 左右，这意味着高智商的确带来了某种优势。但其实，这些人的分数覆盖了相当大的范围，差不多从 95（低于平均水平）到 157（属于白蚁的领域）之间。[33] 当你比较这些人在职业领域中的成就时，如果以管理者的标准来衡量，智商的影响最多只约占业绩差异的 29%。[34] 智商当然是一个非常重要的部分，但即使将诸如动机等因素纳入考虑范围，职业表现中的很大一部分内容依旧无法用人的智商来衡量。[35]

对任何一种职业来说，都有大量的低智商从业者胜过了那些智商更高的人，还有那些智力很高但并没有充分运用大脑能力的人，这证明创造力或明智的职业判断等素质是无法单用一个数字来考查的。"这有点像个子高和打篮球之间的关系。"哈佛大学教育学院的戴维·珀金斯（David Perkins）告诉我，"如果你没有达到某个非常基本的门槛，便走不远，但超过那一点之后，其他因素就开始起作用了。"

比奈警告过我们这一事实，如果你仔细观察数据，这一点在白蚁们的生活中是显而易见的。作为一个群体，他们比一般的美国人成功得多，但也有很多人没有实现抱负。心理学家戴维·亨利·费尔德曼（David Henry Feldman）审视了 26 名智商最高的白蚁的事业，他们的智商都超过了 180。费尔德曼期望这些天才都能超过同龄人，然而只有 4 个人达到了很高的专业层次（例如成为法官或受人敬仰的建筑师）；作为一个群体，他们比那些智商低三四十分的人们只成功了一点点。[36]

想想比阿特丽斯和莎拉·安，我们在本章开头介绍过的那两个早熟的小姑娘，她们的智商都是 192。比阿特丽斯梦想着成为雕塑家和作家，但她最后用丈夫的钱涉足了房地产领域——这与奥本海默的职业生涯形成了鲜明对比，而后者在这个群体中得分较低。[37] 另一方面，莎拉·安取得了博士学位，但她发现自己很难将精力集中在事业上；50 岁时，她过着半游牧的生活，从一个朋友家搬到另一个朋友家，简单来说，过着群居生活。"我认为从小开始，我就被迫太过关注自己作为'白蚁'的身份……但我被给予的东西太少了，所以很难真正地用这种智力天赋去做些什么。"她后来写道。[38]

我们不能忽略这样一种可能，那就是某些白蚁兴许有意识地不去追求雄心勃勃的（有潜在压力的）事业，但如果一般智力真的像特曼最初认为的那样重要，你也许会希望很多人都能够取得伟大的科学、艺术和政治成就。[39] "当我们回忆特曼在早期对其研究对象的潜力所持的乐观态度时……会生出失望之感，他们本该在一生中做得更多。"费尔德曼总结道。

将一般智力解读为解决问题和学习的万能能力，这一观点与弗林效应，即智商在过去几十年中神秘地提升这一说法相抗衡。

为了一探究竟，我从弗林本人位于新西兰的家出发，飞往英国，在他儿子位于牛津的家里拜访了他。[40] 弗林如今是智商研究界的杰出人物，而他本来只是想浅尝辄止，他说："我是一个涉足心理学领域的道德哲学家。我说的涉足，是指它在过去 30 年中占用了我一半的时间。"

弗林对智商的兴趣始于他听闻的一些令人不安的断言，即认为某些特定种族先天不那么聪明。他怀疑环境影响能解释智商分数上的差异：比如，更富有、受教育程度更高的家庭里，词汇量更大，这意味着这类家庭的孩子在语言测试部分表现更佳。

不过，当分析各种各样的研究时，弗林遇到了更让人迷惑的问题：对所有种族来说，智力在几十年里都提升了。心理学家们一直在慢慢地通过提高考试标准来解释这个问题——你需要答对更多的问题才能得到同样的智商分数。但如果你比较原始数据就会发现，智力有了显著的提升，相当于在过去 80 年里提高了 30 分。"我想：'为什么心理学家们不因为这个发现而在街上跳舞呢？到底发生了什么？'"他告诉我。

那些相信智力主要受遗传影响的心理学家惊呆了。通过比较兄弟姐妹之间和陌生人的智商分数，他们估计遗传学可以解释人与人之间 70% 的差异。然而遗传上的进化是缓慢的：我们的基因不可能进化得那么快，从而导致像弗林所观察到的那般智商飞跃。

相反，弗林认为我们需要注意社会发生的巨大变化。即使我们没有明确接受过应对智力测试的教育，也从小就被教育要识别模式以及用符号和类别进行思考。想想那些引导我们思考生命之树的不同分支、不同元素和自然界的各种力量之类的小学课程。越多孩子接触这些"科学奇观"，他们用抽象术语思考问题就越普遍，弗林认为，这令智商随着时间推移而稳步提升。我们的头脑被锻造成了特曼想要的样子。[41]

起初，其他心理学家持怀疑态度。但弗林效应在欧洲、亚洲、中东和南美，在任何一个正在发生工业化和西式教育改革的地方都有记载（如下图）。

世界范围内的弗林效应

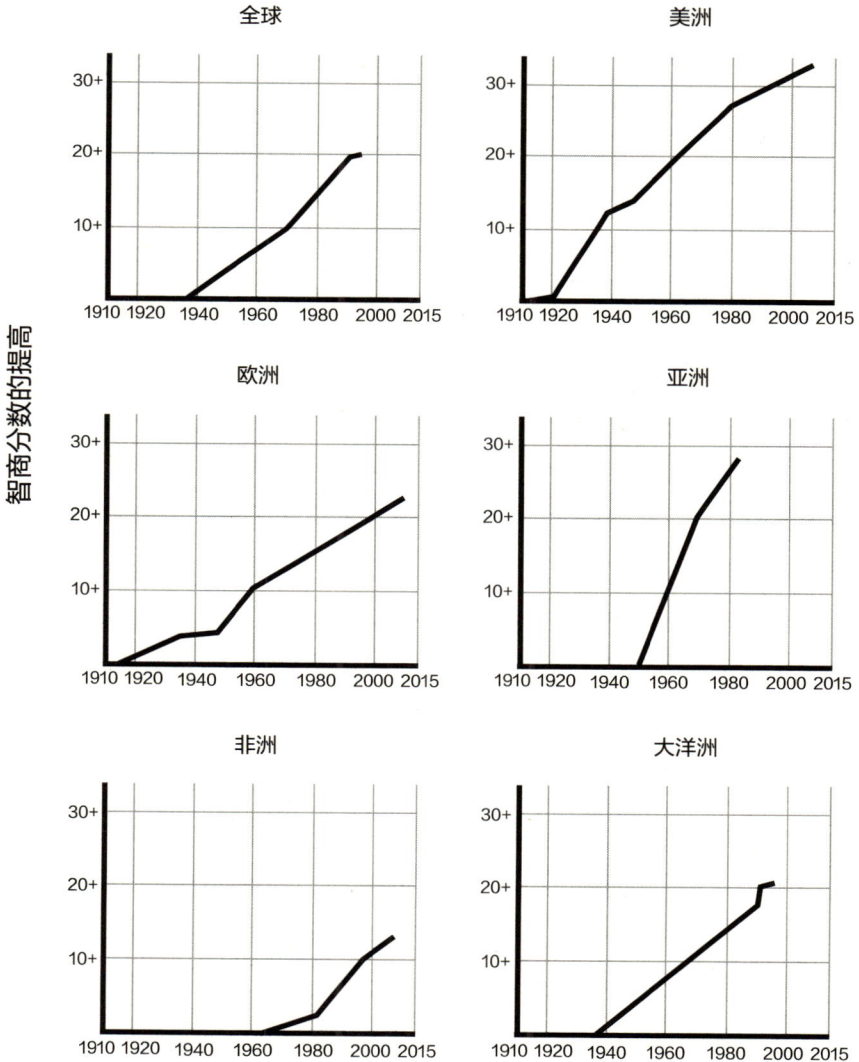

全球

美洲

欧洲

亚洲

非洲

大洋洲

这些结果表明，一般智力取决于我们的基因与周围文化的相互作用。至关重要的是，智力测试不同部分的分数并非同等升高，这与弗林的"科学奇观"理论是相符的。举例来说，非语言推理比词汇和数字推理进步更大，而其他不被智力测试评估的能力，例如导航能力，实际上已然退化。我们只不过提炼了几种能帮助我们更抽象地思考的特定技能。"随着时代的发展，社会对我们提出了极为不同的需求，人们不得不应对。"通过这种方式，弗林效应显示出我们不能只训练一种类型的推理能力，并假定所有与更高智力相联系的解决问题的能力都会随之而至，正如某些理论所预测的那样。[42]

这在日常生活中是显而易见的。假如智商的提升反映了整体思维的深刻改善，那么即便是最聪明的 80 岁老人（比如弗林），与千禧一代平均智商的年轻人相比也会像个傻子。我们也没有看到专利数的增长，举例来说，如果一般智力测试评估的那些技能对杰斯·奥本海默擅长的那种技术创新具有决定性影响，那么我们会期望看到专利数有所增长。[43]我们也没有见到明智和理性的政治领袖大量出现，如果一般智力对真正赋予洞察力的决策具有决定性作用，那么这也是你可以期望的。如果特曼能活着看到弗林效应，我们便不会生活在他想象出来的乌托邦式的未来中。[44]

显然，一般智力测试所衡量的技能，是我们头脑机制的一个重要组成部分，决定了我们处理和学习复杂抽象信息的速度。但如果我们要了解人类在做出决策和解决问题时需要的所有能力，就需要拓宽视野，将更多其他那些并不与智商密切关联的技能和思维方式考虑进来。

　　然而，试图定义其他智力模式的尝试往往以失望告终。比如，有一个最近很流行的词叫"情商"*。社交技能决定了我们生活中的很多结果，这当然说得通，但批评者指出，一些流行的"情商"测试是有缺陷的，不能像智力测试或是评估如责任心等人格特质的标准测试那样很好地预测成功。[45]

　　与此同时，在20世纪80年代，心理学家霍华德·加德纳（Howard Gardner）提出了"多元智能"理论，它包含八个方面，包括人际交流和自省智能、令你擅长运动的动觉智能，甚至"自然智能"——你是否擅长辨别花园里的不同植物，或你是否能通过听汽车发动机的声音辨别车的品牌。然而，许多研究者觉得加德纳的理论过于泛泛，除了一些人的确比其他人更喜欢某些技能这种常识性概念，并没有给出准确的定义和测试，或是任何支撑其推测的可靠依据。[46]毕竟我们都知道有些人擅长运动，另一些人擅长音乐，但这能让他们具有单独的智能吗？"为什么不聊聊用豆子堵住鼻孔的智能呢？"弗林说。

　　康奈尔大学的罗伯特·斯滕伯格（Robert Sternberg）用他的成功智力三元论提供了某种中间地带，这种理论检验了三种特定类型的智力：实践性、分析性和创造性智力，它们将共同影响人在多种文化和情形中如何做决定。[47]

　　一天下午，我打电话给他，他为家里的小孩们在外面花园里的玩闹声道歉。但当他开始描述对当下教育以及我们用于计算脑力价值的落后手段的失望时，斯滕伯格很快就忘记了噪声。

　　他将智力测试方面缺乏进展的现状和其他领域（如医学）取得的显著

---

*尽管存在这些批评，但最新的情商理论被证实对我们理解直觉推理和群体智慧至关重要，正如我们会在第五章和第九章中发现的那样。

进步加以比较：这就像是医生们仍在用 19 世纪的过时药物治疗危及生命的疾病。"我们还处在用水银治疗梅毒的阶段，"他告诉我，"SAT 考试决定了谁能进入好大学，找到好工作，但你发现他们尽是缺乏常识的优秀技术人员。"

和之前的特曼一样，斯滕伯格的兴趣也生根于童年时期。今天，没有人再质疑他的智力：美国心理学协会认为斯滕伯格是 20 世纪最杰出的 60 位心理学家之一（排名比特曼靠前 12 位）。[48] 但当他是个二年级的小朋友时，面对第一份智力测试，他的脑子僵住了。等结果出来后，每个人，他的老师、家长和斯滕伯格自己似乎都明白了：他是个傻瓜。那个低分很快就变成了一个自我实现的预言，如果不是因为他四年级时的老师，斯滕伯格确信自己会一直处于这种恶性循环之中。[49] "她认为不应该仅看一个孩子的智商分数，"他说，"就因为老师信任我，我的学习表现直线上升。"有了她的鼓励，他年幼的心智开始蓬勃发展。他曾难以把握的那些狡猾的概念，开始在头脑里扎下根来；他终于成了优等生。

刚进耶鲁大学读书时，他决定选修一门心理学导论课程，想要理解为什么他小时候被认为是一个"特别笨的孩子"——这个兴趣也引导他在斯坦福大学读研究生时继续深入研究，在那里，他开始研究发展心理学。他思考，如果智力测试不能提供可靠的信息，那我们如何更好地衡量那些能帮助人们成功的技能呢？

幸运的是，对自己学生的观察给了他灵感。他记得有个叫艾丽斯的女孩到他的实验室来工作。"她的考试分数非常不错，是个模范生，但来到实验室后，她提不出任何有创造性的想法。"他说。另一个叫芭芭拉的女孩和艾丽斯完全不一样，芭芭拉的分数还可以，但并不"令人惊艳"，可她有许多想法。[50] 还有一个学生，西莉亚，她既没有艾丽斯那样的好成绩，也不像芭芭拉那样有精彩的点子，但她异常务实。她想出了一套筹划和执行实验的特殊方法，组建了一支高效的团队并发表了自己的论文。

受到艾丽斯、芭芭拉和西莉亚的启发，斯滕伯格开始提出一套关于人类智力的理论，他将其定义为"依照一个人的自身标准，在其所处的社会文化背景中，取得人生成功的能力"。为了避免像加德纳的多元智能理论那样（或许过于）宽泛地定义这个问题，他将自己的理论限定在三种智力之内——分析性智力、创造性智力和实践性智力——并考虑如何定义、测试和培养这些智力。

分析性智力本质上是特曼研究的那种思维，它包括让艾丽斯在 SAT 考试中表现出色的能力。与之相比，创造性智力检验的是我们"发现、想象和猜想"的能力，斯滕伯格如是说。尽管中学和大学已经在创意写作课程中鼓励学生发展这一能力，但斯滕伯格指出，诸如历史、科学和外语等科目也可以涵盖用于评估和训练创造能力的练习。比如说，一个学习欧洲历史的学生或许会问："要是弗朗茨·斐迪南没有遭到枪杀，第一次世界大战还会爆发吗？"或者问："要是德国赢得了第二次世界大战，这个世界如今会是什么样的？"有关动物视觉的科学课也许可以包括想象蜜蜂的眼睛会看到什么之类的教学内容。"描述一只蜜蜂能看到什么你看不到的东西。"[51]

回答这些问题的时候，学生们依然有机会卖弄自己的事实性知识，但他们也会被迫练习反事实性的思考方式，想象那些从未发生过的事。在许多需要创造性的行业中，这显然是十分有用的技能。杰斯·奥本海默在创作剧本和担任技术指导时，都运用了这种思考方式。

与此同时，实践性智力涉及另一种不同类型的创新：计划和执行一个想法的能力，以最实际的方式处理生活中的混乱和模糊不明的问题。它包括类似"元认知"的特质——你是否能判断自己的优缺点是什么，并找到克服缺点的最佳途径，还有那些来自经验的隐性知识，它能帮助你在匆忙中解决问题。这种智力类型还包含被称之为情商或社交商的某些技能——解读动机并说服别人照你说的去做。在白蚁中，谢莉·史密斯·迈登斯作为战地记者的快速思考能力和让她成功地从日本战俘营里逃出来的能力，或许是实践性智力的最好体现。

三种思维方式中，实践性智力大概是最难以明确地加以测试或培养的，然而斯滕伯格指出，中学和大学是有办法培养这种智力的。在商科课程中，这可能涉及在处理人员短缺问题时如何评估不同政策。[52] 在有关奴隶制的历史课上，你或许可以让学生想想，挑战一下为逃跑的奴隶规划地下铁道。[53] 无论什么科目，核心观点都是要求学生为他们之前可能从未遇到过的问题想出实用的解决方案。

重要的是，斯滕伯格已经在很多不同的情境下成功地检验了他的理论。例如，在耶鲁大学，他帮助创建了一个针对天才高中学生的心理学暑期项目。学生们按照他对智力的不同分类接受测试，然后随机分组，再根据某种特定智力类型加以培养。比如，在研究了一上午有关抑郁症的心理学之后，有些学生被要求根据所学内容构建自己的理论，以训练创造性智力。另一些学生被问及如何用这些知识帮助一位受精神疾病折磨的朋友，以提升其实践性智力。"我们的想法是，一些学生可以利用他们的长处，另一些则可以修正他们的短处。"斯滕伯格告诉我。

结果令人振奋。按照不同的特定智力类型对学生们加以培养，提高了他们在一次期末考试中的总体成绩。这说明，一般性教育应当有助于满足那些更具创造性或实践性思维的人。此外，斯滕伯格发现，实践性智力和创造性智力测试成功地鉴别了更多的来自不同种族和经济背景的学生群体——他们一出现，就立刻带来了令人振奋的多样性，斯滕伯格说。

在后来的一项研究中，斯滕伯格征集了 110 所学校（总计超过 7700 名学生），将同样的原理应用到数学、科学和英语教学中。结果再一次表明，被教导发展实践性智力和创造性智力的学生整体表现更佳，甚至在分析性和记忆性问题上表现得更好。这说明更全面的方法总体上有助于他们吸收和处理所学到的内容。

或许最具说服力的，是斯滕伯格与几所大学，包括耶鲁大学、杨百翰大学和加州大学欧文分校的招生部门合作的彩虹项目。该项目设置了不同的入学考试，将传统的 SAT 成绩与对实践性智力及创造性智力的评估加以结合。他发现新的测试方式对一年级新生的 GPA（平均绩点）的预测准确度是原来只考察 SAT 成绩时的两倍，这表明这种测试方式确实能捕捉到思考和推理的不同方法，而这些对于一个人在高等教育中取得成功非常重要。[54]

在学术界之外，斯滕伯格还开发了适用于商业领域的实践性智力的测试，并在各行各业的高管和销售人员中开展实验，从当地房地产中介公司到《财富》500 强企业均有涉及。其中一个问题是让参与者针对不同情况下可能采用的方法进行排序，例如，你的某位同事是个完美主义者，工作进度缓慢，可能阻碍你的小组达成目标，你要如何运用各种方式推动他以解决这个问题。另一个情景是要求他们解释当库存不断减少时，他们该如何改变销售策略。

在每个例子中，那些问题测试了人们如下几种能力：优先安排任务并衡量不同选择所具有的价值，认识自身行动的结果并提前防范潜在的挑战，为了避免项目陷入僵局劝说同事做出务实的妥协。关键在于，斯滕伯格发现这些测试能够预测衡量成功的指标，例如年度利润、获得专业奖项的机会和整体工作满意度。

　　与此同时，在军队中，斯滕伯格检验了各种衡量排长、连长和营长领导力的指标。例如，他们会被问及如何解决士兵的不服从问题，或什么是传达任务目标的最好方式。再一次，实践性智力，尤其是隐性知识，比传统意义上只考察一般智力更好地预测了这些人的领导力。[55]

　　斯滕伯格的方法或许缺乏智力测试那种一体适用的简明，但这些方法能更进一步地衡量那种让杰斯·奥本海默和谢莉·史密斯·迈登斯在其他白蚁失败的地方取得成功的思维方式。[56]"斯滕伯格走在正确的轨道上，"弗林告诉我，"他出色地证明，不只分析性技能，衡量其他能力也是可能的。"

　　令人失望的是，外界接受得非常缓慢。尽管他的方法被塔夫茨大学和俄克拉何马州立大学采纳了，但仍未得到广泛传播。"人们也许会说事情会发生改变，但之后事情又变回了老样子。"斯滕伯格说。正如他还是个孩子时，老师们依然很快就遵照狭隘抽象的测试判定了一个孩子的潜力——他在自己孩子们所受的教育上也目睹了这一事实，他的一个孩子如今是硅谷成功的企业家。"我有五个孩子，他们全都在某个时间段里被当成了潜在的失败者，"他说，"后来却都干得不错。"

∽

　　斯滕伯格的研究尽管或许没有像他所希望的那样使教育发生彻底改变，但启发了其他以隐性知识概念为基础的研究，包括一些有趣的关于"文化智商"的新研究。

　　新加坡南洋理工大学管理学教授洪洵（Soon Ang），是这项工作的先驱者。20世纪90年代末，多家跨国企业曾聘请她作为顾问，将来自许多国家的程序员团结在一起，帮助他们应对"千年虫"。

这些程序员都无可否认地既聪明又经验丰富，但通过观察，洪洵发现他们共同工作时效率低下，令人失望：例如，来自印度和菲律宾的程序员似乎就某一方案达成了一致，随后又会以不同且互不相容的方法去执行。尽管团队成员都说同一种语言，但洪洵意识到他们在挣扎着跨越文化鸿沟，并理解不同的工作方式。部分受到罗伯特·斯滕伯格的研究启发，她提出了"文化智商（CQ）"，这一评估方式将检验你对不同文化规范的总体敏感度。举个简单的例子：一个英国人或美国人也许会惊喜地向日本同事提出某种想法，结果对方沉默以对。文化智商低的人会将日本人的反应解释为他们不感兴趣；文化智商高的人则会解释说，在日本，在得到回应之前，你或许需要明确地询问反馈——即便回应是积极的。或者你可以想一想，闲聊在建立关系时所起到的作用。在一些欧洲国家，直接行动、解决手头的问题更好，但在印度，重要的是花时间建立关系——那些文化智商高的人会意识到这一事实。

洪洵发现有些人始终能比其他人更好地解读这些信号。重要的是，文化智商衡量的不仅仅是你对某一特定文化的了解，还有你对陌生国家里那些可能产生误解的潜在领域的总体敏感度，以及你在多大程度上能适应它们。和斯滕伯格对实践性智力的评估一样，这些隐性技能并不与智力测试或其他学术潜能测试具有密切关联——这重申了它们衡量的是不同方面。就像洪洵手下的程序员所表现出来的，你的一般智力可能很高，但文化智商却较低。

"CQ"现在和很多衡量成功的标准联系在一起。它能预测移居国外的人适应新生活的速度、国际营销人员的表现，以及参与者的沟通能力。[57] 在商业领域外，文化智商还可以决定留学生、在灾区的慈善工作者和国际学校老师的体验，甚至决定了你某次在国外的度假是否愉快。

～

与弗林和斯滕伯格的谈话让我羞愧。尽管在学业上表现不错，但我必须承认自己缺乏斯滕伯格的测试中会衡量到的许多其他技能，包括不少对其他人而言平淡无奇的隐性知识。

举例来说，想象一个我们很多人都曾遇到过的情境：你的老板是一位事必躬亲的管理者，想在每个项目中都拥有最后发言权。和斯滕伯格聊过之后，我意识到，那些实践性智力高的人也许可以娴熟地安抚这类管理者的自负心态，会为解决问题提出两种建议：一个是想让对方选取的答案；另一个是对方可以拒绝但仍能感觉自己在项目上留下了印记的"诱饵"。这是我从未想到过的策略。

或者想象一下自己是一位老师，发现一群孩子正在操场上大声争吵。你会责骂他们，还是想一个能分散注意力的小办法让他们忘记争吵？对我的朋友，在牛津一所小学里教书的艾玛来说，后一种选择是她的第二天性；她可以想出各种各样的游戏和委婉的提醒来推动孩子们的行为。但当我有一天试着在教室里帮她的时候，我毫无头绪，孩子们很快便围着我转圈圈了。

像我这样的人并不罕见。在斯滕伯格有关实践性智力的测试中，相当多的人缺乏这种务实的判断力，即便他们像我这样在其他的智力测试中成绩高于平均水平，即便他们对手头的工作已经积累了多年经验。不过，这些研究并没有在确切的关联上达成共识。最好的情况下，隐性知识与智商分数的关系极其有限；最坏的情况下，它们是负相关的。有些人似乎只是觉得暗中学习务实地解决问题的原则更容易，而这种能力与一般智力的关联并不紧密。

就我们的目的而言，反事实性的思考方式也值得特别关注。它是创造性智力的要素之一，可以使我们思考一件事情的不同结果，或暂时地想象我们处在不同的情景之下。这是一种问"如果……会怎么样？"的能力。如果没有这种能力，当面对意料之外的挑战时，你会发现自己十分无助。即便不能重新评估你的过去，你也会努力从自己犯过的错误中吸取教训，从而在未来找到更好的解决办法。我要再说一次，大多数学院派测试都忽视了它。

通过这种方式，斯滕伯格的理论帮助我们理解了那些在工作中因为某些基本任务——例如项目策划、预测行动结果，以及在问题发生前先发制人——而苦苦挣扎的聪明人受到的挫折。失败的企业家或许就是个例子：差不多有十分之九的新创企业会失败，这通常是因为创新者找到了好点子，但缺乏想法落地时应对挑战的能力。

如果我们认为 SAT 考试或智力测试反映了某种单一的、潜在的脑力能量，即一种"原始脑力"，而它支配着所有问题的解决，那么这一行为便没有多大意义；一般智力比较高的人应该已经掌握了那些技能。斯滕伯格的理论让我们得以理解其他组成部分，用严谨的科学方式定义和衡量它们，表明它们在很大程度上是独立能力。

这是帮助我们理解为什么表面看起来聪明的人或许缺乏良好判断力的重要前提。考虑到他们的学历，我们本以为他们会有良好的判断力。然而，这仅仅是一个开始。在随后的章节中，我们会发现被心理学家忽视的很多其他必要的思维方式和认知技巧，以及为什么更高的智力有时会驱使我们犯下更大的错误，而不是保护我们不出错。斯滕伯格的理论只不过刚刚触及了皮毛。

∽

事后看来，刘易斯·特曼自己的生活经历就是这些发现的例证。他从小学习成绩就十分优秀，虽出身卑微，后来却成为美国心理学协会的主席。我们也不应忘记这样一个事实，那就是他精心策划了有史以来第一个，也是最野心勃勃的群体性研究，收集了大量数据；在他去世40年之后，科学家们还在继续研究这些数据。他显然是一个极具创新精神的人。

然而，如今人们很容易发现：他的思考存在明显的不足。一个优秀的科学家在得出结论前不应当遗漏任何东西，但特曼对那些可能与他的先入之见产生矛盾的数据视而不见。他如此确信智力的遗传性，以至忽视了贫困社区的那些天才儿童。同时，他肯定知道干预研究对象的生活会使研究结果偏离实际，但他经常给白蚁们提供经济支持和专业建议，增加了这些孩子成功的机会。他忽视了科学方法中最基本的（隐性）知识，而即便是最缺乏经验的大学生也会认为那是理所当然的。

更不用说他那令人不安的政治倾向了。特曼出于对社会工程的兴趣，加入了人类进步基金会（Human Betterment Foundation），该组织要求给那些表现出不良品质的人强制绝育。[58] 此外，阅读特曼早期发表的论文，我发现他基于区区几例个案就轻易地忽视了非裔美国人和西班牙裔美国人的智商潜力，这真令人震惊。他在描述两个说西班牙语的男孩那糟糕的分数时写道："他们的迟钝似乎与种族有关，或者至少这在他们的家族中是固有的。"[59] 他确信，进一步的研究会揭示"在一般智力方面存在极其显著的种族差异"。

也许用今天的标准来评判一个人是不公平的；当然，一些心理学家相信我们应该宽容特曼的错误，他是那个时代的产物。只可惜我们知道特曼接触过其他观点；他一定读过比奈的文章，了解后者对滥用智力测试的担忧。

一个睿智的人也许会探究这些批评意见，但当特曼在这些观点上遭到攻击时，他以下意识的尖酸刻薄作为回应，而没有进行理智的探讨。1922 年，新闻记者兼时事评论员沃尔特·李普曼（Walter Lippmann）在《新共和国周刊》（*New Republic*）上写了一篇文章，质疑智力测试的可靠性。李普曼写道："无法想象有比这样做更可鄙的事了，让一个孩子面对一套谜题，嘲弄他们一小时，之后对这个孩子或是他们的父母宣称，这里有一个 C 等人。"[60]

李普曼的质疑是完全可以理解的，而特曼的回答则像是一种人身攻击。"很显然，李普曼先生一直火冒三丈；但火冒三丈并不有助于看清楚，"他在回应中写道，"我觉得无疑是有什么东西击中了李普曼先生的心结。"[61]

甚至连白蚁们都在走到生命尽头时，开始怀疑自己测试结果的价值。萨拉·安，那个智商 192，曾用一块橡皮软糖"贿赂"实验人员的迷人小姑娘，显然颇为怨恨自己没有被培养出测试中不会涉及的其他认知能力。"我最大的遗憾是我那对有偏见的父母被我在特曼团队的经历所激励后，完全忽略了我本可以具有的任何创造性才能，"她写道，"我现在觉得后者的意义更为重大，而智力只是它的女仆。我很遗憾自己没能在 50 年前意识到这一点。"[62]

随着时间流逝，特曼的论调有些软化，他后来承认"智力和成功远非完全关联"，然而他那种测试的成绩继续主导着他对周围人的看法；它们甚至给他与家人的关系蒙上了阴影。根据特曼的传记作者亨利·明顿（Henry Minton）的记载，特曼的每一个孩子和孙辈都接受了智力测试，他对孩子们的喜爱程度看起来是根据成绩排的。他的信里充满了对儿子弗雷德的自豪之情，弗雷德是一位天才工程师，也是硅谷早期的先驱者；女儿海伦在他眼中则不值一提。

或许最能说明问题的，是他的外孙女多丽丝对家庭宴会的回忆，宴会上的座位按照智力高低顺序排列：弗雷德坐在桌子上首，挨着刘易斯；海伦和她的女儿多丽丝坐在下首，她们要在那儿帮仆人的忙。[63] 每位家庭成员的座位都要根据多年前参加过的测试来排序。或许，这也让我们得以一窥特曼安排我们所有人的方式。

2

纠缠的争论：

"理性障碍" 的危险

1922 年 6 月 17 日，两个中年男人坐在新泽西州大西洋城的海滩上，他们一个又矮又胖，一个高大笨拙，留着海象胡子。他们正是魔术师哈里·胡迪尼和小说家阿瑟·柯南·道尔 [1]。那天晚上结束时，他们的友谊不复如初。

这段友谊的始末都有一场降神会。当时招魂术在伦敦富有的精英群体中风靡一时，柯南·道尔便是坚定的信徒，他每个星期参加五六次聚会。他甚至宣称自己的妻子珍有某种灵媒天赋。她让一个叫菲尼亚斯的灵魂向导附身，并由它决定他们应该住在哪里以及什么时候该去旅行。

与此相反，胡迪尼是个怀疑论者，但仍声称自己思想开放，两年前到英国旅行时，他联系了柯南·道尔，和后者讨论他最近写的有关这一主题的书。尽管存在分歧，两个男人很快就建立起了脆弱的友谊，胡迪尼甚至答应了去看柯南·道尔最喜欢的灵媒，这位灵媒声称能通过嘴和阴道引导灵气，但他很快便认为那不过是简单的舞台戏法。（我就不描述细节了。）

现在，柯南·道尔正在美国巡回售书，他邀请胡迪尼来大西洋城和他会合。

一开始，两人的会面足够友好，胡迪尼还帮忙教柯南·道尔的儿子们潜水。当一行人在海滨休息时，柯南·道尔决定邀请胡迪尼到他的酒店房间里参加一场非同寻常的降神会，由珍担任灵媒。他明白胡迪尼在哀悼逝去的母亲，他希望妻子能和另一个世界取得联系。

他们回到了大使酒店，拉紧窗帘，等待灵魂降临。珍神色恍惚地坐着，手里拿着一支铅笔，男人们则坐在一旁看着。随后，她开始用双手猛烈地敲打桌子——这是灵魂降临的信号。

"你相信上帝吗？"她问那个灵魂，作为回应，灵魂移动珍的手在桌子上敲了一下，"然后我应该用手画十字。"

她继续坐着，手里的笔在一本记事簿上摆好姿势，然后她的手开始在纸上狂舞。

"哦，亲爱的，感谢上帝，我终于穿越过来了，"灵魂写道，"我试过很多次，现在我很开心。为什么，当然，我想和我心爱的小男孩，我的儿子，聊聊天。朋友们，谢谢你们，我为此衷心感谢你们，是你们回应了我，也回应了他心灵的呼唤。上帝保佑他。"

降神会结束时，珍已经写了大概 20 页纸，字迹"生硬笨拙、飘忽不定"。她的丈夫完全被迷住了："这是一个非凡的场面。我妻子的手疯狂飞舞着，一边捶桌子，一边以惊人的速度涂涂写写，我坐在她对面，从那本记事簿上一页接一页地撕下写满字的纸页。"与此相反，胡迪尼用一系列问题戳穿了这场装腔作势的活动。为什么他的母亲，一个犹太人，要表现得像一位基督徒？这个匈牙利移民是怎么用完美的英语——"一种她从未学过的语言！"——写出了想说的话？她为什么懒得提起那天是她的生日？

　　胡迪尼后来在一篇文章中写下了自己的质疑，文章发表在《纽约太阳报》(*the New York Sun*)上。随即，两人之间的争论越来越多，这份友谊也不复存在，直至四年后，这位逃脱术大师去世。[2]

　　即便到那时，柯南·道尔也没有善罢甘休。兴许是在他的"灵魂向导"的怂恿之下，柯南·道尔试图在一篇发表于《海滨》杂志(*The Strand*)的文章中打消胡迪尼的疑虑。他的推理比他任何一部虚构作品都更离奇，他甚至声称胡迪尼本身掌控着一股"非物质性的和重建性的力量"，这股力量能让这位魔术师自如地进入或溜出绑着他的那些锁链。

　　"一个人有可能一辈子都是强有力的灵媒，持续使用这种能力却从未意识到自己的天赋正是世人称其为通灵术的能力吗？"他写道，"如果这确有可能，那我们便找到了胡迪尼之谜的答案。"

∽

　　第一次见到这两个人，你大概会觉得柯南·道尔是那位更具批判性的思考者。作为一位内科医生和畅销书作家，他例举了特曼用以衡量智力的抽象推理。然而，识破这个骗局的是一位专业魔术师，一个匈牙利移民，12 岁时就辍学了。

　　某些评论家想知道柯南·道尔是否受到了某种精神病的折磨。但我们不要忘了，与他同时代的许多人都相信招魂术，其中包括像物理学家奥利弗·洛奇这样的科学家，他有关电磁学的研究为我们带来了收音机，还有自然主义者阿尔弗雷德·拉塞尔·华莱士，他和查尔斯·达尔文同时代，曾独立提出自然选择理论。这两位都是令人敬畏的聪明人，但他们始终对那些能戳穿超自然现象的证据视而不见。

我们已经看到了，有关智力的定义可以扩展到实践性和创造性推理。不过，那些理论并没有明确检验我们的理性，它定义了我们为实现目标，依靠所掌握的资源而做出最佳决定的能力，以及基于证据、逻辑和合理推理形成信念的能力。*

数十年的心理学研究已经证明，人类更具有非理性倾向，直到最近，科学家们才开始衡量个体之间的非理性差异，以及这种差异是否与对智力的评估有关。他们发现这二者并不完全相关：比如说，一个人取得了很高的 SAT 分数，具有良好的抽象思维能力，但他很可能仍会在有关理性的新测试中表现欠佳，而这种不匹配被称为"理性障碍"。

柯南·道尔的人生故事，特别是他与胡迪尼的友谊，为我们观察这一前沿领域提供了完美视角。[3] 我当然不会宣称任何一种信仰本身就是非理性的，但我对这样的事实十分感兴趣，那就是骗子们能一次又一次地利用柯南·道尔的信仰愚弄他。他就是对证据视而不见，包括胡迪尼的证词。不论对超自然信仰持什么观点，他都不必付出如此巨大的个人代价去上当受骗。

柯南·道尔格外引人注目，因为我们通过他的作品了解到，他很好地意识到了逻辑推理的规律。事实上，在开始涉猎招魂术的同一时期，他也开始着手塑造夏洛克·福尔摩斯 [4]：白天，他在构思文学领域最伟大的科学头脑，夜晚，他却没能运用这些推理技巧。区别在于他的智慧看上去只是令他提出越来越有创意的辩解，去驳斥怀疑者，为自己的信

---

* 基思·斯坦诺维奇（Keith Stanovich）等认知科学家描述了两种理性。工具理性被定义为"实现某人目标的最优化行为"，或者通俗点说，就是"在现有资源条件下，为实现你想要的结果而做出的行为"。另一种是认知理性，关注"你的信仰多大程度上与世界的实际结构相吻合"。沉迷于骗人灵媒的柯南·道尔显然缺乏后一种理性。

仰辩护；他自己身上的锁链比胡迪尼的还要紧。

除了柯南·道尔，过去一百年里还有很多其他有影响力的思想家也曾被这种形式的智力陷阱折磨。甚至连爱因斯坦——他的理论常常被当成人类智力的巅峰——可能也受了此等狭隘推理之害，导致他在一连串令人尴尬的失败上浪费了职业生涯的最后 25 年。

不论你的具体情况和兴趣是什么，这项研究将解释为什么许多人会犯那些对周围人来说再明显不过的错误，并且在事实变得明明白白后，还要继续犯那些错误。

胡迪尼似乎凭直觉理解了聪明头脑的弱点。"有这样一种规律，我发现一个人越聪明，受教育程度越高，想要迷惑他就越容易。"他曾经这样告诉柯南·道尔。[5]

∽

人们花了几十年时间才真正认识了理性障碍及其可能带来的潜在危害，但这个认识的根源可以在两位以色列研究者的传奇著作中找到，他们是丹尼尔·卡尼曼（Daniel Kahneman）和阿莫斯·特沃斯基（Amos Tversky），他们辨认出了许多会扭曲我们思考的认知偏见和启发法（快捷简便的经验法则）。

他们有一个最惹人注目的实验，是要求参与者在考虑一般性知识问题之前，比如，如果要估算一下向联合国派驻代表的非洲国家有多少，先转动一个"幸运转轮"，转轮将停在数字 1 到 100 之间。当然，幸运转轮不应当对他们的答案有任何影响，但实际上却影响深远。数字越小，他们的估算结果就越小。这种任意值在参与者脑海里树立了一个形象，"锚定"了他们的判断。[6]

你或许已经在大减价时的购物过程中，多次由于被迷惑而锚定了自己。设想你正在找一台新电视。你预备花大概 100 英镑，但随后你会发现一桩特别划算的买卖：一台原本卖 200 英镑的电视减价为 150 英镑。看到原本的价格锚定了你对可接受价格的感知，那意味着你要超出早先定下的预算。另一方面，如果没有看到原本的价格，那么你或许会觉得它太贵而走开。

你可能还会成为可得性启发法的牺牲品，它会让我们高估某些更容易想到的风险，因为这些危险栩栩如生。这就是为什么许多人会对坐飞机而不是开车更感焦虑，而有关飞机失事的报道总是更情绪化，尽管事实上钻进一辆汽车远比坐飞机危险。

还存在一种框架：事实上你可能会基于信息的表达方式改变自己的观点。设想一下，你正考虑给 600 个患有致命疾病的人做某种治疗，成功率是三分之一。别人可以告诉你"有 200 个人会因这种治疗得救"（收益框架），或者告诉你"有 400 个人会因这种治疗送命"（损失框架）。这两种表达的意思完全一样，但人们更倾向认同在收益框架内做的陈述；他们被动地接受被给予的事实，不去考虑其真正意义。广告商早就清楚这一点了：这就是为什么他们说那些食品 95% 不含脂肪（而不说"5% 含有脂肪"）的原因。

其他值得注意的偏见还包括沉没成本谬误（我们不情愿放弃失败的投资，即便还要失去更多来维持它）和赌徒谬误，后者认为如果轮盘赌上一轮已经落在了黑色上，那下一轮就更可能落在红色上。概率当然是始终如一的。据说，1913 年，蒙特卡洛出现了一个赌徒谬误的极端案例，当轮盘赌连续 26 轮落在黑色上后，随着押红色的赌注不断提高，游客们损失了几百万。然而这并不仅仅发生在赌场上；它也会影响计划生育。很多家长错误地相信如果他们已经生了一连串儿子，那么随后就更可能生一个女儿。照这样的逻辑，他们最后很可能会生出一支男子足球队。

鉴于以上发现，很多认知科学家将我们的思维划分成两类："系统1"，直觉的、自发的、快速的思考，可能成为无意识偏见的牺牲品；"系统2"，缓慢的、更注重分析的、谨慎的思考。根据该观点——所谓双加工理论——许多非理性决定都是在我们过度依赖"系统1"时做出的，我们允许这些偏见左右了自己的判断。

然而，卡尼曼和特沃斯基的早期研究都没有检验非理性是否因人而异。比如说，是不是有些人更容易受这些偏见的影响，而另一些人则能免于被影响？而这些倾向又与我们的一般智力有怎样的关系？柯南·道尔的故事令人惊讶，因为我们直觉上期待更聪明的人会有更具分析性的头脑，做出更理性的行为，但正如特沃斯基和卡尼曼所呈现的，我们的直觉可以具有欺骗性。

如果我们想理解为什么聪明人会做出愚蠢的行为，这些都是至关重要的问题。

1991年，在剑桥大学的一次休假期间，加拿大心理学家基思·斯坦诺维奇决定直面这些问题。他的妻子专门研究学习障碍，一直以来，他都对一些人的心智能力落后于他人的方式很感兴趣，同时，他怀疑在理性方面也有同样的现象。其成果是一篇颇具影响力的论文，文中介绍了理性障碍的观点，并将其与阅读障碍和计算障碍直接联系起来。

这是一个带有挑衅意味的概念，它旨在刺激所有研究偏见问题的研究者。斯坦诺维奇告诉我："我想要让这个领域意识到，它一直忽略了个体差异。"

斯坦诺维奇强调说，理性障碍并不仅限于"系统1"的思维。即便我们有足够的反应能力察觉到了直觉犯的错误并推翻它们，我们也可能无法运用正确的"思维程序"——那本应令我们正确思考的知识和态度。[7]
比如说，如果你在不信任科学家的人群中长大，你可能会发展出忽视实验性证据的倾向，转而相信未经证实的理论。[8] 更高的智力并非必然会在你最初形成这些态度时阻止你，更好的学习能力甚至还可能令你积累越来越多的"事实"，来支持你的观点。[9]

有间接证据证明，理性障碍是十分常见的。例如，一项有关高智商门萨俱乐部会员的研究显示，44% 的会员相信占星术，同时，56% 的会员相信外星人曾造访过地球。[10] 但严谨的实验，尤其是探索智力和理性二者间联系的实验是欠缺的。

如今，斯坦诺维奇已经花了 20 多年在这些基础之上做了一系列精心核对的实验。

要了解他的实验结果，我们需要一些基本的统计学理论。在心理学及其他科学中，两个变量之间的关系通常被表示为一个 0 到 1 之间的相关系数。完全相关的值应为 1——两个参数本质上测量的是同一个东西；对大多数有关人类健康和行为的研究（其结果由许多变量决定）来说，这不现实，但很多科学家认为"适度"相关的系数大约会分布于 0.4 到 0.59之间。[11]

运用这些测量方式，斯坦诺维奇发现理性和智力之间的关系总的来说十分薄弱。例如，SAT 成绩与对框架效应偏见和锚定现象的评估之间的相关系数分别仅为 0.1 和 0.19。[12] 在我们是否愿意延迟立刻满足而在未来获得更大奖励的问题上，也即一种被称为"时间折扣"的倾向上，智力也只起了很小一部分作用。在一个测试中，它与 SAT 成绩的相关系数仅为 0.02。许多人或许认为它与更具分析性的头脑密切相关，但关联其实非常小。在另一项研究中，沉没成本谬误与 SAT 成绩之间几乎毫无关联。[13]

　　与此同时，薛贵（Gui Xue）和他在北京师范大学的同事们沿着斯坦诺维奇的指引，发现在他的研究样本中，赌徒谬误事实上在学业更成功的参与者身上更为普遍。[14]这是值得记住的：在玩轮盘赌的时候，别以为你会比轮盘更聪明。

　　即便是训练有素的哲学家也不堪一击。例如，拥有博士学位的参与者尽管都受过逻辑推理方面的训练，但他们同样容易受框架效应的危害，就和其他人一样。[15]

　　你或许至少期望更聪明的人能学会认识到这些问题。事实上，大多数人以为自己不像其他人那么不堪一击，这同样适用于"更聪明"的参与者。实际上，在一组研究某些经典的认知偏见的试验中，斯坦诺维奇发现 SAT 成绩更高的人其实比不那么有学业天分的人"偏见盲点"更大一些。[16]"认知能力更好的成年人能意识到自己的智力水平，并期望在大多数认知任务上胜过他人，"斯坦诺维奇告诉我，"因为这些认知偏见测试本质上是作为认知任务呈现给他们的，所以他们也希望能在这方面做得更好。"

　　在和斯坦诺维奇的互动中，我感觉到他在推广自己的发现时极为谨慎，他没有像丹尼尔·卡尼曼那样出名，但他所在领域的同行相信，这些理论具有真正的颠覆性。"他所做的工作是认知心理学中的一些最重要的研究，但这些工作有时并未得到充分认可。"加拿大里贾纳大学的戈登·潘尼库科（Gordon Pennycook）教授赞同道，他也专门研究人类的理性。

　　斯坦诺维奇现在已经将许多评估方式加以提炼并融合成一个单独的测试，该测试被非正式地称作"理性商数"。他强调自己并不希望贬低智力测试——智力测试"所做的工作非常不错"——而是要提升我们对其他认知技能的理解，这些技能可能也会决定我们做的决策，并将它们与现有的认知能力评估方式置于同等重要的位置。

"我们的目标一直是想要让理性概念得到公平的对待，就好像它是在智力之前被提出的。"他在有关该主题的学术著作中这样写道。[17]他说，卡尼曼在诺贝尔奖获奖作品中探讨的思维技能仍在我们最有名的认知能力评估中受到忽视，这真是"极大的讽刺"。[18]

在多年来对各种子测试的仔细开发和验证之后，第一个版本的"理性思维综合评估"于 2016 年年底发表。除了评估常见的认知偏见和启发法，它还包含了有关概率和统计的推理技能，比如评估风险的能力，同时还有像反科学态度这种针对被污化的思维程序的问卷调查。

不妨思考如下问题，它意在测试"信念偏见"。你的任务是思考从逻辑上来说，结论是否仅仅建立在前两条前提成立的基础上。

> 所有生物都需要水。
>
> 玫瑰需要水。
>
> 因此，玫瑰是生物。

你如何作答？根据斯坦诺维奇的研究，70% 的大学生认为这是一个正确的论证。但它并不是，因为第一个前提只是说"所有生物都需要水"——而不是"所有需要水的东西都是生物"。

要是你还在努力理解为什么这样才是有意义的，请将它与下面的陈述加以比较：

所有昆虫都需要氧气。

老鼠需要氧气。

因此，老鼠是昆虫。

这两个陈述的逻辑完全一样。但当结论与你已有的知识冲突时，意识到推理中的错误要容易得多。然而在第一个例子中，你必须抛开已有的成见，仔细地、批判性地思考手头的陈述，不能因为结论契合你的常识就判定论证是对的。[19] 每当你要判断一种新的说法时，这都是重要的技能。

在组合所有这些子测试时，斯坦诺维奇发现总体上来看，它们和对一般智力的测试结果，例如 SAT 成绩，关联都不大：其中一个测试在 0.47 上下。有一些重叠事先也已料到，尤其考虑到其中一些项目的衡量，例如概率推理，受到了数学能力及其他一些经智力测试和 SAT 考试衡量的认知能力的辅助。"但仍给理性和智力的差异留出了足够的空间，这种差异会令聪明人做出蠢事。"斯坦诺维奇说。

随着进一步的发展，理性商数可以用于招聘，评估潜在雇员做决策的水平；斯坦诺维奇告诉我，律师事务所、金融机构和猎头公司对此非常有兴趣。

斯坦诺维奇希望他的测试也能有助于评估学生在中学或大学课程上的理性表现。"这对我来说是更令人激动的用途。"斯坦诺维奇说。运用那些数据，你可以探究哪些干预在培养更具理性的思维方式上更成功。

∽

　　我们等着看这项工作付诸实践，愤世嫉俗的人或许会质疑理性商数是否能真正反映人们现实生活中的行为。毕竟，智力测试经常被指责太过抽象。那么基于人为、想象性设想的理性商数会有所不同吗？

　　最初的一些答案来自利兹大学的万迪·布吕纳·德布鲁因（Wändi Bruine de Bruin）的研究。受斯坦诺维奇的启发，她的团队首先设计出了自己的"成人决策能力"量表，其中包括七项任务，衡量各种偏见（如框架效应）对风险的感知，以及陷入沉没成本谬误的倾向（你是否会继续对糟糕的投资做进一步投入）。该团队还会问测试者一些一般的知识性问题，然后让他们预估出自己的正确率，以检验他们是否过于自信。

　　与许多倾向于以大学生为对象的心理学研究不同，布吕纳·德布鲁因的实验考察了不同的人群样本，从18岁到88岁，且教育背景各异，她因此确信每个结果都反映了总体人口的情况。

　　正如斯坦诺维奇在他的测试中发现的，参与者的决策能力与他们的智商关联十分有限；学业成功并不一定能使他们成为更具理性的决策者。

　　布吕纳·德布鲁因后来决定看看这两种衡量方法与他们在真实世界的行为是如何联系的。为此，她要求参与者说出他们经受各种生活压力的频率，从相对简单的（比如晒伤或错过航班），到严重的（感染性病或欺骗伴侣），再到十分可怕的（被关进监狱）。[20] 尽管一般智力的测试结果看起来对这些结果影响不大，但参与者的理性分数在决定他们的行为方面，其重要性是智力分数的3倍。

　　这些测试清楚地反映出一个细心周全的思考者所应具备的一般性特质，而这并未在更为标准化的认知能力测试中反映出来；你可以既聪明又不理智——就像斯坦诺维奇所发现的那样——而这将给你的生活带来严重后果。

关于聪明人的特殊习惯，布吕纳·德布鲁因的发现为我们提供了一些洞见。比如，伦敦经济学院一项发表于 2010 年的研究发现，智商更高的人可能会喝更多的酒，并且更喜欢抽烟或使用非法药物。这个发现支持了以下观点，即智力并不一定能帮我们权衡短期效益和长期后果。[21]

智商高的人同样会面临财务危机，比如拖欠抵押贷款、破产或信用卡债务。智商为 140 的人群中约有 14% 的人达到了他们的信贷限额，而在平均智商为 100 的人群中，这个比例是 8.3%。他们也并没有更愿意将钱用于长期投资或储蓄；他们每年的财富积累增长甚微。这些事实尤其令人惊讶，考虑到智商更高（受过更好教育）的人更有可能拥有稳定高薪的工作，这说明他们的财务危机是自身决策造成的结果，而不是缺少赚钱能力。[22]

研究者指出，智商较高的人更易陷入"财务绝境"，因为他们认为自己可以更好地处理后果。无论出于何种原因，结果显示，更聪明的人并没有像经济学家预期的那样更理性地投资手里的钱；这是智力并不必然带来更好决策的另一标志。

$\backsim$

保罗·弗兰普顿的故事就是个生动的例子。他是北卡罗来纳大学一位杰出的物理学家，他的工作涉猎广泛，从提出一种关于暗物质（将我们的宇宙结合在一起的神秘的、看不见的物质）的新理论，到预测了一种被称为"轴胶子"的亚原子粒子——该理论启发了大型强子对撞机的实验。

　　然而，2011 年，他开始在网上约会，很快就和一个名叫丹尼丝·米拉妮的前比基尼模特建立起友谊。转年一月，她邀请弗兰普顿到玻利维亚的拉巴斯看她拍照片。然而，他到了那里，却收到一条信息，说她不得不去阿根廷。但她把包落下了。他能不能拿上包去找她呢？

　　唉，等他到了阿根廷，还是没有米拉妮的行踪。失去了耐心的弗兰普顿决定回美国，将她的箱子和自己的一起托运。几分钟后，他被通知到所属登机口找机场工作人员。除非你自己也遭遇了严重的理性障碍，否则你可能会猜到接下来将发生什么。他随后被指控运送两公斤可卡因。

　　真相大白了，骗子们一直在冒充米拉妮。她确实是个模特，但并不知道整个计划，也没联系过弗兰普顿。一旦他把包运过国境，骗子们大概就会把包截下来。

　　有人警告过弗兰普顿当心这段关系。"我以为他昏了头，我告诉过他。"弗兰普顿的朋友、物理学家约翰·狄克逊在《纽约时报》上说，"但他坚信有位漂亮的年轻女人想跟他结婚。"[23]

　　我们无法知道弗兰普顿脑子里在想些什么。或许他怀疑"米拉妮"卷入了某个毒品走私行动，但认为他做的事能向这个女人证明自己。然而，他对她的爱看起来是真的；骗局被揭穿后，身处监狱的他甚至试图给米拉妮发信息。出于某种原因，他没能权衡这些风险，任自己被一厢情愿的冲动想法左右。

$$\backsim$$

　　如果我们回到大西洋城的那场降神会，阿瑟·柯南·道尔的行为看起来完全符合理性障碍的理论，强有力的证据表明，信奉超自然和迷信的行为在高智力人群中出奇地普遍。

根据一项拥有超过 1200 位参与者的调查显示，拥有大学学位的人也同样相信不明飞行物的存在，他们甚至比受教育程度低的人更易轻信超感官知觉和"精神治疗"。[24]（这里的受教育程度并不能完美地衡量智力，但它给出了一个一般观点，那就是上大学所需要的抽象思维和知识并不能转化为更理性的信念。）

不必说，以上所有现象都已经被可靠的科学家们反复证明过了，然而很多聪明人仍旧不顾后果地继续相信它们。根据双加工理论（快 / 慢思维），这可能归因于认知方面的吝啬。相信超常事物的人依靠他们的本能和直觉思考信仰的来源，而不是用分析性的、批判性的方法理智思考。[25]

这对很多有着含糊的、定义不明的信仰的人来说或许确实如此，但是，柯南·道尔传记中的一些特别的内容表明，他的行为并不能被如此简单地解释通。通常情况下，他似乎在用系统 2 的分析性推理来让自己的观点合理化，并忽视事实证据。他不是想得太少，而是想得太多。

想想柯南·道尔曾经是怎样不光彩地被两个女学生愚弄的。1917 年，在他遇见胡迪尼的几年前，16 岁的埃尔茜·赖特和 9 岁的弗朗西丝·格里菲思声称拍到了一群仙女在西约克郡柯亭立的一条小溪边嬉戏的照片。通过与当地的通神协会联系，这些照片最后落到了柯南·道尔手里。

很多熟人都抱着高度怀疑的态度，但他完完全全被这两个女孩的故事迷住了。[26]"如果我们真能证明这个星球上存在和人类一样多的某个种群，我们的头脑将很难理解最终结果会是什么。"他在《仙女的到来》（ *The Coming of Fairies* ）中写道。[27] 事实上，它们是从《玛丽公主的礼物书》（ *Princess Mary's Gift Book* ）[28] 上剪下来的，而柯南·道尔自己的作品也被收录在该作品集中。[29]

最引人注目的不是他第一时间就爱上了那些仙女，而是他用超乎寻常的长篇大论来为疑惑做辩解。要是你仔细看看那些照片，甚至能发现将剪下的图案拼在一起的帽针。但在别人看到帽针的地方,他看到了精灵的肚脐——这证明仙女们在她们母亲的子宫里时,有脐带与母体相连。柯南·道尔甚至想利用现代科学发现去解释仙女的存在,借助电磁波理论宣称她们"由能发出更短或更长振动的物质组成",这样人类便看不到她们。

正如俄勒冈大学心理学教授雷·海曼(Ray Hyman)说的:"柯南·道尔用他的聪明才智驳斥了所有反对论调……他能用自己的聪明打败自己。"[30]

运用系统 2 的"慢思维"把我们那些错误的想法合理化,导致了很多灾难性后果,同时也让我们发现了智力陷阱最为重要也最为普遍的形式;这不仅可以解释诸如柯南·道尔之流的愚蠢想法,还可以解释在有关枪支犯罪和气候变化等政治性观点上存在的巨大分歧。

那么,科学的证据是什么呢?

第一条线索来自 20 世纪 70 年代到 80 年代的一系列经典研究,当时哈佛大学的戴维·铂金斯要求学生们思考一系列时事问题,例如,"核裁军条约能降低爆发世界大战的可能性吗?"一个真正的思考者应该考虑正反双方的观点,但铂金斯发现,越是聪明的学生,越不会考虑其他观点。比如说,有些支持核裁军的学生可能不会探索信任问题:我们能否确信所有国家皆遵守该协定。相反,他们只是运用抽象推理技能和事实性知识来为自己的观点做更为详尽的辩护。[31]

这种倾向有时被称为证实性偏见,尽管包括铂金斯在内的许多心理学家倾向用更一般化的术语"自我中心偏见",来描述我们用来支持自身观点、减少相反观点的许多不同种类的策略。即便是被明确训练过要考虑法律纠纷中另一方观点的见习律师，表现得也很差。

后来，铂金斯认为这是自己最重要的发现之一。[32] "思考事件中的另一方是良好推理练习的完美例证，"他说，"那么，为什么智商很高并被训练要在推理中考虑争论中另一方观点的见习律师，也被证明像其他人一样易受所谓证实性偏见或自我中心偏见的影响呢？问这样的问题，便引出了关于智力概念的基本问题。"[33]

后来的研究只是重复了这一发现，而这种片面的思维方式似乎反映了我们在认同感上的一个特殊问题。如今，科学家用"动机性推理"这一术语来描述这种情绪化、自我保护性的思考方式。除了铂金斯研究的自我中心/证实性偏见（我们优先寻找并记住强化自身观点的信息）之外，动机性推理也可能以非证实性偏见，即一种会摧毁其他意见的优先怀疑主义的形式出现。它们能共同导致我们越来越固执己见。

看看来自耶鲁大学法学院的丹·卡亨（Dan Kahan）的一项实验，该实验考察了人们对枪支管控的态度。他告诉参与者，当地政府正尝试决定是否在公共场合禁枪，而目前并不确定这将提高犯罪率还是降低犯罪率。所以他们收集了实施和未实施该禁令的城市的数据，看看这些城市一年内犯罪数量的变化：

	犯罪减少	犯罪增加
禁止在公共场合携带手枪的城市	223	75
未禁止在公共场合携带手枪的城市	107	21

卡亨还让参与者做了标准的计算能力测试，并询问了他们的政治信仰。

你也来试试。看了这些数据后，你认为禁令有用吗？

卡亨故意将这些数字设计得一眼看上去就很具有欺骗性，实施禁令的城市犯罪数量看起来大幅下降。为了得出正确答案，你要考虑比例，25%的实施禁令的城市犯罪增加了，而未实施禁令的城市中，这个比例是16%。换句话说，禁令并未起到什么作用。

正如你所期望的，计算能力越强的参与者越可能得出这样的结论。但是，这只在他们更保守的情况下发生，共和党选民更倾向于反对枪支管控。如果他们是自由主义者，民主党选民，就会跳过明确的计算过程，遵从自己（错误的）最初直觉，那就是禁令已经起作用了，无论他们的智力是高是低。

为了公平起见，卡亨又将数据反过来做了同样的实验，这一次的数据是支持禁令的。现在，那些擅长计算的自由主义者得出了正确答案，而善于计算的保守者则更易得出错误答案。总体来说，如果符合他们的预期，最擅长计算的参与者中，约45%的人更有可能正确解读数据。根据卡亨和其他一些研究动机性推理的科学家的观点，这样的结果表明，聪明人没有公正地运用自己的高智商，相反，他们"投机取巧"地运用高智商提升自身利益，并保护对自我认同感而言最重要的信仰。智力可以成为一种政治宣传工具，而不是寻求真理的工具。[34]

这是一个强有力的发现，能够解释诸如气候变化等问题上存在显著两极分化的原因（见下页图）。[35]科学领域的共识是，人类的碳排放导致全球变暖，持自由派政治观点的人更可能接受这一信息，假如他们有更好的计算能力和基本的科学知识。[36]这是有道理的，因为这些人也理应更好地理解事实。但在赞成自由市场的资本家群体中，结果正相反：科学素养和计算水平越高，就越排斥科学共识，并相信气候变化之说夸大其词。

"有确切证据表明最近全球变暖是因为人类的一些行为，比如，燃烧化石燃料。"
是真是假？

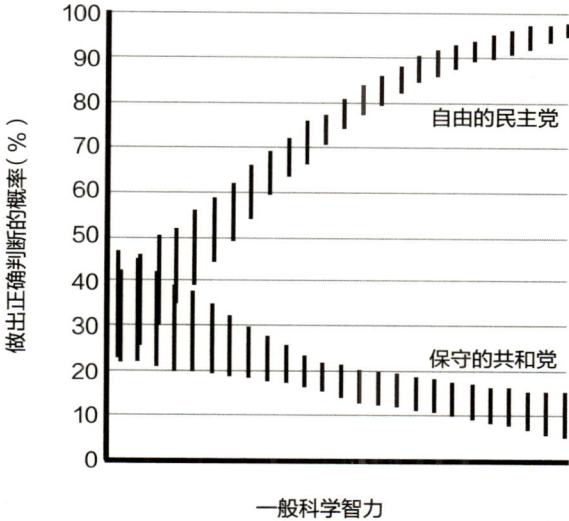

同样的两极分化还存在于人们对有关接种疫苗[37]、水力压裂[38]和进化问题的观点上。[39]每个例子中，更高的受教育程度和智商都只是帮助人们为匹配自己的政治、社会或宗教认同感的信仰展开辩护。（毋庸置疑，大量证据表明接种疫苗安全又有效，碳排放正在改变气候，而进化论是真的。）

甚至还有一些证据表明，由于动机性推理，表达出相反的观点实际上有可能适得其反；人们不仅拒绝相反的论调，他们自己的观点还会因此变得更加根深蒂固。换句话说，一个有着错误信仰体系的聪明人，有可能在听到实际情况后变得更加愚昧。我们可以从共和党人2009年至2010年对奥巴马的医改持有的观点中看到这一点：那些智力更高的人更容易相信新体系会带来奥威尔式的，能决定谁死谁活的"死亡小组"，而在给出戳穿这些谬见的证据时，他们的观点却被进一步强化。[40]

卡亨的研究主要考察了动机性推理在政治决策中扮演的角色——政治中也许并没有对错之分——但他说这兴许会延伸到其他形式的信仰中。他提到了当时在得克萨斯大学奥斯汀分校工作的乔纳森·凯勒（Jonathan Koehler）的一项研究，该研究向心灵学家和持怀疑态度的科学家提供了两个超感知觉的（虚拟）实验数据。

参与者们本该客观地衡量论文的质量和实验设计得是否合理。但凯勒发现，他们经常得出很不一样的结论，这取决于研究结果是否符合他们对超自然领域的观点。[41]

∽

当我们思考动机性推理的力量时，柯南·道尔对骗人灵媒的信仰看上去就没那么矛盾了。他的认同感建立在他对超自然现象的实验上。招魂术是他和妻子以及很多朋友之间关系的基础。他给一座唯灵派教堂投入了大量金钱[42]，还就该主题写了20多本书和小册子。随着他的年龄越来越大，这种信仰也向他提供了确有来世的安慰。"完全消除了对死亡的所有恐惧。"他说，并且这种信仰将他和已故的人联系了起来[43]——这当然是两个我们能够想象到的最强烈的动机。

这一切都与那些表明信仰或许首先源自情感需求的研究结果相一致。只有在那之后，智力才取而代之，将情感合理化，不管它们有多么奇怪。

柯南·道尔当然宣称自己是客观的。"在这43年中，我从未失去就这个问题进行阅读、研究和实验的机会。"[44]他在走到生命的尽头时还在自夸。但他只是在寻找能够支持自己观点的证据，而忽视了其他一切。[45]

这和创造夏洛克·福尔摩斯，那个"完美的推理和观察高手"的头脑毫无关联。因为有了动机性推理，柯南·道尔就可以利用同样的创造力反驳胡迪尼的怀疑。而看到那些柯亭立的仙女照片时，他感觉自己找到了证据，可以让全世界都相信其他的超自然现象。处于兴奋中的他设计出了详尽的科学解释。他并没有认真地怀疑一下，这是否只是女学生的玩笑。

柯南·道尔去世几十年后，女孩们承认了自己的所作所为，她们坦言，没想到大人们会想要被戏弄。"我从未想过这是一场骗局。"其中一个女孩，弗朗西丝·格里菲斯，在 1985 年接受访问时表示，"我和埃尔希就是想找点乐子，我无法理解他们为什么会上当。他们就是想要被骗吧。"[46]

随着两人间的分歧越来越多，胡迪尼抛弃了对柯南·道尔的所有尊敬；开始这段友谊的时候，他相信这位作家是"聪明的伟人"，而在友谊终点，他写道："一个人肯定是智力有缺陷才会相信这等事。"但结合我们对动机性推理的认识，情况可能恰恰相反：只有聪明的伟人才能相信这等事。*

∽

许多其他伟大的知识分子也可能由于狭隘的思维方式昏了头。他们的错误也许不包括招鬼魂和仙女，但由于辛苦捍卫某些站不住脚的东西，

---

* 在《理性商数》一书中，基思·斯坦诺维奇指出，众所周知，乔治·奥威尔在描述各种各样的国家主义时，提出了大致相同的结论。奥威尔写道："如果一个人处在这种感情的影响之下，那么能被接受的蠢事是没有止境的……一个人必须属于知识阶层，才会相信：没有哪个普通人能成为这样的傻瓜。"

他们浪费了多年努力，以失望收场。

想想阿尔伯特·爱因斯坦，他的名字已经成了天才的同义词。1905年，当他还是专利局的一个小职员时，他概述了量子力学、狭义相对论和最著名的质能方程（$E=mc^2$）的基础。[47] 10年后，他打破了艾萨克·牛顿的万有引力定律，提出广义相对论。

但他的雄心壮志并未止步于此。余生中，他打算建立对宇宙更宏大的、无所不包的理解，将电磁力和重力融合为一个单独统一的理论。"我想了解上帝如何创造了这个世界。我对七七八八的现象不感兴趣，我对这个光谱或那个元素也不感兴趣，我想知道他的想法。"他曾这样写道。

1928年，在生了一场病后，他认为自己已经做到了。"我已经下了一个很棒的蛋……孵出来的鸟能否活下来、活得长，就看诸神的安排了。"他写道。然而，诸神很快就杀死了那只鸟。在随后的25年里，随着新的统一理论的进一步发表，更多希望破灭了，这些研究成果就像沉重的负累般倒下。死前不久，爱因斯坦不得不承认："我的大部分成果在研究初期就终结在了希望落空的坟墓里。"

然而，爱因斯坦的失败并没有令周围人意外。他的传记作者，物理学家汉斯·奥哈尼亚（Hans Ohanian），在《爱因斯坦的错误》（*Einstein's Mistakes*）一书中写道："爱因斯坦的整个项目都是一场徒劳……它一开始就过时了。"然而，在这个理论上投入越多，他就越不情愿放弃它。弗里曼·戴森，爱因斯坦在普林斯顿的同事，显然对他那些稀里糊涂的想法感到尴尬，以至于有8年时间故意在校园里避开他。

问题在于，爱因斯坦那著名的直觉——1905年曾大大帮助了他——使他严重地误入歧途，他变得对任何可能推翻自己理论的说法都装聋作哑。例如，他忽视了与他的宏大想法不相容的有关核力的证据，并开始贬低量子理论的成果，而那是他曾经助力建立的领域。[48] 在科学会议中，他会花一整天的时间试图提出更复杂的反例驳斥反对者，最后到了晚上又被驳倒。[49] 照他在普林斯顿的同事罗伯特·奥本海默的说法，爱因斯坦只是"拒绝实验"，并试图"让自己摆脱事实"。[50]

爱因斯坦本人在晚年也意识到了同样的问题。"我看起来一定像一只鸵鸟，永远把脑袋埋在相对论的沙子里，就为了不去面对邪恶的量子。"他曾在信里对他的朋友、量子物理学家路易·德布罗意这样说。不过他继续着他那愚蠢的差事，甚至在弥留之际，还潦草地写下几页方程式，来支持自己的错误理论，就这样，爱因斯坦最后的天才之火陨灭了。这一切听起来都像是沉没成本谬论被动机性推理加剧了。

同样顽固的想法还能在他许多其他观点中找到端倪。例如，因为支持共产主义，他一直对苏联的失败视而不见。[51]

至少爱因斯坦没有离开自己的专业领域。当科学家偏离自己通常的领域时，这种一心要证明自己正确的做法或许特别具有破坏性，心理学家汉斯·艾森克（Hans Eysenck）注意到了这一事实。

"科学家，特别是当他们离开了自己钻研的特定领域之后，也和其他人一样普通、固执和不可理喻，"他在 20 世纪 50 年代写道，"而非同寻常的高智商让他们的偏见变得越发危险。"[52] 颇具讽刺意味的是，艾森克自己也开始相信超自然理论，表现出了他所谴责的对事实依据加以狭隘分析的情况。

一些科学作家甚至创造了一个术语"诺贝尔病"，来描述诺贝尔奖获得者们在各种问题上持可疑立场的这一令人遗憾的习惯。最有名的例子当然就是凯利·穆利斯，我们在引言里介绍过这位持奇怪阴谋论的著名生物化学家。他的自传《心灵裸舞》（*Dancing Naked in the Mind Field*）几乎是一本教科书，充斥着智慧的头脑为了将自己的偏见合理化所做的歪曲解释。[53]

其他例子还包括莱纳斯·鲍林，他发现了原子间化学键的性质，然而却花了几十年谎称维生素补充剂可以治愈癌症；[54] 吕克·蒙塔尼耶对 HIV 病毒的发现做出了贡献，后来却提出了一些诡异理论，认为即便是高度稀释的 DNA 也可以引发水的结构变化，致使其发射电磁辐射。蒙塔尼耶相信这个现象与自闭症、阿尔茨海默病和各种严重疾病相关，但很多科学家否认了这些说法，35 位诺贝尔奖获得者联合请愿，要求免去他在艾滋病研究中心的职务。[55]

尽管我们或许不是在钻研"大统一理论"，但这对我们所有人来说也是一个教训。无论你从事什么职业，动机性推理和偏见盲点这对有毒的组合都可能引导我们去证明周围那些带有偏见的观点，使我们在工作中纠缠于失败的项目，或是将无望的恋情合理化。

～

最后再举两个例子，让我们来看看历史上最伟大的两位发明家的故事：托马斯·爱迪生和史蒂夫·乔布斯。

托马斯·爱迪生名下有 1000 余项专利，他显然有着极富想象力的头脑。不过，正如他在"电流之战"中表现的那样，一旦他产生某个想法，就很难改变主意。

19 世纪 80 年代末，爱迪生已经创造出了第一个可以工作的电灯泡，他意图寻找一种为美国家庭提供电能的方法。他想用稳定的"直流电"（DC）搭建电网，但他的对手乔治·威斯汀豪斯找到了更为便宜的输电方法，那便是我们如今使用的交流电（AC）。直流电是单一电压的直线传输，而交流电在两种电压之间快速切换，阻止了远距离传输中的能量损耗。

　　爱迪生称交流电太过危险，更容易因触电事故导致死亡。尽管这一担忧合理，但可以通过适当绝缘和加强管理制度降低这种风险，而它在经济方面的优势则不容忽视：交流电确实是向大众市场提供电力的唯一可行途径。

　　理性的回应，应该是尝试合理利用新技术并提高其安全性，而不是继续追求直流电。爱迪生手下的一位工程师，尼古拉·特斯拉，已经这样告诉他了。爱迪生没有采纳特斯拉的意见，而是否定了他的观点，甚至拒绝支付他在交流电研究方面的费用，于是特斯拉转而去了西屋电气公司。[56]

　　爱迪生拒绝承认失败，他发动了一场愈演愈烈的公关之战，试图引导舆论反对交流电。这场斗争始于令人毛骨悚然的公开示威——流浪狗和马被当众电死。当听说纽约一处法庭正在调查用电处死罪犯的可行性时，爱迪生看到了机会，他建议法庭开发电椅，以期交流电永远与死亡相关联。对一个曾表示自己"衷心愿意加入全面废除死刑的行列"的人来说，这真是耸人听闻的道德牺牲。[57]

　　你可能会觉得这只是一个冷酷商人的举动，但这场斗争纯属徒劳。正如1889年的一份日报上所阐明的："现在任何人，或任何人的身体，都不可能拒绝交流电的发展进程……约书亚可以命令太阳停下，但爱迪生先生并不是约书亚。"[58]到了19世纪90年代，他不得不承认失败，最终将注意力转到了其他项目上。

　　科学史家马克·埃西格（Mark Essig）写道："问题不在于为什么爱迪生的阵营会失败，而是为什么他觉得他们会成功。"[59]而对诸如沉没成本谬误、偏见盲点和动机性推理等认知错误的理解，有助于解释为什么如此智慧的头脑会说服自己继续沿着这么一条灾难性的道路走下去。

苹果公司联合创始人史蒂夫·乔布斯同样是一位智力超群、极富创造力的人，然而他对世界的看法有时也存在危险的偏差。根据沃尔特·艾萨克森（Walter Isaacson）的官方传记，他的熟人都讲到了"现实扭曲场"，用他前同事安迪·赫兹菲尔德（Andy Hertzfeld）的话来说，那就是"一种混合了充满魅力的修辞风格、不屈的意志和渴望歪曲任何事实以达到眼前目的的大杂烩"。

这种一意孤行帮乔布斯彻底革新了技术，却在他的个人生活中起了反作用，特别是在他 2003 年被诊断出患有胰腺癌后。他没理会医生的建议，而是选择了草药疗法、精神治疗和严格的果汁饮食法等庸医手段。根据周围所有人的回忆，乔布斯说服了自己，相信癌症是一种他自己就能治好的病，杰出的智力似乎让他拒绝了所有反对意见。[60]

他最后终于做了手术，但癌症已经发展到无法治疗的地步，而一些医生相信，如果乔布斯当初愿意遵循医疗建议，他也许如今还活着。在每个例子中，我们都看到，更高的智力被用于将自己的想法合理化和正当化，而不是逻辑思维和理性思考。

$\backsim$

我们现在已经了解了聪明人为什么会做蠢事的三大主要原因。他们可能缺乏创造性智力或实践性智力，而这对他们处理人生中的种种挑战来说是必不可少的；他们可能遭遇了"理性障碍"，用带有偏见的、出于直觉的判断来决策；并且他们可能用自己的才智消除了任何与自身观点相冲突的证据，这是拜动机性推理所赐。

哈佛大学的戴维·铂金斯对最末一种智力陷阱做了最好的描述，他说那就像"在城堡周围修了护城河"。作家迈克尔·舍默（Michael

Shermer）则将其描述为在我们的思维中创造"逻辑严密的小隔间"。不过我个人更喜欢将其想象成一辆失控的汽车，缺少了准确的操控系统或导航系统以纠正行驶路径。正如笛卡尔最初所言："相比于那些匆匆忙忙并误入歧途的人来说，那些一直速度很慢但总是走在正确的道路上的人会走得更远。"无论你选择什么样的隐喻，我们为什么会如此进化，这个问题困扰着进化心理学家们。在建立关于人类本性的理论时，他们希望常见的行为对我们的生存有明显的益处。然而，聪明但无理性怎么会是有利的呢？

最近，法国国家科学研究中心的雨果·梅西耶（Hugo Mercier）和布达佩斯中欧大学的丹·斯珀波（Dan Sperber）的研究给出了令人信服的答案。"我认为如今非常显而易见的是，我们有自我中心的偏见，心理学家已经忘了那有多奇怪，"梅西耶在一次访谈中告诉我，"但如果从进化的角度来看，这确实是适应不良的。"

如今被广为接受的是，人类智力的进化，至少在部分程度上，是为了应对管理更为复杂的社会的认知需求。证据来自考古学记录，当我们的先祖开始生活在更大的群落中时，他们的头骨尺寸的确增长了。[61] 我们需要脑力追踪他人的感受，要明白你能相信谁，谁会利用你，以及你需要和谁保持亲密。同时，语言进化后，我们需要具备说服力，要在群体中谋求支持并让他人接受我们的思考方式。这些论点不一定非要符合逻辑才能给我们带来好处；它们只需有说服力。而这一微妙差异或许可以解释为什么非理性经常与智力携手并进。[62]

想想动机性推理和自我中心偏见。如果人类的想法主要是考虑寻求真理，我们应该仔细权衡争论正反方的观点。但如果只是想说服别人，那么我们就要集合所有证明自身观点的证据，这样看起来就会更具说服力。相反地，为了防止自己被骗，我们尤其需要质疑他人的论点，所以我们投入额外的注意力去质问和挑衅任何不支持我们信念的证据——就像卡亨的数据所显示的那样。

带偏见的推理并不仅仅是我们脑力增强后的一个不幸的副作用，换句话说，它也许有存在的理由。

在我们的祖先那些面对面的交锋中，好的观点应该能中和差的观点，以提升整体解决问题的能力来达成共同目标；我们的种种偏见可以被他人调和。但梅西耶和斯珀波说，如果我们生活在科技和人际泡沫中，这种机制可能适得其反，令我们忽视本可以修正偏见的常规观点和反对意见。结果是，我们积累了更多信息来迎合自己的观点。

学习如何保护自己远离这些错误之前，我们必须先探索另一种形式的智力陷阱——"专业知识的诅咒"，即我们习得的专业知识和经验（而非天生的一般智力）也可能会导致适得其反的结果。正如我们将在美国联邦调查局（FBI）最臭名昭著的错误中所看到的那样，你真的可能知道得太多了。

3

知识的诅咒：
专业思维的优势与劣势

2004 年 4 月，一个星期五的晚上，布兰登·梅菲尔德惊慌失措地给母亲打了一个电话。"如果我们不知怎的突然消失了……如果政府特工冲进来逮捕我们，我希望你能答应我坐第一班飞机来波特兰，然后带着孩子们回堪萨斯。"他告诉母亲。[1]

作为一名律师及前美国陆军军官，梅菲尔德通常并不疑神疑鬼，但彼时美国还在"9·11"事件的阴影中艰难前行。作为一个娶了埃及妻子的穆斯林皈依者，梅菲尔德嗅到了"歇斯底里和穆斯林恐惧症"的味道，而一系列奇怪事件如今让他怀疑自己就是被调查的目标。

一天，他的妻子莫娜下班回到家，发现前门上了两道锁，顶部的门闩也锁着，而他们家通常不会额外上这道锁。还有一次，梅菲尔德走进办公室时，发现自己的办公桌上有个带土的脚印，就在天花板一块松了的瓷砖的正下方，然而不应该有人在晚上进入这个房间。同时，那天在路上，一个五六十岁、身材矮胖的司机开着一辆神秘的汽车似乎尾随他进出了清真寺。

考虑到政治局面，他害怕自己正处于监视之下。他在一次采访中对我说："我意识到这可能是一个秘密的政府机构。"在给母亲打那通激动的电话时，他就预感自己"末日将至"，而那将对他的三个孩子意味着什么也令他恐慌。

5月6日上午9点45分左右，伴随着办公室门被重重地敲响三声，这些恐惧成真了。两位FBI特工上门逮捕了梅菲尔德，称他与骇人的马德里爆炸案有关。2004年3月11日，该爆炸案导致192人死亡，2000余人受伤。他双手被铐着塞进一辆车，送去了地方法院。他辩解自己对恐怖袭击一无所知；他说第一次听到这个新闻时，自己被这样"毫无道理的暴行"震惊了。然而，FBI特工宣称他们从遗落在马德里一辆面包车上一个装着炸药的蓝色购物袋上发现了他的指纹。FBI声称"百分之百匹配"，不可能搞错。

正如梅菲尔德在《未必确实的原因》(*Improbale Cause*)一书中描述的，他被关进了一间牢房，FBI整理案情后提交给大陪审团。他被戴上了手铐脚镣，还有腰部锁链，并经常接受光身搜查。

他的律师描绘了一幅凄惨图景：如果大陪审团认定他参与了恐袭，梅菲尔德可能会被送去关塔那摩湾。正如法官在第一次听证会上所言，指纹被认为是法庭证据中的黄金标准：以前可以仅靠一个指纹判定某人犯了谋杀罪。两人拥有相同指纹的概率被认为只有几十亿分之一。[2]

梅菲尔德开始想象自己的指纹如何跨越了整个美洲大陆和大西洋，出现在5400英里*外的一个塑料购物袋上。但这行不通。他的律师警告他，否认此等强有力的证据，这一行为本身就意味着伪证罪。"我的第一反应是，我被不知名的官员陷害了。"梅菲尔德这样告诉我。

他的律师最终说服法庭雇用一位独立检验员，肯尼斯·摩西，重新

---

* 1英里约1.6093千米。——编者注

分析指纹。和 FBI 自己的那些专家一样，摩西的资历无懈可击。他在旧金山警察局工作了 27 年，其间曾获诸多奖项和荣誉。[3] 这是梅菲尔德最后的机会，5 月 19 日，在被关进监狱将近两个星期后，他回到法院十楼，听摩西通过视频会议给出的证词。

随着摩西的讲述，梅菲尔德最害怕的事情被证实了。"我将潜在指纹与布兰登·梅菲尔德提交的指纹加以比对，"摩西告诉法庭，"推断潜在指纹是梅菲尔德先生左手食指的指纹。"[4]

他一点也不知道事态的重大转变正在大西洋的另一边发生，很快他就会得救。就在那天早晨，西班牙国家警察局查明，一个名叫奥哈难·达乌德的阿尔及利亚男子，与爆炸案有关。他们不仅表示该男子的指纹比梅菲尔德的指纹更匹配——包括一些 FBI 未予理会的模糊部分——且该男子的拇指指纹也与购物袋上的另一指纹匹配。他绝对是恐怖分子团伙的人。

梅菲尔德转天就被释放了。当月月底，FBI 不得不羞愧地发表公开道歉。

哪里出了错？在所有可能的原因，只是简单地归纳为技能不够肯定说不通：FBI 的取证团队被认为是全世界最好的。[5] 事实上，仔细观察 FBI 的错误就会发现，尽管有检验员的专业知识，还是出了错，而这个错误，可能就源于检验员的专业知识。

5

之前的几章已经研究了一般智力，即以智力测试或 SAT 考试衡量的抽象推理能力，是如何产生负面作用的。然而，此处要强调下"一般"，而你可能希望我们借由多年经验培养出的更为专业的知识和专业意见减少这些错误。不幸的是，最新研究表明，这些东西也会导致我们以意想不到的方式犯错。

这些发现不应与那些远离"真实生活"、生活在"象牙塔"中的学者（例如保罗·弗兰普顿）提出的不明批评混为一谈。相反，最新研究强调，大多数人希望经验能让人免于犯错的想法是危险的。

如果你正在接受心脏手术、环球飞行，或想要投资一笔意外之财，你会希望自己得到资深的医生、飞行员或会计师的帮助。如果你想让一位独立证人在一桩备受瞩目的案件中做指纹鉴定，你会选择摩西。然而，现在有各种社会学、心理学和神经学的原因可以解释为什么有时专家的判断会在必要时失败——这些错误的原因与通常令专家表现出色的那些做事方法密切相关。

"专家能成为专家，并能高效快捷地完成工作的很多基石，也恰恰会导致缺陷：你不能只要一个，不要另一个。"伦敦大学学院认知神经科学家埃特尔·德罗尔（Itiel Dror）解释道，他一直处在该研究的前沿领域，"你越是专业，在很多方面就越是脆弱。"

显然，专家们绝大多数时候还是对的，但当他们出错时，便可能引发灾难性的后果，如果我们要防范这些失败，就有必要清楚地了解被忽视的专家也会犯错的潜在可能性。

正如我们很快就会发现，这些弱点蒙蔽了 FBI 检验员们的判断，从而导致梅菲尔德被捕。在航空领域，它们导致了飞行员和普通人的不必要死亡。在金融领域，它们引发了 2008 年的金融危机。

∽

在探讨这项研究之前，我们先要考虑一些核心假设。专家犯错的一个潜在原因可能是过度自信。也许专家们过于笃定，相信他们的能力是绝对可靠的？这一想法看起来与我们上一章研究过的偏见盲点相符。

　　然而直到最近，大多数科学研究表明事情正好相反：是那些能力不足的人夸大了自己。让我们来看看密歇根大学的戴维·邓宁（David Dunning）和纽约大学的贾斯廷·克鲁格（Justin Kruger）的一项经典研究。邓宁和克鲁格显然受到了麦克阿瑟·惠勒那倒霉遭遇的启发。惠勒在 1995 年企图抢劫两家匹兹堡的银行。他在光天化日下犯罪，警察几小时后就抓住了他。惠勒特别困惑。"可我穿了果汁衣啊！"据说他这样大叫道。原来，惠勒相信涂一层柠檬汁（隐形墨水的基本成分）能让他在闭路电视录像前隐形。[6]

　　通过这个故事，邓宁和克鲁格想知道无知是否常常与过度自信相伴出现，于是开始用一系列实验验证想法。他们让学生们接受语法和逻辑推理测试，之后让他们评估自己的表现。大多数人错误判断了自身能力，而这在那些表现差劲的学生身上尤为明显。用专业术语来说，他们的自信校定得极不准确，他们并不知道自己有多差。至关重要的是，邓宁和克鲁格发现他们可以通过提供相关技能的训练降低过度自信。参与者不仅在他们做的事情上表现得更好；增长的知识也帮助他们了解了自己的局限性。[7]

　　自邓宁和克鲁格在 1999 年首次发表他们的研究成果以来，这一实验已在不同文化中被多次复制。[8] 一项涉及 34 个国家的调查——从澳大利亚到德国，从巴西到韩国——考察了 15 岁学生的数学能力；再一次证明，那些水平最差的学生总是最过分自信的。[9]

　　不出所料，媒体很快就欣然接受了"邓宁 - 克鲁格效应"，他们宣称，正因如此，"失败者有妄自尊大的错觉""能力不足的人觉得自己很棒"，并称这就是唐纳德·特朗普发表傲慢言论的原因。[10]

不过，邓宁 - 克鲁格效应应该也有积极的一面。尽管当一个能力十分不足却又自信的人手握权力时会令人担忧，但它至少令我们确信教育和各种训练正如我们所希望的那样，不仅令我们增长知识，还提高了我们的元认知和自我意识水平。无独有偶，伯特兰·罗素（Bertrand Russell）曾在一篇题为《愚蠢的胜利》（*The Triumph of Stupidity*）的随笔中说："造成这种麻烦的根本原因是，在当代世界，愚蠢的人过分自信，而聪明的人满腹怀疑。"

不幸的是，这些发现还不是全部。例如，在描述一个人所获得的知识与其实际能力之间不稳定的关系时，这些试验聚焦于一般技能和知识，而非大学里那种更为正式且广泛的学习。[11] 而当你调查受过高等教育的人群时，一幅更让人不安的景象开始浮现。

2010 年，一群数学家、历史学家和运动员被要求识别每个领域中那些代表性人物的具体姓名。举例来说，他们要识别约翰尼斯·德格罗特和伯诺伊特·塞隆谁是数学家，他们可以回答是、不是或我不知道。正如你或许希望的那样，如果遵守游戏规则，这些专业人士更善于挑出正确的名字（比如，约翰尼斯·德格罗特，他的确是位数学家）。但他们也更倾向于说自己认识那些编出来的名字（在这个例子中，伯诺伊特·塞隆是编出来的）。[12] 当专业知识上的自我认知遭到质疑时，他们宁可瞎猜或"夸大"，也不想用"我不知道"承认自己不懂。

另一方面，耶鲁大学的马修·费舍尔（Matthew Fisher）在一项于2016 年发表的研究中，向拥有大学学位的人询问其本科专业的相关内容。他想看看他们对专业核心知识的掌握程度，所以他首先让他们评估自己对本学科一些基本原理的理解程度；物理学毕业生可能会被问及对热力学的理解程度；生物学毕业生则要描述克雷布斯循环。

之后，在参与者不知情的情况下，费舍尔提出一项出人意料的测试：他们现在必须详细描述他们声称了解的原理。尽管宣称自己的知识水平很高，但很多学生还是磕磕绊绊地难以写出相应的解释。极为重要的是，这种情况仅在他们自己的专业领域内存在。考虑那些专业之外的内容，或更一般、更日常的主题时，他们最初的估计就实际多了。[13]

一个可能的原因是，参与者只不过没意识到自己毕业后已经忘掉了多少专业知识（费舍尔将该现象称为元遗忘）。"人们把自己目前的理解水平和他们对知识的最高理解水平搞混了。"费舍尔这样告诉我。而这可能意味着我们的教育存在一个严重的问题。"最愤世嫉俗的解读是我们没有教给学生他们能一直拥有的知识，"费舍尔说，"我们只是让他们觉得自己了解了知识，但他们实际上并不了解。这似乎事与愿违。"

专业知识的错觉也会让你的思想更封闭。芝加哥洛约拉大学的维克托·奥塔蒂（Victor Ottati）指出，让人们觉得自己掌握了知识，意味着他们更不喜欢探寻或倾听不认同自己的人。*奥塔蒂解释道，考虑到与专家意见有关的社会规范时，这是有意义的；我们假定专家有资格坚持己见，他将之称为"获得性思想僵化"。[14]

当然，在很多情况下，专业人士确实可能更有正当理由去思考他们做的事。但如果像费舍尔的研究中所体现的那般，他们高估了自己掌握的知识，并固执地拒绝探寻或接受他人的观点，那他们也许很快就会发现自己无法掌控局面。

奥塔蒂推测这一事实能够解释为什么某些政客变得越来越固执己见，无法更新知识或寻求妥协。他将这种思想状态描述为"短时的过度自信"。

获得性思想僵化或许也能进一步解释像凯利·穆利斯之类得了"诺

---

* 顺便提一句，日本人已将这些想法融入"初心"（shoshin，しょしん）一词，该词浓缩涵盖了初学者富于创造力的头脑和积极接受新想法的态度。正如禅宗和尚铃木俊隆在20世纪70年代所说的："初学者的头脑中有许多可能性；专业人士的头脑中可能性很少。"

贝尔病"的那些科学家们的古怪主张。诺贝尔奖得主、印度裔美国天体物理学家苏布拉马尼扬·钱德拉塞卡，在他的同事中间观察到了这种趋势。"这些人有伟大的见解和意义深远的发现。他们认为，自己之所以在某一领域功勋卓著，是因为他们有一种看待科学的特殊方式，而这种方式绝对是正确的。但科学并不答应。大自然已一次次证明，奠定自然基础的真理会超越最强有力的头脑。"[15]

∽

　　膨胀的自信心和获得性思想僵化仅仅是专家犯错的开始，为了搞明白 FBI 犯的错，我们必须深入探究神经科学的专业知识，以及大量的训练会如何永久地改变大脑的感知，无论那是好是坏。

　　故事要从荷兰心理学家阿德里安·德格罗特（Adriaan de Groot）说起，他有时会被认为是认知心理学的先驱。德格罗特的职业生涯始于第二次世界大战期间，他在中学和大学阶段都是了不起的天才，在音乐、数学和心理学方面皆大有前途，然而大战前紧张的政治局势使得他没有多少机会在毕业后继续求学。相反，德格罗特发现自己只能当高中老师勉强维持生计，之后，他又成了一家铁路公司的职业心理咨询师。[16]

　　然而，德格罗特真正感兴趣的是国际象棋。他是相当有天分的棋手，曾代表自己的国家到布宜诺斯艾利斯参加国际比赛[17]，他也采访了其他棋手，问问他们的下棋策略，看看能否揭示超常表现的秘诀。[18]他首先会拿出一个棋例，然后让他们在决定下一步棋该怎么走时，聊聊自己的心理策略。

　　德格罗特最初怀疑这些棋手的才能或许出于强大的心算能力：也许他们只是擅长筹划可能的棋步，并模拟各种结果。然而事情似乎并非如此：专业棋手们并未反复斟酌过许多位置，他们经常只花数秒就做出决定，根本来不及去考虑不同的策略。

后续实验表明，棋手们看似靠的是直觉，实际上这是记忆力做出的惊人壮举，它的实现有赖于一种如今被称为"记忆群组"的过程。专业棋手不再从单个棋子的角度看待棋局，而是将棋盘分割成由棋子构成的更大单元或"复合体"。同样的道理，词可以组合成更长的句子，这些复合体之后可以形成模板或心理脚本，我们称之为"模式"，每一种都代表一个不同的情况和策略。这就将棋盘变成了某种有意义的东西，也正因如此，一些国际象棋大师可以同时下几盘棋——即使是下盲棋。运用模式显著减少了棋手的大脑要处理的工作量；专业棋手并不是从头开始计算每一步可能的移动，而是搜索巨大的头脑模式库，找到适用于眼前棋盘的棋步。

德格罗特指出，随着时间推移，这些模式可能会在棋手头脑中变得"根深蒂固"，这意味着只要看一眼棋盘，正确的应对方法就会自动出现在脑中，这很好地解释了那些我们将之与专业人士的直觉联系起来的灵光乍现的现象。自动的、根深蒂固的行为也为大脑释放了更多内存，因此专业人士可以在具有挑战性的环境中工作。"若非如此，"德格罗特后来写道，"那将完全不可能解释为什么有些国际象棋棋手在酒精的影响下还能下一手好棋。"[19]

德格罗特的发现最终为他摆脱中学和铁路公司的乏味工作提供了一条出路，令他在阿姆斯特丹大学获得了博士学位。此后，这一发现在许多领域启发了无数研究，解释了那些天才们——从拼字游戏、扑克牌冠军到塞蕾娜·威廉姆斯这类精英运动员——的惊人表现，还有世界级计算机程序员快速编程的能力。[20]

尽管确切的过程会因具体技能的不同而有所区别，但每个例子中，专业人士都受益于庞大的模式库，这令他们能提取最重要的信息，辨认潜在的模式和动态，并根据预先习得的脚本几近自动地给出反应。[21]

这一有关专业知识的理论也可以帮助我们理解那些不那么知名的天才们，例如，伦敦出租车司机穿越这座城市 25 000 条街道的出色导航能力。他们并不是记住了城市全景，而是构建出已知路线的种种模式，这样一来，地标性景观便会依照某一时刻的交通情况，立刻提示他们从 A 点到 B 点的最佳路线，而不需要回忆并处理整张地图。[22]

即便是窃贼，也会用同样的思维模式作案。研究者让真正的窃贼在虚拟实景中模拟犯罪过程，他们发现，经验较丰富的窃贼已经积累了一套基于英国住宅常见布局的先进模式，这令他们能自动凭直觉找到最佳路线穿房而过，并把注意力落在最有价值的财产上。[23] 正如一位狱中囚犯对研究者们说的："在屋里搜寻变成了一种自然本能，像军事行动似的，成了例行公事。" [24]

不容否认的是，专业人士的直觉在绝大多数情况下都让他们更高效，经常被誉为一种近乎超人的天赋。

不幸的是，它也会带来代价高昂的牺牲。

牺牲之一，专业人士过于依赖已经存在的行为模式，很难应对变化。[25] 例如，在接受记忆测试时，有经验的伦敦出租车司机难以应付伦敦金融区在 20 世纪末的快速发展；他们就是不能将新地标整合到记忆中，更新头脑中关于这座城市的旧模板。[26] 同样，一位专业体育冠军发现自己学习一套新规则会更难，而一位会计师会难以适应新的税收法规。如果专业人士不能超越本身已有的模式，用更好的方法应对挑战，那么认知上的故步自封也会限制他们创造性地解决问题。他们难以摆脱熟悉的套路。

牺牲之二，或许是失去了对细节的兴趣。当专业人士的大脑将原始信息拆分成更具意义的部件，并致力于识别广泛的潜在模式时，更小的元素就被忽略了。这种变化已被记录在针对专业放射科医生的大脑的实时扫描中：他们的大脑中，与高级模式识别和符号意义相关的颞叶区域表现出了更高的活跃度，而与梳理细节相关联的视觉皮层区域活跃度较低。[27] 这样的好处是能够过滤干扰信息，避免精力分散，但也意味着专业人士更不易于系统性地考虑某个问题的所有元素，有可能漏掉重要的细微差异，这些差异并不易与他们脑中的图景相适应。

　　情况还会更糟。专业人士的决定，是基于要点而非更为仔细的分析做出的，所以更容易被情绪、预期和诸如框架效应和锚定现象等认知偏见影响。[28] 结果是，专业训练可能实际上降低了他们的理性商数。"专业人士的思维模式——基于他们如何预期，如何希望，某一天心情是好是坏——将影响他们看待信息的方式，"德罗尔告诉我，"而为专业人士提供专业知识的大脑机制，即实际的认知结构，尤易受此影响。"

　　当然，专业人士可以推翻直觉，回到更注意细节、更系统性的分析上来。但通常他们完全意识不到危险，他们有我们在第二章中探讨过的偏见盲点。[29] 由于这种错误在专业人士中比那些源于无知或缺乏经验而导致的错误更为普遍，使得他们的准确性在某种程度上受到了限制。当这种容易出问题的、基于要点的处理方式与过分自信和"获得性思想僵化"相结合，就会带来最后一种形式的思维陷阱，而后果真的会是毁灭性的。

$\backsim$

　　FBI 对马德里爆炸案的应对就是这种处理方式在现实中的完美体现。匹配指纹是一项极其复杂的工作，要基于特征渐次复杂的三个层次逐层分析：从大致的形状上看，例如，指纹向左旋还是向右旋，是涡旋还是拱形，到皮肤纹路细节，像是某条线是一分为二还是碎成小段，是形成了被称为"眼睛"的环形还是突然终止。总体上，检验员可能需要发现约十处具有识别性的特征。

眼球追踪研究表明，专业检验员通常都会半自动地完成这一过程[30]，差不多和德格罗特采访的那些国际象棋大师一样[31]，将图形分成几块来识别出在指纹比对过程中被认为是最有用的特征。结果，具有识别性的点或许会跳出专业分析者的注意范围，而新手则会系统性地分析和检查每个点——这正是那种可以被偏见左右的自上而下的决策方式。

毫无疑问，德罗尔发现专业检验员容易在这样的自动处理过程中犯一系列认知错误。如果被告知嫌疑人已经认罪，他们便更有可能找到确凿的匹配。[32] 当他们被提供了带感情色彩的材料时，如被谋杀的受害者鲜血淋漓的图片，情况也同样如此。尽管这应该和他们的客观判断无关，但检验员们还是更容易将指纹匹配上，或许是因为他们更有动力和决心抓到罪犯吧。[33] 德罗尔指出，当可用数据模糊不明、乱七八糟时会特别成问题，而这恰恰是马德里爆炸案的证据出现的问题。指纹留在了一个皱巴巴的购物袋上；它污渍斑斑，乍看上去难以辨认。

FBI 首先用电脑分析了这个指纹，试图在他们几百万个记录在案的指纹中找出潜在嫌疑人，梅菲尔德的名字在二十个最有可能的嫌疑人中排第四。在这个阶段，FBI 的分析人员显然还不知道他的背景信息。他的指纹记录只不过是十几岁时与法律擦肩而过时留下的。但看起来他们急切地想要找到匹配的指纹，尽管有重要的迹象表明他们做了错误决定，但当把怀疑目标锁定在梅菲尔德头上之后，他们在这个选择上投入得越来越多了。

纵使检验员确实在两个指纹上辨认出大约 15 处相似点，但他们也一直对显著的差异视而不见。最引人注目是，潜在指纹左上角的整个区域与梅菲尔德的食指指纹并不匹配。检验员们反驳说也许有另一个人在某刻接触过这个袋子；或者它就来自梅菲尔德本人，他在一个指纹上又叠加了另一个指纹，借此制造令人困惑的图案。无论是哪一种，他们都决定排除这一异常区域，仅将注意力集中在看起来最像梅菲尔德指纹的地方上。

然而，如果异常区域来自另外一根手指，你会希望看到一些蛛丝马迹。比如说，这两个手指接触袋子时应该呈不同的角度，指纹的纹路会重叠或十字交叉。你还可能期望这两个手指会以不同的力道接触袋子，留下的指纹外观会有所不同；其中一部分可能看起来会比先留下的那个指纹模糊。然而这个案例中并没有以上两种迹象。

要想讲通 FBI 的故事，这两个人得用完全一致的力度抓袋子，并且他们的指纹必须奇迹般地对得很齐整。这种情况发生的概率微乎其微。更有可能的解释是，这个指纹就来自同一根手指，而它并不是梅菲尔德的。

这并不是微妙的小差异，而是论证中的明显漏洞。监察长办公室（OIG）在之后的一份报告中指出，完全忽视这种可能性是毫无根据的。"这种解释要求检验员们接受一套非同寻常的巧合。" OIG 总结道。[34] 考虑到这些不相符之处，某些独立指纹检验员审视该案件时认为，梅菲尔德应该被马上解除嫌疑。[35]

这并不是 FBI 的案子中唯一一个循环论证的例子：OIG 发现在整个分析过程中，相比于那些有可能匹配的细节，检验员们更倾向于排除或忽视任何一个与他们最初的预计不符的兴趣点。

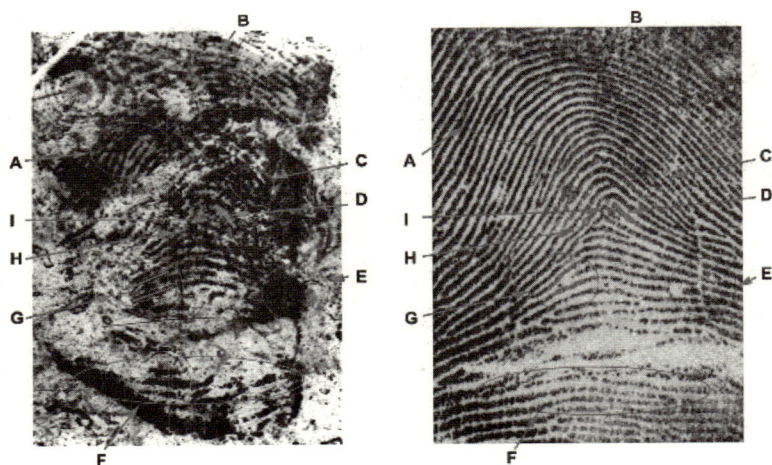

上边这两个打了标记的指纹来自 OIG 提供的免费报告，你可以看出他们犯了多少错。左边是马德里爆炸案中收集到的指纹；右边是梅菲尔德的指纹。诚然，对十足的新手来说，不容易看出错误来，但如果仔细观察，你会看出两者有一些明显的区别。

OIG 总结说这显然是一个证实性偏见的案例，但考虑到我们已经了解了有关自上而下的决策方式以及因为专业性自身而致的选择性注意等方面的研究，所以，那些检验员有可能一开始甚至并没有看到那些细节。他们几乎是被自己的预期蒙蔽了双眼。

这些错误本可以通过真正独立的分析来揭示。然而，尽管指纹经过了多位检验员的审视，但是每个人都知道自己同事的结论，这左右了他们的判断（德罗尔称其为"偏见串联"[36]）。这也扩展到那些秘密监视梅菲尔德及其家人的官员身上，他们甚至错把梅菲尔德女儿的西班牙语作业当成他置身于马德里袭击中的旅行文件。

当 FBI 审视梅菲尔德的过去并发现他是一个虔诚的穆斯林时，这些偏见更是被强化了，他曾在一起儿童监护权案件中为波特兰七名恐怖分子中的一位辩护。事实上，这与他那条被假定的罪行无关。[37]

FBI 如此自信，以至忽视了西班牙国家警察局（SNP）提供的额外证据。4 月中旬，SNP 曾试图确认指纹匹配，但并未匹配成功，不过 FBI 很快就无视了他们的担忧。"他们干什么都有正当理由，"佩德罗·刘易斯·梅利达·列多（Pedro Luis Mélida Lledó），为 SNP 工作的指纹组负责人，在梅菲尔德被宣布无罪后不久对《纽约时报》说，[38] "不过我没看到那些理由。"

FBI 内部的邮件记录确认了检验员们并没有因不同意见而心生动摇。"我今天早晨和实验室的人聊了聊，他们确信自己已经匹配上了指纹，毫无疑问！！！"一位 FBI 特工写道，"他们愿意在任何一个发过誓的法庭上作证。"[39] 如果 SNP 没有成功找到自己的证据来证明梅菲尔德是无辜的，这种十足的确信可能会把梅菲尔德送去关塔那摩湾，或被关进死囚牢房。那场爆炸案发生几个星期后，他们突袭了马德里郊外的一座房子。犯罪嫌疑人并没有屈服于被活捉，而是引爆了一枚自杀式炸弹，然而警方设法找到了写有奥哈难·达乌德名字的文件：一个阿尔及利亚人，他的指纹曾因移民活动而被记录在案。梅菲尔德被释放了，一星期内，他被证实与这次袭击毫无关联。他质疑自己被捕的合法性，并最终收到了两百万美金的赔偿款。

这件事的教训不仅是心理学层面的，还是社会层面的。梅菲尔德的案件完美展示出，专业人士自身的过度自信，再加上我们对他们才智的盲目信仰，会强化他们的偏见，且具有潜在的毁灭性影响。FBI 和法庭内部的一系列失败本不应该如此迅速地升级，毕竟他们甚至无法证明梅菲尔德曾出过境。

∽

了解了这些，我们就可以开始理解为什么某些已经存在的安全程序，尽管通常十分有效，却并不能保护我们免于专业性错误。

想想航空领域。该领域通常被认为是地球上最可靠的工业，机场和飞行员已经运用了不计其数的安全网来捕捉任何瞬间的判断失误。举例来讲，使用检查表提醒关键程序——如今在很多其他领域也普遍存在——最早就源自驾驶舱内，目的在于确保飞机更安全地起飞与着陆。

然而，这些策略并没有考虑到那些因专业知识产生的盲点。根据经验，安全程序只是被综合进了飞行员的自动脚本中，并在自觉意识前退缩了。根据一项针对 19 起严重事故的研究，飞行员都做出了不那么保守的判断而埋下后患，最终导致人们送命，而飞行员的知识本该令他们远离错误。[40]

那次发生在肯塔基州列克星敦市蓝草机场的事故就是例证。2007 年 8 月 25 日早晨 6 点，康奈尔航空公司的 5191 次航班计划在 6 点左右从 22 号跑道起飞，但飞行员排在了一条较短的跑道上。由于他们丰富的经验带来的偏见，飞行员和飞机副驾驶员忽略了所有提醒他们位于错误位置的警告信号。飞机在撞上路堤前冲破了围栏，撞上两棵大树并起火，导致 47 名乘客和飞行员死亡。[41]

航空领域专业知识的诅咒并没有就此终止。就像 FBI 那些法医科学家们，实验研究表明，飞行员的专业知识甚至有可能影响他们的视觉感知，例如，会使他们基于自己之前的预期低估风暴中云团的厚度。[42]

智力陷阱告诉我们，仅仅防范傻瓜是不够的，还需要防范专家。核能工业是为数不多的一个可以提供佐证的行业，一些工厂会常规性地调换安全检查程序的顺序，以防止检查人员靠"自动驾驶"的模式工作。其他产业，包括航空产业，可以吸取同样的教训。[43]

〜

更好地认识到专业知识的诅咒以及无知的优点也可以解释为什么有些组织能经受住混乱和不确定性，而另一些组织则在变化的风暴中崩溃瓦解。

来看看乔治城大学的罗恩·威廉森（Rohan Williamson）的一项研究。他近来调查了一些银行在金融危机期间的命运。他对"独立董事"——从组织外招募来、为管理提出建议的角色——很感兴趣。独立董事意在提供一种自我监管的形式，需要具有一定水平的专业知识，许多独立董事也确实来自其他金融机构。然而，由于招募不带其他利益冲突的合格专业人士比较困难，某些独立董事也可能来自其他商业领域，这意味着他们或许缺乏很多在银行复杂的交易过程中涉及的技术性知识。

诸如经济合作与发展组织（OECD）一类的机构先前已经提出，缺乏金融专业知识可能是 2008 年金融危机的诱因之一。[44]

但如果他们搞错了呢，也许这种无知实际上是一种优点呢？为了找到答案，威廉森考察了一百家银行在金融危机前后的数据。如果你认为丰富的知识总是有助于决策，那么直到 2006 年的结果恰如你所认为的：拥有专业董事会的银行，其表现略好于那些不太有（或没有）金融背景的独立董事的银行，因为他们更有可能赞同有回报的高风险策略。

然而，金融危机发生后，这些银行的命运发生了戏剧性的转变；现在，那些专业知识最少的银行表现得比较好。那些"专家"董事会成员，深深地陷入已经充满风险的决策中，没有回头或更新策略，而那些不那么专业的独立董事没有这么固执己见，这使得他们能引导银行在危机中减少损失。[45]

尽管这个证据来自金融界，一个并不总是凭借理性而受待见的行业，但这一教训同样对其他商业领域具有价值。当情况变得艰难时，团队中不那么有经验的人或许是带领你们走出困境的最佳向导。

∽

至少在法医学上，为了减少 FBI 调查布兰登·梅菲尔德时出现的那种专业人士的错误，他们已经开始采取一些行动。

"在布兰登·梅菲尔德案之前，指纹鉴定领域真的很喜欢用不够格来解释一切错误。"加州大学洛杉矶分校法学教授珍妮弗·姆努金（Jennifer Mnookin）说，"布兰登·梅菲尔德案开辟了一个空间来谈论一种可能，资深分析人员在正确运用他们的研究方法时也会犯错。"[46]

在法医鉴定领域，埃特尔·德罗尔一直立于前沿，详述这些潜在的错误，并提出了可能会减少影响的相关建议。例如，他主张进行更高级的培训，包括组织涉及偏见认知方面的讨论，这样每位司法鉴定科学家都能意识到他们的判断可能会被什么影响，并将这些影响最小化。"就像酗酒的人参加戒酒协会，认识到问题是解决问题的第一步。"他告诉我。

另一方面，司法鉴定分析人员要在"不知情的"条件下做出判断，不能附带了解任何超出手头证据之外的信息，这样他们才能不受预期的影响，尽可能客观地看待证据。这在寻求第二意见的时候尤其重要：第二位检验员不应该知道第一个人的判断。

证据必须以正确的方式和顺序被呈递，要采用埃特尔·德罗尔称之为"线性顺序暴露"的方式，避免马德里爆炸案中那种影响检验员判断的循环论证。[47] 举例来说，甚至在看到嫌疑人的指纹之前，检验员们就应该先标记好留在现场的潜在指纹，预先确定下两者指纹的比较点。而在对证据做出法医鉴定之前，他们不应得到任何有关案件背景的信息。在美国和其他国家，该系统已被 FBI、其他机构和警察局应用。

德罗尔的信息起初并没有被他所研究的专业人士认可。我们在伦敦的韦尔科姆收藏馆交流时，他给我看了一封愤怒的来信，该信出自指纹学会主席之手，发表在了法医鉴定杂志上。上面写道，许多检验员对他们可能会被自己的预期及情绪所影响的这个观点感到愤怒。他表示："任何一个检验员，如果在得出鉴定结果和判定结果的过程中会受到案件情况或血淋淋的图像影响，要么是他完全无法胜任这项崇高任务，要么是他太不成熟，应该去迪士尼乐园找份工作。"

然而最近，德罗尔发现越来越多的组织正在采纳他的建议："事情在变化……但是很慢。如果你和某个检验员聊天，他们还是会说'哦，不，我们是客观的'。"

梅菲尔德依然对这些错误究竟是无意识的，还是精心设计的结果抱有怀疑，但他支持所有有助于强调指纹分析中薄弱环节的工作。"在法庭上，每条证据都像墙里的一块砖，"他告诉我，"问题是他们对待指纹分析的态度就好像它是整面墙，而它甚至不配做一块坚实的砖，更别提一面墙了。"

梅菲尔德依然做着律师的工作。他还是一位活跃的社会活动家，并且和他的女儿夏瑞娅合著了《未必确实的原因》来描述那段痛苦遭遇，以便让人们意识到美国的公民自由在更严格的政府监控下受到了侵蚀。在我们交流的过程中，他对自己的遭遇表现得十分坚忍。"我正在和你聊天——我没被关进关塔那摩湾，身处某种卡夫卡式的境地之中……所以从这个角度来看，司法系统肯定发挥了作用，"他告诉我，"但可能还有更多的人没能处在这么一个令人羡慕的位置上。"

～

了解这些内容后，我们就准备好开始第二部分了。通过白蚁们、阿瑟·柯南·道尔和 FBI 法医检验员的故事，我们已经看到了智力陷阱的四种潜在形式：

· 我们可能会缺乏隐性知识和反事实思维，而这对执行一个计划和预先评估行动结果是必不可少的。

· 我们可能会遭受理性障碍、动机性推理和偏见盲点的折磨，这使得我们将自己的错误合理化并使其永远存在，而意识不到我们的思考中带有缺陷。结果是我们绕着自己的信念搭建起的"逻辑严密的区域"打转，而不去考虑所有可得到的证据。

· 我们或许会在做出判断时过于自信，由于获得性思想僵化的缘故，我们不再能觉察自己的局限性，也无法提高自己的能力。

· 最后，由于我们的专业知识，我们可能会采用根深蒂固的行为模式，以致忽视灾难正在逼近的明显信号，并更容易受偏见影响。

如果回到将人脑比作汽车的那个比喻，这一研究证实，智力是发动机，而教育和专业知识是燃料；通过掌握基本的抽象推理技能和专业性知识，我们的思维活跃起来，但只是加大马力并不总能帮你安全地开动这辆车。没有反事实思维和隐性知识，你可能会发现自己陷入了死胡同；若是受困于动机性推理、获得性思想僵化或是固执成见，你可能只是在兜圈子，或者更坏，你会开下悬崖。

　　显然，我们已经发现了问题，但仍需要学习如何更小心地避开这些潜在的陷阱。纠正这些缺漏，如今是一门全新的科学学科"循证智慧"的目的，我们会在第二部分予以探索。

避开智力陷阱

理智思考和决策的技巧

—4—

道德代数：

走向循证智慧的科学

1787 年夏，宾夕法尼亚州州议会会场闷热难耐。当时正值酷暑，但为了防止公众窥视，门窗都被锁了起来。很多代表穿着厚厚的羊毛西装 [1]，汗流浃背，正在激烈地争论着。他们正在起草全新的美国宪法，利害重大。美国殖民地宣布脱离英国独立仅仅过去 11 年，国家政府财力不足、几近无力，各州之间严重内讧。很显然，美国迫切需要一个新的权力结构来团结起整个国家。

也许最棘手的问题是，在国会中，公众将如何被代表。这些代表是普选产生的，还是经由各地政府推荐的？较大的州应该得到更多的席位？还是说，无论大小，每个州都应该被给予平等的代表权？特拉华州这种比较小的州担心会被弗吉尼亚州等较大的州所主导。[2]

代表们的脾气像闷热的天气一样火爆，门窗紧闭的州议会如同一个高压锅，到了夏末，大会看起来就要炸锅了。缓解紧张局势的重担，落到了费城代表本杰明·富兰克林肩上。

81 岁的富兰克林是会议中最年长的人，这个曾经健壮精神的男人如今十分赢弱，有时候要坐轿子来去。在亲自签署《独立宣言》后，他担心美国在世界上的声誉就取决于他们这次的成功。"如果这件事做不好，就会产生不良影响，因为这将表明我们没有足够的智慧管理自己。"他此前曾在写给托马斯·杰斐逊的信中这样说，杰斐逊当时人在国外。[3]

富兰克林扮演着务实的主人的角色：一天的辩论结束后，他邀请代表们到他家的花园里吃吃喝喝，鼓励他们在清凉的桑树下进行更为冷静的讨论，此处离会场只有几百英尺*远。他有时会拿出自己的收藏品，包括一条珍贵的双头蛇，暗示代表们的犹豫不决和意见不一致。

而在州议会中，富兰克林通常很沉默，并且大多是通过事先写好的演讲稿来发表己见。但当他插话时，他会恳求他们妥协。"如果要做一张大桌子，而边缘不合适，优秀的匠人会两边都取走一点，做出一个很好的接缝来。"他在 6 月的一次激烈辩论中说道。[4]

这一实用主义的"木工手艺"最终引出了有关州代表问题的解决方法——这一问题若未得到妥善处理，很可能会破坏公约。提议者是罗杰·谢尔曼和奥利弗·埃尔斯沃斯，这两位是来自康涅狄格州的代表，他们提议将国会分成两个议院，每个议院用不同的体系投票。在众议院，代表将根据人口规模分配（取悦较大的州），而参议院中，每个州无论大小都有同等数量的代表（取悦较小的州）。

这一"伟大的妥协"起初遭到代表们的拒绝，直到富兰克林成了它的拥护者。他改进了建议。他争辩说，众议院将负责税收和支出；而参议院将处理涉及国家主权和行政命令的事务，这个提议最终在一轮投票中被通过了。

9 月 17 日，到了代表们要决定是否将自己的名字写进最终文件的时

---

* 1 英尺约合 2.54 厘米。——编者注

候了。即使现在，成功也并非十拿九稳，直到富兰克林发表了一场振奋人心的演讲。

"我承认，这份宪法中的几个部分目前我并不赞成，但我不确定自己是不是永远都不会赞成。"他说道，[5] "因为活得久了，我经历过很多从更丰富的信息或更周全的考虑中受益的例子，即便在重大事项上也都改变了观点，有些事我原本认为是对的，后来却发现并非如此。因而我年岁越大就越容易怀疑自己的判断，并且更尊重其他人的判断。"

他说，一群如此聪明又不同的人应该带着他们的偏见和热情而来，这样才对。但他最后要求这些人思考他们的判断可能是错误的。"我不禁要表达这样一个希望，那就是大会的每一个仍然持反对意见的成员，要在这个时候和我一起对自己的绝对正确稍加怀疑，然后为了表明我们意见一致，将名字签在文件上。"代表们采纳了他的建议，大多数人一个接一个地签署了文件。如释重负的富兰克林看向乔治·华盛顿的椅子，那上面刻着地平线上的太阳。很长时间以来，他一直在思考太阳到底是在升起还是在落下。"现在我很开心，我知道这是一个冉冉升起的太阳，而不是落日。"

富兰克林冷静且从容的论证，与常常伴随出色的智力和专业知识而来的带有偏见且目光短浅的思维方式形成鲜明对比。他的传记作家沃尔特·艾萨克森曾写道，富兰克林"对任何富于教条意味的东西都会很敏感"。他将这种开放的态度与实际的良好判断力、敏锐的社交技能与机敏的情绪调节结合了起来，"有一种经验主义的气质，通常反对笼统的激情"。[6]

他并不是在每个问题上都开明。比如说，他早期有关奴隶制的观点就站不住脚，尽管他后来成了宾夕法尼亚州废奴协会的主席。但总体上，尤其是人生后期，他用惊人的智慧应付了极为复杂的困境。

同样的思维模式使得他在独立战争期间能够与法国沟通结盟，与英国达成和平条约，一位学者评价他是"有史以来美国最重要、最成功的外交家"。[7]而在签署宪法的时候，这也使他能够引导代表们解决一个极其复杂且看上去十分棘手的政治分歧。

幸运的是，心理学家现在开始研究"循证智慧"这门新科学中的思维模式。与我们之前对人类思考的狭隘理解形成直接对比，这一研究给予我们统一的理论，解释了我们迄今为止探索过的许多难点，同时也提供了培养更明智的思考方式和避开智力陷阱的实用技巧。

正如我们将要看到的，同样的原则能帮助我们更清楚地思考一切，从我们最为私人的决定到重要的世界大事；同样的策略甚至或许隐藏在这个世界上那些"超级预言家们"的惊人预言背后。

∽

首先，一些定义。这一科学研究并非那些深奥的或精神性的有关智慧的概念，而是关注历史悠久的哲学定义，包括亚里士多德的实用智慧观——"能帮助我们理解和深思生活中什么是好的，以及追求那些东西的最佳方式和策略"，哲学家瓦莱丽·泰比里厄斯（Valerie Tiberius）如是说。（顺便提一句，这和富兰克林使用的定义差不多是一样的。[8]）不可避免的是，那些技能和特质可能包括我们在第一章中探索过的"隐性知识"，以及各种社会和情感的技能，同时也包括有关理性的新研究。泰比里厄斯说："现在，如果你想变聪明，重要的是了解我们具有类似那样的偏见，并且了解你能制定什么样的策略去克服这些偏见。"[9]

即便如此，科学家们只是到了最近才开始研究智慧本身的结构。[10]迈向更为经验主义的框架的第一步是在 20 世纪 70 年代，科学家们在民族志研究中探索人们如何在日常生活中体验智慧，以及用调查问卷的方式检验与智慧相关联的思考——比如我们平衡不同利益的能力——如何在一生中产生变化。毫无疑问，随着年龄增长一个人可以变得更理性、更聪慧。

罗伯特·斯滕伯格（他构建了我们曾在第一章中研究过的实践性智力和创造性智力的科学定义）是这一早期工作的杰出拥护者，提升了其可信度；该工作甚至在大学入学考试中的一些问题上也给了他灵感。[11]

科学地明确智慧的标准这一研究，在 2008 年金融危机后得到进一步关注。"社会上存在一种对以牺牲社会为代价的'聪明'的反感。"霍华德·努斯鲍姆（Howard Nusbaum）解释道，他是一位来自芝加哥大学的神经系统科学家，力图引导越来越多的人开始思考我们如何超越传统的智力范畴去理解何为理智。多亏了这一波关注，我们看到了意图正面解决这一问题的新机构得以创立，例如芝加哥大学的实践智慧研究中心，它成立于 2016 年，由努斯鲍姆主持。有关智慧的研究如今似乎达到了某种临界点，最近的一系列成果令人振奋。

伊格尔·格罗斯曼（Igor Grossmann），加拿大滑铁卢大学的一位出生于乌克兰的心理学家，一直处在这一新兴活动的前沿。据他说，他意图提供同等水平、依托于实验（包括随机对照实验）的详细研究，就像我们在诸如医学等其他科学领域所预期的那样。"在说服人们相信'如果这么做就能解决你所有的问题'之前，你必须做这些基础工作。"他在位于多伦多的公寓接受访问时告诉我。出于这个原因，参照"循证医学"，他将这门学科称为"循证智慧"。

格罗斯曼的第一项任务是建立一个有关明智推理的测试，并证明它独立于一般智力、教育和专业知识，对现实生活具有影响。他从考察各种有关智慧的哲学定义入手，并将这些定义分成了六种关于思考的具体原则。"我猜你可能会称它们为元认知组件，关乎知识和认知过程的不同方面，引导你更充分地了解事物。"他说道。

正如你所希望的，这包含了我们已经研究过的某些理智思考的元素，包括"考虑冲突各方观点"的能力，以考验你能否发现并理解那些与你最初看法相矛盾的信息；还有"识别冲突可能会如何发展"的能力，包含斯滕伯格在衡量创造性智力的过程中研究过的反事实思维，去试着想象可能出现的不同场景。

但是他的研究也包含一些我们没有涉及的理智思考元素，包括"识别出现变化的可能"、"寻求妥协"和"预测冲突如何解决"的能力。

最后，但并非不重要的一点，格罗斯曼认为是智力上的谦逊，即意识到我们知识的局限性和我们判断中内在的不确定性；本质上说，就是看到你的偏见盲点。这种价值观在 2000 多年前曾影响过苏格拉底，它也是富兰克林在签署美国宪法时所演讲的核心。

识别出这些特质后，格罗斯曼要求他的参与者们将关于不同困境的思考说出来——从报纸上有关国际冲突的文章，到出现在多家媒体上的有关家庭分歧问题的知心专栏"亲爱的艾比"，他的团队则在这一过程中为参与者的各项特质打分。

为了更好地理解这个测试，请想想下面这一困境：

亲爱的艾比：

　　我丈夫"拉尔夫"，有一个姐姐"唐"，和一个哥哥"柯特"。他们的父母 6 年前在几个月内相继去世。从那之后，唐每年都会提起要给父母买一块墓碑。我完全赞成，但是唐决定在这上面花一大笔钱，并希望她的兄弟们帮忙付钱。她最近告诉我，她准备了 2000 美金买墓碑。后来唐打电话通知说她已经率先行动，选好了设计，写好了墓志铭并订了墓碑。如今，她希望柯特和拉尔夫把"他们的那份钱"给她。她说先去订购了墓碑是因为这么多年来父母都没有墓碑，她心里很愧疚。我觉得既然唐一个人做了这些事情，她的兄弟们就不必给她钱了。我知道如果柯特和拉尔夫不还给她，他们就永远别想清静，我也别想清静。

　　在谦逊方面得分较低的参与者是这样回应的：

　　我想两兄弟最后可能还是会掏他们的那份钱……要不然她永远都不会罢休。我确信他们对此会很不爽，但我也确信他们最后会崩溃并且给她钱。[12]

　　接下来这则回应在谦逊方面得分较高，它承认了一些关键但被遗漏的信息：

唐显然迫不及待地想完成这件事，而其他人已经拖了 6 年，或者至少在这 6 年中什么也没干。原文中没有提到她最后决定花多少钱……我也不知道事情具体是怎样的，只是对他们来说，那似乎是合理的方式。这真的要取决于当事人的品性如何，但我并不清楚。

同样地，就观点来看，不那么复杂的回应只会考察一个方面：

我能想象之后大家的关系会很不愉快，比如，我们说柯特和拉尔夫决定不管这事，不为墓碑付钱，那么兄弟俩和唐之间就会出隔阂。

更明智的回应则更为深入地考察了潜在的动机范围：

有些人或许相信我们应该像这样来尊敬父母。另一个人或许认为没有什么是必须做的。还有的人也许没有经济实力来做任何事。或许对兄弟俩来说，这件事并不重要。人们对重要的事情持有不同的观点很经常。

得分更高的参与者还能够看到解决冲突的方式存在着更多可能性：

　　我认为他们可能会达成某些妥协，柯特和拉尔夫也意识到有个墓碑很重要，尽管唐在他们没有确定会付钱的情况下就订购了墓碑，但他们可能还是会付钱，即便不如她所愿。但希望如此吧，他们会尽自己的一份力。

　　正如你所看到的，这些回应都非常有对话性，不需要什么高深的哲学原理，但更明智的参与者更容易围绕问题的细微之处展开思考。

　　在研究者们为参与者的想法评完分后，格罗斯曼将这些分数与幸福的不同指标做了比较。第一个结果于 2013 年发表在《实验心理学杂志》（*Journal of Experimental Psychology*）上，在明智推理方面得分较高的人，生活的各个方面差不多都不错：他们更满足，更不易遭受抑郁症的折磨，而且他们一般都有着更幸福的亲密关系。

　　引人注目的是，在随后 5 年的采访中，这些人的死亡率也稍低，兴许是因为更明智的推理能让他们更好地判断不同活动的健康风险，又或者他们可以更好地应对压力。（然而格罗斯曼强调说，今后的工作还要重复研究这一特殊发现。）

　　至关重要的是，参与者的智力水平很大程度上与他们在明智推理方面的分数无关，也对衡量健康和幸福的指标没什么影响。[13] 那种"我很聪明是因为我知道自己一无所知"的观点或许已经成了陈词滥调，然而相当值得注意的是，诸如智力上的谦逊和理解他人观点的这类能力，也许比实际智力更能预测你的幸福程度。

　　这一发现为最近的智力探索、理性决策和生活质量的研究提供了补充。例如，你可能会记得，万迪·布吕纳·德布鲁因的发现也十分类似，即在预测一个人的破产和离婚压力方面，看决策能力比智商更管用。[14]"我们一次又一次地发现，智力与明智推理之间关联甚微，能解释大约 5% 的差异，也可能更少，但肯定不会更多。"格罗斯曼说。

引人注目的是，格罗斯曼的发现也与基思·斯坦诺维奇有关理性的发现不谋而合。举例来看，斯坦诺维奇的某项研究衡量了一种被称为"积极的开放性思维"的特质，它与智力上的谦逊类似，也包含考虑不同观点的能力。例如，你在多大程度上同意"信念总是应当依照新的信息或证据加以修正"或者"我喜欢在决定下一步如何做之前收集许多不同类型的证据"这类看法？他发现，参与者们对这些问题的回答，通常更能预测他们的总体理性。考虑到不带偏见的决策应是智慧的关键组成部分，这很令人欣慰。[15]

格罗斯曼认可适度水平的智力对这些任务中所涉及的复杂思考是有必要的。"那些有严重学习障碍的人不适用于这些智慧原则。"不过越过某个特定门槛之后，其他特质，例如智力的谦逊和开放性思维，对生活中那些真正重要的决策而言就变得更加关键。

自格罗斯曼发表这些研究成果以来，他的理论得到了其他心理学家的广泛好评，还得到了美国心理学协会颁发的新星奖。[16] 他后来的研究建立在早期发现的基础上，也得到了同样激动人心的成果。例如，他和亨利·卡洛斯·桑托斯（Henri Carlas Santos）一道考察了此前有关健康和幸福调查的纵向数据，幸运的是，其中含有一些和他的智慧定义相关的重要问题，包括智力上的谦逊和开放性思维。果然，他发现那些一开始就在这类特质上得分较高的人，之后会表示自己过得更幸福。[17]

他还开发出了能让他测试更多人的研究方法。一项研究要求参与者完成 9 天的在线日记，写下他们所面对的问题的细节，还会用调查问卷测试他们在每个问题上的想法。尽管有些人一直都比其他人得分高，但他们的行为仍然高度依赖于眼前的情境。换句话说，即便是最明智的人也可能在不适当的情况下做出愚蠢的事情来。[18]

这种逐日的变化可以在诸如外向型等人格特征中看到，格罗斯曼说，因为每个人的行为都依照固定的设定值变化；温和内向的人或许仍然更喜欢安静地独自工作，但面对信任的人，也会变得更合群。同样地，某个人可能在应对一位具有对抗性的同事时非常明智，但在和前任相处时就昏了头。

问题是，我们如何能学会去改变那个设定值呢？

∽

智慧是可以培养的，这一点在本杰明·富兰克林的著作就有例证。根据他的自传，他年轻时"喜欢与人争辩"，但当他读了苏格拉底的审判故事后，就变了。[19] 这位古希腊哲学家谦卑的质询方式给他留下了深刻的印象，他决心经常质疑自己的判断并尊重他人的观点，之后在与人交流时，他拒绝使用"当然，毫无疑问，或者其他会给某个观点带来确定无疑的感觉"之类的词句。没过多久，这就成了一种持久性的精神状态。"过去的 50 年中，没人听过我说教条主义的意见。"他写道。

总之，格罗斯曼有关循证智慧的研究证明了这种谦逊和开放性思维的重要性。"我发现坦率地承认自己无知不仅仅是摆脱困难的最简单方法，还是最容易掌握信息的方式，所以我就这么做了。"富兰克林在 1755 年这样写道，他当时在谈论自己对某一新近科学成果产生的困惑，"那些假装什么都知道并试图解释一切的人，往往长久以来对很多事一无所知，要是他们不表现得如此自负，别人也并更乐意教他们了。"[20]

不走运的是，科学研究表明，好的意愿或许尚且不够。查尔斯·洛德（Charles Lord）在 20 世纪 70 年代做的一项经典心理学研究认为，只是告诉人们"要更客观并尽可能不带偏见"，在克服以自我为中心的偏见方面几乎没什么用。举例来说，尽管洛德已经提出了警告，但在考虑死刑的理由时，实验对象依然倾向于得出符合他们先入之见的结论，仍会忽视与自己意见相悖的证据。[21] 显然，只是想要做到公平和客观是不够的；你还需要修正心胸狭隘的思考方式。

幸好，富兰克林也揭示了一些相关策略，而心理学家要等到几个世纪以后才会发现这些方法。

在他 1772 年写给约瑟夫·普里斯特利的一封信中，他的方法得到了最好的说明。这位英国的牧师兼科学家找到了一份工作，那便是监督贵族谢尔本勋爵家孩子们的教育。这个有利可图的机会将为约瑟夫提供他急需的经济保障，但也意味着他要牺牲掉神职，他所认为的这项最高贵的职业"，因而他写信给富兰克林征求意见。

"在对你如此重要的事情上，你询问我的意见，因为缺乏足够的前提条件，我无法建议你做什么决定，但如果你还是想知道，我愿意告诉你。"富兰克林回复道。他将自己的方法称为某种"道德代数"，将一张纸分成两半，在左右两边分别写下优点和缺点。这很像现在的利弊清单。之后，仔细思考每一个优点与缺点，并基于重要性给它们赋值；如果赞成项和反对项数值相等，就将它们从两列中都划掉。"这样做之后，我终于能发现平衡点在哪里了；考虑一两天后，左右两边都没有什么新的项目出现，我就能由此做出决策了。"[22]

富兰克林承认他赋予每个理由的价值远不够科学，但他辩解说："每一项都单独比较之后，一切都摆在我眼前，此时我想我就可以更好地做出判断，不那么容易鲁莽行事。"

正如你所看到的，富兰克林的策略比我们大多数人在笔记本里草草写下的优缺点列表更慎重、更复杂。特别重要的是，他小心地努力衡量每一项，以及他努力地搁置判断，以便让自己的想法确定下来。富兰克林似乎尤其意识到了我们倾向于严重依赖那些最容易想起来的理由。就像他在另外一封信中描述的，有些人总是基于"恰巧出现在脑海中"的事实来做决定，而最好的理由总是"缺席"。[23] 当我们试图理性思考的时候，这种倾向的确是偏见的一个重要来源，因此，给你自己时间，一直等到所有论点都摆在面前非常重要。[24]

不管你是否认可富兰克林的道德代数，心理学家已经发现，有意识地花时间"思考相反的"观点可以减少一系列错误推理 [25]，例如，锚定 [26]、过分自信 [27]，当然还有自我中心偏见。在很多不同的决策中，好处都十分明显：从帮助人们批评可疑的保健功效 [28]，到形成有关死刑和减少性别偏见的观点。[29] 在每个例子中，都积极地和自己争论，并考虑你最初的判断为什么有可能是错的。[30]*

根据决策的大小，你可以从这个过程中反复受益，每次都会获取你在第一次时忽略掉的额外信息。[31] 你还要特别注意，你会如何对待与直觉相悖的证据，因为即便你已经确认了它的存在，还是有可能忍不住忽视它。相反，你也许可以问问自己："我是否会做出同样的评价，假如同样的证据恰好在问题的对立面上产生了结果？"

---

*顺便提一句，13世纪的哲学家托马斯·阿奎那在自己的神学和哲学研究中用了相似的技巧。正如哲学家贾森·贝尔（一位智力上的谦逊的当代拥护者，我们会在第八章中接触到）所指出的，阿奎那故意反驳自己在任何观点上提出的最初的假设，"尽力让这些反对意见尽可能地强大有力"。然后他用同样的力度驳斥这些观点，直至最终自己的观点达到某种平衡。

想象一下，像普里斯特利一样，你正在考虑是否接受某个新工作并已经询问了朋友的建议，朋友鼓励你接受。你之后或许会问："如果她反对这个决定，我是否会同样重视朋友做出的判断呢？"[32] 这听上去有点绕，但洛德的研究表明，这种方式的确管用。

你也可以试着想象其他人会考察你的理由，甚或试着将这些理由告诉你的一位朋友或同事。很多研究显示，需要将自己的想法解释给别人听的时候，我们会考虑更多方面。[33]

ᔍ

我们无法知道富兰克林是否在所有情况下都应用他的道德代数，但这种周全的开放性思维看起来主导了他的很多重大决策。"所有在公共利益方面取得的成就，像组建消防部门，铺好道路，建一座图书馆，支持为穷人办的学校，还有许多，都证明他在理解他人并说服他人颇有技巧。"历史学家罗伯特·米德考夫（Robert Middlekauf）写道 [34]，"他计算并衡量；他权衡利弊并加以评估。他的思维里嵌入了某种量化成分……这确实描述了富兰克林头脑中最理智的部分。"

然而，这种想法并不总是受到认可。特别是面对危机的时刻，我们有时会尊崇"强悍"、固执的领导者，他们会固守自己的信念，甚至连富兰克林都曾被认为在独立战争时期与英国谈判时太过"软弱"。不过，他后来被委任为谈判委员之一，事实证明他是一个精明的对手。

某些证据表明，在其他很多成功的领导者背后，可能存在着一种更为开放的思考方式。例如，一项分析考察了 1947 年至 1976 年间联合国大会关于中东冲突的演讲文本，并为演讲者考虑和整合其他观点的内容评分——这种开放性思维是格罗斯曼衡量智慧的重要标准。研究者们发现，该评分在一场战争前的一段时间内持续下降，而较高的分数看起来可以支撑更长时间的和平。

过分解读事后分析是愚蠢的，毕竟人们在高度紧张的阶段自然会变得更为保守。[35] 但各种实验发现，在这些测试中得分较低的人更有可能采取激进的策略。这一观点还在一项有关美国近百年来重要政治危机的考察中找到了进一步支持，其中包括约翰·F. 肯尼迪对古巴导弹危机的处理，还有罗伯特·尼克松对 1970 年美军入侵柬埔寨以及 1973 年赎罪日战争的应对。

总统们和国务卿的演讲、信函和官方声明显示，开放性思维的程度持续地预测了沟通后的结果，例如，肯尼迪因成功处理了古巴导弹危机而获得高分。[36]

在最近的政治活动中，德国总理安吉拉·默克尔以其"善于分析的冷静"著称，众所周知，她会在做决定之前倾听所有的观点；一位政府高级官员曾评价，"我所能想象的任何情况下，她都是最好的分析者"。

德国人甚至造了个新词 *"merkeln"*（将默克尔的名字用作动词）来描述她这种耐心、审慎的姿态，不过这并不总是奉承话，因为那也有可能反映出一种优柔寡断的态度。[37] "有时候我会被当成一个永远在拖延的人，"她自己曾这样说，"但我想，在政治沟通中，考虑他人并认真听他们在说什么是必要且极端重要的。"这对她很有帮助，在经历了一些严重的经济危机后，她仍是任职时间最长的欧洲领导人。

如果我们回忆一下，许多聪明人就像在没有路标或警示的路上高速行驶的汽车，默克尔和富兰克林则代表了那些耐心谨慎的司机：尽管有强大的发动机，但他们知道什么时候踩刹车，以及在决定路线之前察看地形。[38]

∽

富兰克林的道德代数只是培养智慧的一种方式，进一步的深刻见解来自一个被称为所罗门悖论的现象，格罗斯曼用公元前 10 世纪带有传奇色彩的以色列国王的名字为其命名。

根据《圣经》的记载，在所罗门统治国家的初期，上帝在他的梦中显现，并提出要给他一件特别的礼物。他没有选择财富、荣耀或是长寿，而是选择了判断的智慧。他的洞察力很快就得到了考验，两个娼妓出现在他面前，都声称自己是某个男孩的母亲。所罗门下令将男孩切成两半。他知道真正的母亲会放弃自己的主张，不会看着儿子被杀死。这一决定常被看作公正判断的缩影。很快，人们便从各地赶来接受他的忠告。他带领这片土地走向了繁荣，并建了耶路撒冷圣殿。

然而，据说所罗门很难在个人生活中运用他那著名的明智判断，而常被放纵的激情左右。比如，尽管他是犹太祭司长，却违抗《律法书》的戒律，娶了一千个妻妾，同时他还积累了巨大的个人财富。他变成了凶残贪婪的暴君，并且沉迷于自己的风流韵事，忽略了对儿子的教育，没有让儿子做好承接权力的准备。王国最终陷入混乱和战争。[39]

3000 年后，格罗斯曼在自己关于智慧的测试中发现了同样的"不对称"。正像所罗门一样，很多人能智慧地思考别人的困境，但在自己的事情上无法清楚地思考，因为他们在自己的观点上变得更为傲慢，也不太容易妥协，这也是偏见盲点的另一种形式。[40] 当我们感到自己受到威胁时，这种类型的错误似乎成了特别的问题，引发了所谓"热"情绪处理，一种狭隘且封闭的思维方式。

好消息是，我们可以运用所罗门悖论帮助自己，练习一种被称为"自我疏离"的方法。为了感受一下这种方法的力量，请想想最近让你生气的一件事。现在，"退后几步"，差不多就像是待在房间的另一个位置看自己，或者在电影院银幕上看自己，然后对自己描述事情的经过。你感觉怎么样?

在一系列实验中，密歇根大学的伊桑·克罗斯（Ethan Kross）已经证明，这个简单的方法，即用"冷"处理而非"热"处理，可以激励人们以更具反思性的态度对待自己的问题。比如说，他发现人们更倾向于用较为中性的词句描述情况，并开始寻找他们不满情绪的深层原因，而不是聚焦于琐碎的细节。[41]

考虑以下两个例子。第一个例子来自"沉浸式的"第一人称视角。

"我很震惊，因为男朋友告诉我他不能和我联系了，因为他觉得我会下地狱。我坐在宿舍走廊的地上哭，并试图证明我的宗教信仰和他的一样……"

第二个例子来自一种疏离的观点：

"我能更清楚地看待这次争吵了……起初我更同情自己，但后来我开始理解他的感受。这或许是不理智的，但我能够理解他的动机。"

你可以看到，对第二位参与者来说，事情如何变得更为客观、更为抽象。他或她开始超越自己的体验去看问题，并试图理解冲突。

克罗斯强调这并不只是另一种逃避或压抑的形式。"我们的观点不是要将他们从事件中拽出来，而是给他们一点点距离，让他们往后退一些，之后让他们用更为健康的立场来对待情绪，"他在一次访谈中告诉我，"从沉浸式角度来做这件事的时候，人们更容易把注意力集中在他们自己身上发生了什么。距离让他们切换到构建意义的模式上来，他们在此会将事件置入更宽广的视角和背景中。"

之后他运用不同形式的自我疏离多次重复验证了这一发现。举例来讲，你可以想象自己是一只趴在墙上的苍蝇，或是一位善意的观察者。或者你可以试着想象更老更睿智的自己在更远的未来回望此刻。仅仅是用第三人称谈论你的经历（"戴维正在和娜塔莎谈话，此时……"）也能带来必要的视角转变。

克罗斯指出，很多人在处理使人不快的情绪时，自然地就能与自我保持距离。他提到了一场访谈，篮球运动员勒布朗·詹姆斯讲述了自己决定离开克利夫兰骑士队（这支队伍成就了他的事业），转投到迈阿密热浪队的事。"有件事我不想做，那便是感情用事。我想做对勒布朗·詹姆斯来说最好的决定，做能让勒布朗·詹姆斯高兴的事。"与此同时，马拉拉·优素福·扎伊用相似的方法给了自己对抗塔利班组织的勇气。"过去，我觉得塔利班会找到我并杀了我。但之后我对自己说，如果真的来了，你会怎么办啊，马拉拉？然后我回答自己说，马拉拉会拿起一只鞋子还击。"

自发地用这种新视角来看待问题，有很多好处，包括减少焦虑和胡思乱想。[42] 采取保持距离的视角甚至帮助一组参与者面对了当代生活中人们最害怕的事情之一：公开演讲。在准备演讲时运用保持距离的方法之后，他们比采用沉浸式、第一人称视角的对照组表现出更少的害怕等生理迹象，也不那么焦虑。对判断这些人演讲效果如何的观察者来说，效果也是显而易见的：他们做了更为自信有力的演讲。[43]

在每个例子中，自我疏离都帮助参与者避免了那种助长偏见的以自我为中心的"热"认知，所以他们的思考不再服务于自身的愤怒、恐惧或受到威胁的自我。毫无疑问，格罗斯曼已经发现，当考虑个人危机时（例如不忠实的伴侣），自我疏离可以解决所罗门悖论，这意味着人们更谦逊并乐于妥协，同时更愿意考虑带有冲突的观点。[44]"如果你变成了一名观察者，那么你马上就会进入好奇模式，会试图搞清楚状况，"格罗斯曼告诉我，"这几乎总是会同时带来智力上的谦逊，考虑不同的观点并将它们加以融合。"

而这也许会在你的人际关系上产生重要影响。由西北大学的伊莱·芬克尔（Eli Finkel）领导的一支团队，在两年中追踪了 120 对夫妻。起初他们的关系没什么希望了：在第一年，大多数夫妻对彼此关系的满意度都呈螺旋式下降，失望和愤恨开始累积。然而一年之后，芬克尔让一半数目的夫妻上了自我疏离短期课程，比如训练他们从一位更心平气和的观察者的视角来想象一次争吵。

与典型的婚姻关系咨询相比，这只是一小步。自我疏离课程总共只持续了大概 20 分钟。但它改变了这些夫妻的爱情故事，让他们在随后的一年中更亲密互信，建设性地解决了各种分歧。与此相反，对照组在接下来的一年中关系持续恶化，愤恨继续累积。[45]

这些是高度私密的问题，不过从保持距离的视角看问题似乎也可以在不那么私人的问题上减少偏见。举例来说，在被要求想象其他国家的国民会如何看待即将到来的选举时，格罗斯曼的参与者变得对带有冲突的观点更加开明。实验结束后，他发现这些人也更愿意受邀报名参加有关两党合作的讨论组——进一步客观地证明了他们在接受干预之后，现在变得更开明了。[46]

随着研究的进展，格罗斯曼现在开始更仔细地检查实验效果的情况，这样一来他就能发现更有效的自我疏离的技巧，以提高人们理性思考的能力。其中一个特别有效的方法是想象你在对一个 12 岁的孩子解释某件事。格罗斯曼推测，这也许会让你更有保护意识，因而规避任何可能左右他们年轻纯真的头脑的偏见。[47] 他的团队称这个现象为"苏格拉底效应"——这位谦逊的希腊哲学家纠正了强大的以色列国王那以自我为中心的激情。

∽

如果你还在怀疑这些原则能否帮你做出更好的决定，考虑一下迈克尔·斯托里取得的成就，他是一位"超级预言家"，他的才能最初通过"良好判断力项目"得以展现，这个项目由美国政府资助，旨在提高情报工作水平。

"良好判断力项目"是菲利普·泰洛克（Philip Tetlock）的创意，这位政治学者已然在情报分析界引起了轩然大波。无论什么时候打开电视新闻或读一读报纸，我们都能看到评论员声称某人会赢得大选或是恐怖袭击迫在眉睫；私底下，情报分析人员可能会建议政府开战，指导非政府组织展开救援行动，或是在下一次大型并购中为银行提建议。但泰洛克此前已经证明了这些专业人士的表现通常并不比随机猜测的结果更好，很多人的表现甚至还越来越糟。

后来的研究证明，很多情报分析人员会出于直觉迅速做决定，因此更易受偏见影响，例如，框架效应偏见——他们在理性测试中的得分比学生们还低。[48]

直到 2003 年以美国为首的联军入侵伊拉克，并对萨达姆·侯赛因的"大规模杀伤性武器"进行灾难性搜查后，美国情报部门才终于决定采取行动。最终，高级情报研究计划局（IARPA）成立。他们终于同意资助一项为期四年的淘汰赛，从 2011 年开始，研究者们会将参与者分成不同的小组来测试他们的策略。

举例来说，问题包括："朝鲜会在年底之前引爆核设施吗？""2012年奥运会上，排在奖牌榜第一位的会是哪个国家"？还有，"在未来 8 个月内，还会有多少国家报告埃博拉病毒病例"？在对这些类型的事件给出准确预测的同时，预言者们还要声明对自己的判断有几分信心，而那些对自己的预测过于乐观（或悲观）的人将受到极其严厉的评判。

这就是良好判断力项目，第一年过后，泰洛克抽走了位列前 2% 的参与者，他叫这些人"超级预言家"，想看看他们如果组成团队，是否比单打独斗表现得更优秀。

迈克尔是第二年中途参加淘汰赛的，他很快便跻身最成功者之列。他做过很多工作，包括纪录片制作等，在回到校园攻读硕士学位期间，他在一个经济学博客上看到了淘汰赛的广告。测试并量化人们做出的预测的主意立刻吸引了他。

迈克尔还记得当初遇到其他"超级预言家"的情形。"我们有很多非常相似的、古怪的小地方。"他告诉我；他们都有好奇而充满渴望的头脑，有一种对细节和精确的渴求，这也反映在他们的日常决策中。他的一位朋友拿电影《E.T. 外星人》的结尾加以比较："在那里他回到了自己的星球，遇见了所有其他的外星人。"

他们的观察与泰洛克更为正式的调查相吻合。尽管从一般智力的角度来看，超级预言家们都很聪明，但是，"他们的得分并没有高到爆表，大多数人都远远达不到所谓天才的范畴"，泰洛克指出。取而代之的是，他发现他们的成功依赖于很多其他的心理特征，包括开放性思维，还有对不确定性的接受，这在格罗斯曼的研究中十分重要。"这表明你愿意承认之前已经改变了很多次主意，而且你还愿意再改变很多次主意。"迈克尔告诉我。超级预言家们对自己的信心声明也高度准确。比如，他们会指明是22%，而不是20%。这大概反映了他们对细节和精确的整体关注。

泰洛克在早期的实验中已经发现了这种迹象，最糟糕的专家往往表现得最有自信，而表现最好的那些人让更多的怀疑渗透进自己的语言中来，"他们会在发言时点缀一些过渡语，例如，'然而''但是''尽管'和'另一方面'"。

还记得本杰明·富兰克林决心避免"当然、毫无疑问，或者其他会给某个观点带来确定无疑的感觉"之类的词语吗？两百多年后，超级预言家们再次证明了同样的观点：承认自己的知识有局限性实有益处。

与格罗斯曼的研究一致，超级预言家们也倾向于寻找外部观点；他们不会陷在手头某个特定情形的种种细节中，而是会广泛阅读并寻找手头的事件与其他事情（看似无关的事情）的关联。举例来说，有人在调查阿拉伯之春的时候，会将视野扩展到中东政治之外，看看类似的革命是如何在南美上演的。

有意思的是，包括迈克尔在内的很多超级预言家都于人生中的某个时期在外国工作和生活过。尽管这可能只是种巧合，但某些证据表明，深入接触其他文化能够提升开放性思维，兴许这是因为那需要你暂且搁置自己的先入之见，采纳新的思考方式。[49]

然而最激动人心的是，这些技能随着训练提高了。根据定期反馈，许多人看到他们的准确性随着比赛进程慢慢提高。参与者也对特定课程有所反馈。例如，长达一小时的识别认知偏见在线课程令预言家们的准确率在接下来的一年中提高了 10%。

通常，避免偏见最简单的方法是从"基本利率"开始：例如，研究独裁者失去权力所需的平均时长，之后再开始重新调整估计值。另一个简单的策略是研究各种情形的最坏和最好情况，为你的估计提供一些边界。

总体而言，超级预言家们提供了完美的例证。除了那些衡量认知能力的一般标准，明智的决策还依赖于许多其他的思考方式。正如泰洛克在他的《超预测》（*Superforecasting*）一书中所说的："一位出色的解谜者可能拥有做出预测的原材料，但如果他并不渴望质疑那些情绪化的基本信念，那么，相对于并不太聪明却有更好的自我批判性思维的人来说，可能会处于劣势。"[50]

格罗斯曼说他才刚开始领悟到这些关联。"我认为这些观点有很多一致的地方。"他告诉我。

迈克尔现在为良好判断力这家新公司效力，他们提供有关这些原则的课程，同时他强调，人们的表现可以通过联系和反馈提高。无论你现在表现如何，重要的是不要畏惧失败。"就是要从犯错中学习。"迈克尔告诉我。

∽

在结束与格罗斯曼的交流之前，我们讨论了最后一个有趣的实验，他因此将有关明智推理的测试带去了日本。

和格罗斯曼此前的研究一样，参与者们要回答一些有关新闻和知心专栏的问题，之后会被从有关明智推理的不同角度打分，例如智力上的谦逊、接受其他观点的能力，以及提议妥协的能力。

参与者的年龄从 25 岁到 75 岁不等，而且在美国，智慧随着年龄稳步增长。这很令人安慰：我们生活阅历越多，就能变得越通达。这也与其他一些理性衡量标准一致，例如布吕纳·德布鲁因的"成人决策能力量表"，其中年纪更大的人得分也更高。

然而格罗斯曼惊讶地发现，东京的分数却完全不同。分数未随年龄急剧增长，因为较年轻的日本人已和年长的美国人一样明智了。不知何故，他们在 25 岁时就已经吸取了美国人要有几十年阅历才会有的人生教训。[51]

为强化格罗斯曼的发现，伊曼纽尔·马努埃洛（Emmanuel Manuelo）、高史久住（Takashi Kusumi）和同事们最近对日本冲绳、京都和新西兰奥克兰的学生展开了调查，请他们说说什么是大学里最重要的思维方式。尽管三组学生都认可持有开放性态度有价值，但令人惊讶的是，日本的学生提出了某种听上去很接近自我疏离的特别策略。例如，一位来自京都的学生强调"从第三者的视角想问题"有价值，而一位冲绳的学生说"基于反对意见灵活思考"很重要。[52]

如何解释这些文化差异呢？我们只能推测，但许多研究已经表明，一种更具全局性、相互依存的世界观或许已经嵌入日本文化之中；日本人更易于关注背景信息并能考虑到某种行为的更广泛的原因，而不那么容易聚焦于"自我"。[53]

格罗斯曼指出，文化人类学方面的证据表明，日本小孩从小就被教导要考虑其他人的意见，并承认自己的不足。"你只需要翻开一本小学课本，就能看到这样的故事，他们在智力上很谦逊，会从相互依存的角度来思考人生意义。"

其他学者同样认为这样的态度被编码进了日语中。人类学家罗伯特·J. 史密斯（Robert J. Smith）指出，日语要求你在每句话中对人们的相对地位进行编码，同时这门语言缺少"任何与人称代词稍有相近的成分"。尽管有很多可以用来指代自己的方式，但"没有一种选择是明显起主导作用的"，特别是在孩子们中间。"在绝大多数情况下，他们不使用任何一种指代自己的成分。"

甚至连你自己名字的发音，也会依照交谈对象的不同而变化。结果是，史密斯说，在日本，指代自己是会"持续改变"并"与他人相关的"，因而"并没有某个固定的中心可以让个体断言某种非偶然性的存在"。[54] 被迫用这种方式表达你的行为，自然会助长自我疏离的倾向。

格罗斯曼还没有将他有关明智推理的测试应用到其他国家，但越来越多的证据显示，这种差异应被视为更广泛的地理趋势的一部分。

从一定程度上来讲，由于开展全球性研究的实际困难，心理学家曾经基本上完全关注西方人口，所以绝大多数的研究成果都来自美国的大学生。他们智商高，通常是中产阶级。然而在最近 10 年中，他们开始更努力地比较不同文化的人，比较他们的思考、记忆和感知能力。他们发现"西方、受教育的、工业化的、富裕的、民主的"（简称 WEIRD）区域，像北美和欧洲，在各种有关个人主义和自我中心思维方式的评价上得分更高，而这些似乎是我们偏见背后的原因。

在一个最简单的"暗示性"测试中，研究人员要求参与者画一张社交网络图，以显示家人、朋友和他们彼此之间的关系。（在往下读之前，你也可以试着画一下。）

在像美国这样的 WEIRD 国家中，人们倾向于将自己画得比朋友们高大（平均大约高 6 毫米），而来自中国或日本的参与者则将自己画得比周围的人稍小些。[55] 这也同样反映在他们用来描述自己的词语上：西方人更喜欢描述自己的性格特点和取得的成绩，而东亚人会描绘自己在社会中的位置。这种不那么个人主义的、更"全局性"地看待周围世界的方式也可以在印度、中东和南美看到 [56]，同时，一些新出现的证据表明，生活在依存性文化中的人，更容易接受不同意见并采纳他人的观点，而这是提升思维和智慧的关键。[57]

再看看对过度自信的评估。正如我们所见，大多数来自 WEIRD 地区的参与者总是高估自己的能力：例如，94% 的美国教授认为自己"比平均水平更好"，而 99% 的司机觉得自己比平均水平更能胜任这份工作。[58] 然而在中国、韩国、新加坡、墨西哥或智利做的数不清的研究里，都难以发现同样的趋势。[59] 当然，这并不是说这些国家的每一个人都总是谦逊、明智的思考者；几乎可以确定的是，还要看具体的情况，因为人们自然地会在不同的思维方式中切换。而一般特性也会随着时间发展而改变。根据格罗斯曼最近的一项调查，在全球范围内，即便是在那些传统上更具依存性的文化群体中，个人主义也呈上升趋势。[60]

然而，我们应该准备好用更现实的视角来看待我们的能力，这在东亚和其他文化中是普遍存在的，因为它将直接转化为更小的"视觉盲区"和更出色的理性思考能力。

现在我们已经知道了某些特定倾向，特别是智力上的谦逊和积极的开放性思维，能帮助我们绕开智力陷阱。有了富兰克林的道德代数和自我疏离，我们就有了两种能立刻改善决策能力的可靠技巧。它们并不能替代更高的智力或更好的教育，但可以帮助我们以不那么带有偏见的方式，更有效地运用头脑，同时避开智力上的地雷。

　　循证智慧这门科学尚在起步阶段，但在之后的几章中我们会探索许多同类研究，这些研究体现了情感和自省方面的前沿理论也能揭示出一些实践策略，来提高我们在高风险环境下做决定的能力。我们还会考察开放性思维、谦逊态度与复杂的批判性思维技巧相结合之后，如何保护我们免受危险的错误看法和"假新闻"之害。

ᔕ

　　本杰明·富兰克林自始至终都保持着智力上的谦逊。1787 年宪法的签署是他最后的伟大举动，他仍然对国家的进步感到满意。"今年我们从土地上收获了最多的果实，我们的国民看起来已经很快地从战争带来的放纵和懒散习惯中恢复过来，认真地培养着节制、俭省和勤勉的习惯，这将为国家未来的幸福带来最令人欢喜的前景。"他于 1789 年在信中对伦敦的一位熟人说道。[61]

　　1790 年 3 月，神学家埃兹拉·斯泰尔斯试探了富兰克林对上帝的信仰，以及他拥有来世的可能。他回应道："我和大多数英国的持异见者一样，对耶稣的神性有些怀疑，尽管这是个我不会武断处理的问题，也从来没有研究过，但我想如今不用忙于此事了，我很快就有机会用不那么麻烦的方式了解真相了。

　　"就我自己而言，只想说一点，我体验过上帝的仁慈，在它的指引下，我在这漫长的一生中有所成就，我毫不怀疑下一次它还会延续下去，尽管我丝毫不认为自己配得上这样的仁慈。"[62] 一个多月后，他去世了。

你的情绪指南针：

自省的力量

雷一边狼吞虎咽地吃着汉堡和炸薯条，一边已经开始草拟自己的商业计划。这个 52 岁的推销员不是一个赌徒，但当他从自己的"麻筋"感受到那种发自肺腑的强烈感觉时，他知道自己必须行动。此前，他从未有过这等强烈的直觉。

这些直觉到目前为止还没有将他引上歧途。他本来在酒吧和妓院里弹爵士钢琴，后来在纸杯行业大显身手，成了他所在公司最成功的推销员。"二战"后不久，他看到了奶昔搅拌机的潜力，把它们卖给路边小饭馆后，他赚了一大笔钱。

但他的头脑永远向新的可能性敞开。"保持年轻，你就能继续成长；只要你变得成熟，就会开始腐烂。"他喜欢这样说。尽管身体可能会不同意——他患上了糖尿病和早期关节炎，但他还是觉得自己只有年龄的一半那么年轻。

所以当他注意到新客户因为某家汉堡店的推荐纷纷找来时，他知道自己得去看看。这家汉堡店由兄弟俩经营，位于加利福尼亚州的圣贝纳迪诺。这家店有什么特别之处，能让这么多人想要买更好的奶昔搅拌机？

　　一走进店里，他就被店面的清洁程度打动了：每个人都穿着干净的制服，这儿不像常见的路边餐馆，没有到处乱飞的苍蝇。尽管菜单品种不多，服务却快捷高效。食品生产的每一步都被分解成最基本的操作，按订单付款后，你可以走进来买完就走，甚至不用干等着给服务员小费。然后就是炸薯条的味道，由爱达荷州的土豆经新鲜的油完美炸制而成；还有汉堡，煎好的肉饼上再加一片奶酪。就像门外的牌子上写的那样，你可以"成袋购买"。

　　雷从未去过这样的汉堡店。这是个他很乐意带自己的妻子和孩子来的地方。同时，他明白这样的经营方式很容易扩大规模。他的激动之情溢于言表；他就像"一个无安打比赛的投手"。他清楚自己要买下特许经营权，并将这个品牌铺到全美国。[1]

　　在随后的几年里，雷花掉所有积蓄，买下两兄弟的所有权。他将持有作为餐厅象征的金拱门标志，同时，尽管纷争激烈，兄弟俩的名字——麦当劳——仍然会装饰在每一家餐厅上。

　　他的律师们显然觉得他疯了；妻子无法接受，和他离了婚。但雷从未怀疑过自己。"我从麻筋感到这是件十分有把握的事。"[2]

◇

　　历史也许已经证明，雷·克罗克的直觉是正确的；每天将近 7000 万顾客会光顾麦当劳。不过，从理性障碍的科学角度来看，人们自然会对一个将一切赌注压在怪念头上的人产生不少怀疑。

　　当然，类似这样出自本能的想法，和富兰克林小心谨慎的道德代数与伊戈尔·格罗斯曼的循证智慧正相反吧？我们已经看到了许多例子，在这些例子中，人们按照本能行事而受到损害；克罗克似乎是这一规律的例外。如果我们想要更理性地运用智力，就应该避免像克罗克那样，让情绪和直觉统领我们的行动。

然而，这将是重大误解。尽管我们出自直觉的反应毫无疑问是靠不住的，对这些感觉过分自信会导致理性障碍，但我们的情绪和直觉也是有价值的信息来源，在极其复杂的决策过程中引导我们的思维，并提醒我们注意那些在有意识的考虑中被意外忽视掉的细节。

问题在于大多数人，包括那些高智商、受过教育、具备专业知识的人，缺乏足够的自省，无法正确解读有价值的信号并识别那些会将人引入歧途的线索。研究表明，偏见并非出自直觉和情绪本身，而是因为无法辨认这些感觉的真面目，并在必要的时候推翻它们；然后，我们还会用智力和知识来为基于偏见做出的错误判断加以辩护。

前沿实验已经找到更有效地分析我们的直觉所需的特定技能，这表明还有很多能力尚未被辨识出来，然而这些能力对明智的决策是必要的。事实证明，克罗克对自身"麻筋的感觉"完美地诠释了这种对人类头脑的新理解。

好消息是我们可以学会这些反思技能，而当我们将它们和循证智慧的其他原则相结合，效果不言而喻。这些策略可以提高你的记忆精准度，提升你的社交敏感度，这样一来，你就会变成更高效的沟通者，还将为你点燃创造力的火花。

这些深刻见解通过让我们对自己的直觉去偏见化，绕开了许多种形式的智力陷阱，包括我们在第三章探索过的有关专业知识的诅咒。某些行业的人已经注意到了它们。例如，在医学领域，这些策略正在被那些希望减少诊断错误的医生所采用，他们每年能挽救数以万计的生命。

∽

正如我们对大脑内部工作原理的多数了解，这一关于情绪的新的理解也来自大脑某一特定部位遭受神经损伤的人的极端经历。

在这里，我们感兴趣的是前额叶皮层的腹内侧区域，就在鼻腔上方。它可能因手术、中风、感染或先天缺陷而受损。

表面来看，这一区域受损的人似乎可以从这些创伤中恢复过来，他们的认知能力相对完好：他们仍旧能在智力测试中取得不错的成绩，他们也记得事实性知识。然而，他们的行为却极为怪异，会在犹豫不决和鲁莽冲动行事之间来回切换。

例如，他们可能会花几小时左思右想该如何准确归档一份办公室文件，然后将所有积蓄投资给一家不怎么样的企业，或是一时兴起嫁给陌生人。好像他们就是无法将自己的思考与手头决定的事情的重要性加以校准似的。更糟糕的是，他们表现得对反馈免疫，对针对自己的批评置之不理，所以一次次犯相同的错误。

"同等教育程度的普通人和较聪明的人也会犯错和做不好的决定，但并不会带来如此系统性的极端后果。"神经学家安东尼奥·达马西奥（Antonio Damasio）在 20 世纪 90 年代初如此描述他认识的第一位病人埃利奥特。[3]

达马西奥起先不知如何解释为什么大脑前额叶受损会导致此等奇怪的行为。待观察埃利奥特数月后，达马西奥才发现了一个此前没有发现的症状，并最终掌握了解开谜团的钥匙：尽管事实上，埃利奥特的整个人生都在他面前分崩离析，但他的情绪从未在一种可怕的平静中动摇过。达马西奥一开始认为的泰然自若似乎更像是几乎毫无感情。"他没有抑制内心情感共鸣的表达，或是压抑心里的骚动，"达马西奥后来写道，"他根本就没有什么骚动要压抑。"

这些观察最终令达马西奥提出有关情绪和决策的"躯体标记假说"。根据这一理论，任何体验都会被立刻无意识地处理，并由此引发我们身体内部的一系列变化——例如，心率起伏，胃里打结，或是皮肤出汗。然后大脑会感知到这些"躯体标记"，并依照所处的情境和它对情绪状况的感知来解释它们。只有到了这时，我们才能意识到自己有何感受。

这一过程具有进化意义。如果我们的身体需要有所反应，通过持续监控和调节血压、肌肉紧张度和能量消耗，大脑可以让身体做好行动的准备，并保持体内平衡。"躯体标记假说"用这种方式提供了一种基于生物学的最好的情绪理论。当你感到兴奋涌向指尖，或是胸口压着难以承受的痛苦，都是这种神经反馈回路在起作用。

然而，对我们的研究目的更为重要的是，"躯体标记假说"也能解释决策过程中直觉所扮演的角色。根据达马西奥的说法，躯体标记是快速无意识处理下的产物，在我们有意识的思考跟上之前，它就制造了某些具有特征的身体变化。由此产生的身体感觉是我们称之为本能直觉的直观感觉，在我们能够解释原因前就带给了我们认为是正确的选择。

达马西奥指出，前额叶皮层的腹内侧区域是根据我们先前的经验创造身体信号的核心枢纽之一，这解释了像埃利奥特这样的人为什么会无法感知到情绪，以及他们为什么经常做不好的决定；大脑损伤切断了他们获取无意识信息的渠道，而这些信息可能会引导他们做出选择。

果然，达马西奥发现，像埃利奥特这样的人在观看令人不安的图像时（如可怕的杀人犯的照片），没能出现相应的身体反应，例如出汗。为了进一步验证他的理论，达马西奥的团队设计了一个精妙的实验，叫爱荷华博弈任务。在实验中，参与者们面前会有四副牌。每张牌都带有小小的金钱奖励或惩罚，但其中两副牌巧妙地对玩家不利，它们会带来稍高些的奖励，但同时惩罚也会大得多。不过参与者预先并不知情：他们得赌一把。

对大多数健康的参与者来说，身体会开始对特定选择表现出具有特征的变化。例如，在玩家意识到那些牌对自己有利还是不利之前，参与者选择不利的牌时会表现出压力迹象。而一个人对自己身体的感觉，也即内感受越敏感，就能越快地学会如何做出可以赢的选择。

不出达马西奥所料，像埃利奥特这样脑损伤的幸存者特别不擅长爱荷华博弈任务，在其他人开始押注正确的牌很久之后，他们还在重复错误的选择。这是因为他们在做选择之前缺乏有特征的躯体变化。不像其他玩家那样，他们面对不同的牌时难以体验可靠的本能反应，这些反应通常会警示人们避免冒风险而导致的巨大损失。[4]

然而，并不是必须遭受大脑损伤，你才会失去与感觉的接触。即便在健康的人群中，人与人之间的内感受的敏感度也差异甚大，这可以解释为什么有些人能比其他人更好地出于直觉做决策。

你可以自己测量一下，方法很简单。只需要坐好，双手自然下垂，找一个朋友摸你的脉搏。同时，试着感受胸腔中的心脏（不要真的触摸胸膛）并数一下心脏跳动的次数；一分钟之后，比较这两个数字。

你做得怎么样？大多数人的估算至少有三成偏差[5]，但有些人近乎百分之百准确，而你在这方面的成绩可以表明，你在类似爱荷华博弈的任务中能否很好地出于直觉做决策，成绩更好的人自然倾向于做出最有利的选择。[6]

你在数心跳测试中的成绩可以转化为真实世界里的财务上的成功，某项研究表明它可以预测英国对冲基金交易员的业绩，以及他们能在金融市场坚持多久。[7]与我们可能会做的假设相反，那些对出自本能的"直觉"感受最为敏感的人，有着最准确的内感受的人，能做出最好的交易。

其重要性并未止步于此。内感受的准确性还会决定你的社交技能：我们的生理技能经常反映出我们在他人身上看到的各种信号——同理心的一种最基本的形式——你对那些躯体标记越敏感，对他人的感受也会越敏感。[8]

调试这些信号也能帮助你解读自己的记忆。如今，众所周知，人类的记忆很容易出错，但躯体标记表明了你对自己的记忆有多大信心 [9]：是确定如此，还是在瞎猜。东京庆应大学的一项研究发现，当你需要记起未来要做什么的时候，它们还可以扮演提醒者的角色，这种现象即为前瞻记忆。[10]

举例来说，想象一下你晚上计划给你妈妈打电话祝她生日快乐。如果你有更好的内感受，你这一天可能会觉得胃里难受，或是四肢感到刺痛，那是在告诉你，你要记得有什么事要做，并促使你在脑海中搜寻，直至回忆起来。那些不怎么会意识到这些身体信号的人，不会注意到身体上的提醒，他们会干脆地统统忘掉。

或者想想类似《谁想成为百万富翁》这样的电视智力节目。你的成功无疑将取决于你的智力和一般知识，但你的躯体标记的敏感度也会决定你是否愿意将赌注压在一个自己并不清楚的问题上，或者你能否正确评估自己的不确定状态并决定使用救援索。

在每种情况下，我们的无意识思维都在交流，通过身体，交流一些有意识的思维仍在努力表达的东西。在做生活中重要的选择时——特别是爱情——我们会谈到"跟随你的心"，而达马西奥的"躯体标记假说"表明，这种浪漫的隐喻确实是科学真相。身体的信号几乎是我们做每一个决定时无法避开的元素，而像埃利奥特这样的人的经历表明，忽视这些信号，我们将身处险境。

～

当克罗克描述他那来自麻筋的奇怪感觉和那种"像投手一样激动"的体验时，几乎可以肯定，他是在利用自己的无意识思维产生的躯体标记，这基于他长期担任推销员的经验。

这些感觉决定了他聘用谁，开除谁。这使得他决定首先入股麦当劳的特许经营权，在他们的关系恶化后，又令他买下了两兄弟的特许经营权。甚至连他决定保留汉堡店最初的名字也是出自直觉。他本可以开创自己的品牌，还能省下几百万美金。"我有种强烈的直觉，麦当劳这个名字正确无疑。"[11]

克罗克的描述为这个过程提供了一些最为生动的例子，但他远不是个案。尤其是在创意产业，很难想象你如何单纯靠分析来决断一个新的创意，而忽视本能的反应。

想想可可·香奈儿在探寻新设计时的描述。"时尚就在空气中，从风中产生。人们可以凭直觉明白这一点。它在天空中，在路上。"或者是鲍勃·鲁茨，他监管着克莱斯勒标志性的道奇蝰蛇的生产，帮助该公司在20世纪90年代免于破产。尽管没有任何市场调研来支持他的选择，但他明白跑车能扭转该公司的某种阴沉的形象，虽然它远远超出克莱斯勒通常提供的价格范畴。"这是一种下意识的本能感觉……就是觉得对。"他在谈到决定追求激进的新设计时说道。[12]

达马西奥的理论，以及与内感受相关的更广泛的研究，为我们理解那些本能感觉从何而来，以及为什么某些人表现得比其他人在直觉方面更精准，提供了强大的科学基础。

然而，这并不是完整的故事。每天的生活经验会告诉我们，对每一个克罗克、香奈儿或鲁茨来说，你会发现有些人的直觉会极其事与愿违，为了更好的决策，我们依然需要学习如何识别并推翻那些欺骗性信号。为了做到这一点，我们的情绪指南针还需要两个额外的元素。

莉萨·费尔德曼·巴雷特（Lisa Feldman Barrett），波士顿东北大学的心理学家兼神经科学家，主导了这项工作的大部分内容，同时探索了情绪和情感令我们走上歧途的方式和避开这些错误的潜在方式。她举了一个自己的例子：在研究生院时，某天，一个同事约她出去。她并未觉得自己被这个人吸引，但她工作得很辛苦，想要放松放松，所以同意和他去当地的咖啡店约会，当他们聊天时，她觉得脸发烫、胃翻腾。这是你可以期待在两个人身体互相吸引时会出现的躯体标记。或许，真的是爱情？

在离开咖啡馆时，她已经安排了下一次的约会，直到她走回公寓并且开始呕吐，她才意识到那些身体感觉的真正来源：她感染了流感。[13]

不幸的是，我们的躯体标记是混乱的，我们可能一不小心就把无关的感受并入了对眼前事件的解释之中——尤其是当它们是一种"背景感觉"，只是我们意识边缘的感受，却有可能决定我们的行为。

举例来看，如果你要参加一个工作面试，你最好希望那天不要下雨。研究表明，如果用人方第一次见到求职者时天气糟糕，他们便不太可能录用求职者。[14] 同时，当研究者散播屁的味道时，会引发厌恶感，左右人们对道德问题的判断。[15] 而来自世界杯的胜利喜悦甚至能影响一个国家的股票市场，尽管事实上它与经济局势毫无关系。[16]

在以上每个例子中，大脑都将那些背景感觉和反应解释得似乎它们与眼前的决策相关。费尔德曼·巴雷特说："感觉就是相信。"这也就是"情感现实性"的现象。[17]

这似乎会给那些想要运用直觉的人泼冷水。但费尔德曼·巴雷特也发现，某些人一贯地能比其他人受到的影响小，这全仰赖于他们用来描述自己感觉的词汇。

或许最好的例子来自一项对一些在线股票市场投资者长达一个月的调查研究。与普遍认可的"更为冷静的头脑通常会取胜"相反——和针对伦敦对冲基金交易员的那项研究意见一致——费尔德曼发现那些表现最好的人在投资过程中表达了最强烈的感觉。

然而最重要的是，最大的赢家们也会用更为精确的词汇来描述自己的感觉。有些人可能会交替使用"高兴"（happy）和"兴奋"（excited）这样的词，这些词对某些人而言代表了一种非常特殊的感觉。费尔德曼·巴雷特称这一技能为"情绪差异"。[18]

在这一方面表现薄弱的人并不是缺少词汇，他们只是不那么仔细地运用词汇来精准描绘自己的特定感受："满足"（content）和"高兴"（joyful）都表示某种令人愉快的感觉；"愤怒"（angry）或"紧张"（nervous）则用于描述他们的负面感受。他们似乎注意不到自己的感觉有什么明确的区别——而这最终有损于他们的投资决策。

考虑到此前情感现实性方面的研究，这是有道理的，例如，那项研究已经发现了天气或难闻气味等无关感受的影响，这种影响只会在意识发觉它之前存在，一旦外来因素被意识注意到，它们对我们决策的影响就会消退。因此，那些更擅长描述自己情绪的人可能更容易意识到背景感觉，所以也就能更好地忽视它们。给某种感觉加上概念，可以更批判性地分析它，如果是无关的就忽视它。[19]

情绪差异的好处并未就此打住。除了更有能力理清自己的感觉的来源，能用更精确的词汇描述情绪的人也可以在面临失控威胁时用更复杂的方式调节自身感觉。举例而言，一个股票市场交易员会在一连串损失之后更好地重新站起来，而不是沉浸在绝望中或冒越来越大的风险试图把损失赢回来。

明智的情绪管理策略包括自我疏离，我们在上一章中研究过，还有重新评估，即用新视角重新诠释感受。它可能也包括幽默感，用玩笑打破紧张状态；或是换换场景。也许你只是意识到你需要离开桌子做个深呼吸。但不管使用什么策略，你都得在辨认出那些感觉之后才能管理它们。

因为这些原因，内感受差的人和情绪差异水平低的人，[20] 都不太容易在失控之前将他们的感受隐藏起来。* 所以情绪管理是我们情绪指南针上的最后一个齿轮，同时，内感受、情绪差异和情绪管理这三个相互关联的部分能够共同有力地决定我们的直觉和决策的质量。[21]

⌒

我希望你现在已经确信，与自己的感觉互动非但不会脱离开良好的理性思考，而是理性思考的基本。通过将我们的情绪带到思维表层，剖析它们的来源和影响，我们可以将它们视为额外的、潜在的重要信息来源。只有当它们不受挑战的时候，它们才是危险的。

一些研究者称这些技能为情绪智商，尽管这种描述在字面上是有意义的，但我回避这样的说法，以避免和我们在第一部分讨论过的更有问题的 EQ 测试混淆。我将其称为反思性思维，因为在某些方面它们都涉及将你的意识向内转，来识别与剖析你的想法和感受。

和我们在上一章探索过的那些策略一样，这些能力不应该被看作对

---

* 也许我们不应该过度解读克罗克的传记《永不放弃》（*Grinding It Out*），但他确实描述了一些复杂的策略，用来在情绪失控的时候管理情绪，他声称自己在职业生涯早期就学会了这些策略。如他所言（pp.61-62）："我设计了一个系统，能让我不再紧张并将恼人的问题关在门外……我会把自己的头脑想象成一块写满了信息的黑板，大部分信息很紧急，然后我练习想象有一只手拿着板擦将黑板擦干净。我将自己的头脑擦得一片空白。如果有想法开始浮现，糟糕！我会在其成形之前擦了它。"

传统的智力和专业知识的衡量的某种对抗，而应被视为能确保我们用尽可能最有成效的方式运用理性思考能力的补充性行为，使我们不会被无关感受带跑而偏离正轨。

最重要的是，这一事实经常被忽视，甚至在心理学文献中也是一样。这些反省技巧还提供了解决某些特定认知偏见（卡尼曼和特维斯基曾研究过的）的最佳方法。它们保护我们免于理性障碍。

考虑如下情景，来自万迪·布吕纳·德布鲁因的一项研究（此人设计了我们在第二章中探索过的一项有关决策的测试）。

> 你在开往度假目的地的路上已经走了一半了。你想花些时间独处，但你觉得不舒服，现在你感觉在家过周末会好得多。你觉得已经开了一半路程真是糟糕透了，因为你更愿意将时间花在家里。

你会怎么做？坚持你的计划，还是取消计划？

这是针对沉没成本谬误的测试。很多人表示他们更倾向于不浪费已经开出的路程。他们一直反复思考花掉的时间，所以徒劳地试图充分利用它，尽管这一情景再清楚不过，他们不得不在不安中度过假期。然而，布吕纳·德布鲁因发现，那些费尔德曼·巴雷特和其他人研究过的能更好地反思自己感受的人并不是这样做的。[22]

罗马尼亚的一项研究发现，框架效益方面也有相似的好处。例如，在机遇游戏中，当人们看到收获（比如四成胜算）时，比他们看到损失（六成失败的可能）时更有可能做出选择——即便这两种情况完全是一回事。不过有着更复杂的情绪管理能力的人对这些标签效应有抵抗力，对可能性有着更为理性的观点。[23]

在高度紧张的政治讨论中，能够重新评估我们的情绪也能保护我们免受动机性推理的影响，从而决定了一群以色列学生在紧张局势升级的阶段思考有关巴勒斯坦问题的能力。[24]

这没什么好惊讶的，情绪上的自我意识应该被视为我们上一章研究过的智力上的谦逊和开放性思维的一个先决条件。这也在伊戈尔·格罗斯曼有关循证智慧的研究中有所体现，该研究表明那些在明智推理中表现最好的人确实更善于适应情绪，能够更细致地识别他们的感受，同时也能管理和平衡这些情绪，因而激情不会统治他们的行动。[25]

当然，这个观点对哲学家来说并不新鲜。从苏格拉底、柏拉图到孔子，这些哲学家都曾争论过如果你不先了解自身就无法睿智地看待周围的世界。最新的科学研究显示，这并不是什么崇高的哲学理想；在你的日常生活中融入一些反思的时刻将帮助你消除生活中做每个决定时带有的偏见。

∽

好消息是大多数人的反省性技能会在一生中自然而然地提升；10 年之后，你大概会比今天更好地识别和控制自己的感受。

但有没有什么方法可以加速这个过程？

一个显而易见的策略是正念冥想，它训练人们倾听身体的感觉，然后用不带判断的方式反思这些感觉。如今有强有力的证据表明，除了很多证据充分的健康方面的益处，经常正念还能改善你的情绪指南针的每个元素，改善内感受、情绪差异和情绪管理，这意味着正念是消除你在做决定时的偏见和磨炼你的直觉最快且最简单的方法。[26]（如果你抱有怀疑，或是单纯厌倦了听正念的益处，请耐心听我说，你很快就能看到还有其他方法能达到同样的效果。）

安德鲁·哈分布拉克（Andrew Hafen brack）当时就职于法国的欧洲事务管理局，于 2014 年最早记录了这些认知效果。他运用布吕纳·德布鲁因的测试，发现一次 15 分钟的正念过程就可以减少沉没成本谬误 34%的发生率。对如此短暂的干预而言，效果是极其显著的。[27]

通过从一个更超然的视角来剖析自己的情绪，正念还被证明可以纠正自我中心偏见[28]，这意味着人们在面对批评时不那么抵触[29]，并且更愿意考虑他人的意见，而不是固守自己的想法[30]。

沉思者也更容易在一项叫作"最后通牒博弈"的实验任务中做出理性选择，这个任务测试的是当我们面对不公待遇时会做出什么反应。两人一组参加实验，其中一人会得到一些现金，然后他可以选择与另一个人分享他们想要给出的金额。重点在于，如果认为不公平，接受钱的人可以选择拒绝，游戏双方都将就此失去一切。

很多人纯粹出于怨恨，确实做了一个不理性的决定，拒绝了小金额的出价，尽管这意味着他们最后会更穷。但在很多回合的游戏中，沉思者不那么容易做这样的选择。例如，当对方提出只给 20 美元中的 1 美元时，只有 28% 的非沉思者接受这点钱，而沉思者中这一比例为 54%，他们会将愤怒放在一边，做出理性的选择。至关重要的是，这种忍耐力与沉思者的内感受意识有关，表明他们更有教养的情绪处理有助于他们做出更明智的抉择。[31]

用这种方式控制你的感受在商务沟通过程中尤为重要，你需要对他人微妙的情绪信号保持警惕，而不是在讨论没有按计划进行的情况下被强烈的情绪冲昏头脑。（按照这些原则，土耳其的一项研究发现，在模拟的商务沟通中，情绪管理方面的区别能解释 43% 的差异。[32]）

哈分布拉克为应对在欧洲事务管理局的压力而开始沉思，他说自己如今见证了所有益处。"我能够分离出自己反应中最初的刺激——而这一两秒对于你是否反应过度或是否以卓有成效的方式回应他人会发挥重大作用。"他在葡萄牙的卡托利卡 - 里斯本商业与经济学院这样告诉我，他现在是那里的组织科学教授，"这令思考什么是眼下最好的选择变得更容易。"

如果正念确实不是你的菜，这里还有其他方法可以磨炼你的直觉以及提高你管理情绪的水平。最近的一系列研究表明，音乐家（包括弦乐演奏者和歌手）和专业舞者有更谐调的内感受。[33] 这些研究背后的科学家怀疑，这些领域的训练——依托于感觉反馈引导的精确动作——会自然地鼓励更好的躯体意识。

你也不需要主动沉思来训练自己的情绪差异。在一项研究中，一系列令人不安的图像被展示在参与者面前，然后他们被告知要用尽可能精确的词汇向他们自己描述感受。[34] 例如，当看到一个受苦的孩子的图像时，他们被鼓励向自己提问，他们是否觉得难过、同情或愤怒，并考虑这些感受之间的具体差异。

仅仅经过六轮实验，参与者们就已经更能意识到不同情绪之间的区别了，这意味着他们在随后的道德推理任务中更不易受影响。（顺便说一句，通过改善他们的情绪管理水平，同样的方法还帮助一群人克服了蜘蛛恐惧症。[35]）

其效果非常显著，因为就像沉思研究一样，这些干预极为短暂和简单，而每次干预的效果可以持续一个多星期；即便只花一丁点时间来细化你的感受，也会带来持续的好处。

最基本的是，你要确保自己能理清纠缠在一起的感觉，并能习惯于区别诸如恐惧、害怕和焦虑 / 轻视、厌倦和厌恶 / 骄傲、满足和钦佩等情绪。基于这些发现，费尔德曼·巴雷特建议我们也要试着学学新词语，或者自己发明一些词，来满足我们情绪觉察中的特定状态。

来看看"饿怒"（hangry）这个概念——这是英语中一个相对较新的词条，用以描述当我们没有吃饭时的特定的易怒情绪。[36] 尽管我们不需要心理学研究告诉我们低血糖会引发相伴产生的情绪低落和危险的火暴脾气，命名这个概念意味着我们现在更能意识到它发生时的感受，并能更好地解释它可能会影响我们的思考方式。

在《无名的悲伤词典》（Dictionary of Obscure Sorrows）中，作家兼艺术家约翰·凯尼格就表现出了费尔德曼·巴雷特所描述的那种敏感性，发明了诸如"liberosis"，漠视事物的欲望，和"altschmerz"，对你总是遇到相同的老问题的厌倦，这样的词。根据科学研究，用这种方式充实自己的词汇并不仅仅是一种诗意的练习：寻找，接着定义这些细微差别，实际上能深刻地改变你的思考方式。[37]

如果你确实想微调你的情绪指南针，很多研究者还建议你花几分钟草草记下自己一天中的想法和感受，以及它们影响你做决定的方式。写下来的过程不仅鼓励你更深入地内省并区别自己的感觉，还能自然地提高你的直觉；它还能确保你学习并记住什么有用什么没用，那么你就不会再次犯下同样的错误。

你可能会认为自己太忙了，没工夫做这类反思，但研究表明，花几分钟时间内省会在未来带来很大的回报。举例来说，哈佛大学弗朗西斯卡·吉诺（Francesca Gino）的一项研究要求班加罗尔某 IT 中心的实习生们每天花 15 分钟写下并反思他们学习的课程，并从日常任务中提取更为直觉的元素。11 天之后，她发现与那些花费同样时间积极练习技能的参与者相比，实习生们的表现提高了 23%。[38] 日常通勤可能是最适合做这种思考的时段。

∽

你明白这句话吗？用外语说话会改变一个人的态度，使其更为理性和明智！ *

我们很快就会看到反思性思维是如何挽救生命的。但如果你有幸会说两种语言，或者有意愿学习，你可以将最后一个策略添加到你的决策技巧里，就叫它外语效应吧。

效果取决于我们说的词语中的情感共鸣。语言学家和作家们早就知道，我们关于第二语言的情绪体验和母语的非常不同；例如，弗拉基米尔·纳博科夫就曾宣称，与他的母语俄语相比，他觉得自己说的英语是"一种呆板做作的东西"，尽管他用得既娴熟又有风格：对他来说，就是没有同样深刻的共鸣。[39] 而这也反映在我们的躯体标记上，例如出汗的反应：当我们听到另一种语言的信息，情绪上的内容不太容易打动身体。

尽管这也许会让纳博科夫这样的作家备感受挫，但芝加哥大学实践智慧研究中心的博阿兹·基瑟（Boaz Keysar）表示，它或许能为我们提供另一种控制情绪的方式。

第一个实验发表于 2002 年，检验了框架效应，参与者有学习日语和法语的说英语的人和正在学习英语的说韩语的人。在他们的母语语境中，参与者都受到了情境是否提供"收益"或"损失"的影响。但当他们使用第二语言时，这个效应消失了。现在，他们不那么容易被措辞左右，也更为理性了。[40]

"外语效应"从那之后在很多其他国家被重复试验了很多次，包括以色列和西班牙，还被应用到很多认知偏见中，包括"手气错觉"——在

---

* 原文为法语。——编者注

运动或赌博中，相信某一随机事件中的成功意味着我们在未来更有可能有相似的好运。[41]

在每种情况下，当人们被要求用第二语言理性思考的时候，与使用母语的时候相比，他们都变得更为理性了。我们的思维可能会觉得"呆板"，正如纳博科夫指出的，但稍稍有一些情绪上的距离意味着我们能更好地仔细思考手头的问题。[42]

除了提供这种直接的效应，学习另一种语言还可以提高你的情绪差异，当你学习"难以翻译"的新词汇时，你会看到自身感受中更细致、微妙的内容。而通过强迫你用一种新的文化视角看待世界，能训练你更为积极开放地思考，而处理未知词句的挑战则增强了你的"模糊容忍度"，一种相关的心理衡量方式，意指你能更好地处理不确定感，而不是过快地跳到某一结论上。除了减少偏见，学习语言也被认为是创造力的关键；例如，模糊容忍度与企业创新有关。[43]

考虑到所需要付出的努力，没有人会建议你单单为了提高理性思考能力而去学一门语言。但如果你已会说某种外语，或是想恢复自己上学期间扔下的某种外语能力，那么外语效应便可以成为管理情绪并提高决策水平的额外策略。

如果没有别的原因，你也许可以想想它对你和国际同事之间的职场关系的影响；你所使用的语言能决定他们是被陈述背后的情绪所左右，还是被事实左右。正如纳尔逊·曼德拉曾说过的："如果你用一门对方能理解的语言和他说话，他会记到脑子里。如果你用对方的母语和他说话，他会记在心里。"

∽

情绪觉察和反思性思维的研究最激动人心的影响之一在于，它也许最终会提供一种解决"专业知识的诅咒"的方式。正如我们在第三章中看到的，丰富的经验会令专家依赖于模糊的、依托于要点的直觉，这种直觉经常可以提供快速有效的决策，但也会导致出错。看起来我们或许要放弃一些效率，但最新研究显示，有办法在减少不必要错误的情况下利用那些闪现的洞见。

医学领域一直处在这些探索的前沿地带，这不难理解。当前，大约有 10% 至 15% 的最初诊断是不正确的，这意味着许多医生每看 6 个病人就至少有一个会出错。这些错误经常可以在产生危害之前得到纠正，但据说仅在美国的医院里，就有约十分之一的患者（每年 40 000 到 80 000 人）的死亡可以追溯到诊断错误上。[44]

思维方式的简单转变就能挽救其中一些人的性命吗？为了找到答案，我在鹿特丹市伊拉斯莫斯医学中心的喧闹声中见了西尔维娅·马梅德（Silvia Mamede）。十多年前，马梅德从巴西的塞阿拉搬到了荷兰，她立刻递给我一杯浓咖啡——"不是那种你通常会在这儿得到的寡淡咖啡"——然后在我对面坐下，手里拿着一本笔记本。"如果手里有纸笔，你会更好地组织你的想法。"她解释道。（心理学研究确实建议，如果你可以边说边涂写，你的记忆力通常会更好些。[45]）

她的目标是教会医生们用类似的方式反思他们做决定的方式。比如医疗检查表，医生兼作家阿图·葛文德（Atul Gawande）已经指出，它在预防手术期间的记忆缺失上很有用，这个概念表面看来很简单：停一停，思考并质疑你的假设。然而，早期尝试引入"系统 2"的思考方式的结果令人失望；被告知要用纯分析代替直觉的医生，例如，马上列出所有的对立假设，通常表现得比不止那些不那么深思熟虑、更凭直觉做事的医生。[46]

根据"躯体标记假说"，这是有道理的。如果你让某人过早地反思，他们便不能吸取经验，并有可能过分地关注不重要的信息。你正阻止他们使用自己的情绪指南针，所以他们会变得有点像达马西奥的脑损伤患者，陷入"分析麻痹"。你不能只用系统1或只用系统2，而要二者兼用。

出于这个原因，马梅德建议医生们尽可能快地记下他们的本能反应，之后再将支持这一判断的证据与对立假设加以比较。结果不出所料，她发现，医生们通过这个简单的方法可以提高40%的诊断准确率。相对于这个小手段，这真是一个很大的成就。无需任何复杂的建议，只是告诉医生们回顾自己最初的假设，就将准确率提升了10个百分点，只需要很小的额外努力就取得了巨大的进步。

重要的是，这与情绪方面更广泛的研究是一致的，这种反思性推理也减少了可以左右医生直觉的"情感偏见"。"所有因素都可能干扰'系统1'，像患者的外貌、他们是穷是富、时间压力、他们是否打扰到你，"她说，"但我们希望反思性推理能让医生后退一步。"

为了探究这样的一个因素，马梅德最近测试了医生对"难相处的"病人会做何反应，例如那些粗鲁地质疑专业人员意见的病人。马梅德没有观察真实遭遇，因为那很难客观考量，而是为一群全科医生（家庭医生）提供了虚构的小插曲。文中主要概述了他们的症状和检验结果，但也包括一些介绍他们行为细节的语句。

许多医生甚至都没有报告说自己注意到了上下文信息，而其他医生则对为什么会被给到这些额外细节心生困惑。"他们说：'但这无关紧要！我们接受过训练，可以忽视这些，不去理会这些行为。这对我们来说不会有什么影响。'"马梅德告诉我。事实上，正如情绪方面的研究指出的，它的影响巨大。对于更复杂的情况，全科医生有42%的可能会对难相处的病人做出错误诊断。[47]

然而，如果医生们被告知要进行更为反思性的过程，他们便更有可能忽视沮丧的情绪，给出正确的诊断。看起来思考过程中的停顿令他们得以衡量自己的情绪并修正自己的挫败感，正如情绪差异和情绪管理理论预言的那样。

马梅德还检验了可得性偏见，如果一种疾病新近出现在媒体上并已经进入他们的脑海中，医生们就会过度诊断。她再一次证明，更多的反思性过程能减少错误——尽管她并没有用特别的建议或解释来警告他们不要陷入那种特定的偏见。[48] "当你看这些研究的图表时，你会发现那很让人吃惊。那些没有接触到疾病报告的医生准确率为 71%，有偏见的医生准确率只有 50%。随后，当他们进行反思之后，准确率又回到了70%，"她告诉我，"所以这完全纠正了偏见。"

对如此小的干预而言，这些结果是惊人的，但它们都向我们展示了更好的自我意识的力量，当我们允许自己去更多地反思我们的直觉时。

某些医生可能会反对马梅德的建议，在接受了所有训练之后，一个如此简单的办法就能纠正他们的错误，这个观点挫伤了他们的自尊心，特别是当某些医生对自己反应迅速的直觉的力量非常骄傲的时候。例如，她会在会议中用投影仪展示一个病例，然后等着医生们做出诊断。"有时候他们只需要 20 秒，只读了四五行就说是'阑尾炎'，"她告诉我，"甚至有一个笑话说如果医生需要时间思考，那你就离开诊室吧。"

但现在在整个医学界都有一种日渐增长的势头，那就是将最新的心理学发现融入医生的日常实践中。加拿大达尔豪西大学的帕特·克罗斯凯瑞（Pat Croskerry）正领导着一个针对医生们的批判性思维项目，他的大多数建议回应了我们在这一章中已经探索过的研究，例如，包括运用正念来识别我们决策的情绪来源，以及当错误已经出现时，使用"认知和情感尸检"来鉴定直觉适得其反的原因。他还提倡"认知接种"——运用案例研究辨认潜在的偏见来源，这意味着医生们更为注意影响他们思考的各种因素。

克罗斯凯瑞仍在从他的课程中搜集数据，以观察其对诊断准确性的长期效应。不过，即便这些方法每年只能挽救那 40 000 到 80 000 名患者中一小部分人的生命，它们的贡献也大过一种重要的新药。[49]

〜

尽管医学一马当先，但其他一些行业也开始采用这种思维方式了。例如，法律系统众所周知地被偏见折磨，而为了回应这项研究，美国法官协会如今发表了一份白皮书，主张正念是改善司法决策的关键策略之一，同时建议每位法官花些时间"读读表盘"并详细审问自己的感受，正如费尔德曼·巴雷特这样的神经学家和心理学家建议的那样。[50]

最终，这些发现可能会改变我们对成为专家意味着什么的理解。

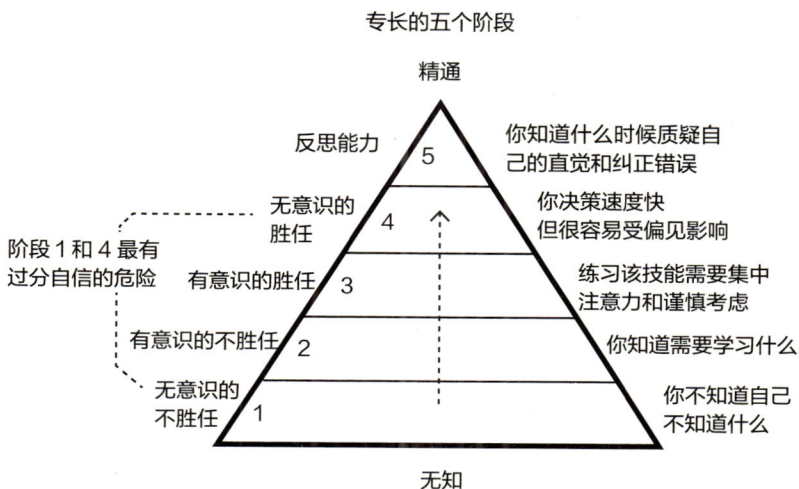

专长的五个阶段

精通

阶段	描述
反思能力 — 5	你知道什么时候质疑自己的直觉和纠正错误
无意识的胜任 — 4	你决策速度快但很容易受偏见影响
有意识的胜任 — 3	练习该技能需要集中注意力和谨慎考虑
有意识的不胜任 — 2	你知道需要学习什么
无意识的不胜任 — 1	你不知道自己不知道什么

阶段 1 和 4 最有过分自信的危险

无知

过去，心理学家曾指出学习曲线中包含四个独特的阶段。纯粹的初学者并不知道自己不胜任 —— 她甚至不知道自己不知道什么（这有可能导致我们在第三章中看到的邓宁 - 克鲁格效应中的过度自信）。然而，不久之后，她会了解自己缺乏的技能，以及要学习这些技能必须做什么；此时她能意识到自己不胜任。经过努力，她最终可以变成有意识的胜任 —— 她能解决大多数问题，但必须再三考虑自己正在做的决定。最后，在经过多年的训练和积累了工作经验后，那些决定成了第二天性：她达到了无意识的胜任。这是传统意义上专长的顶峰，正如我们所看到的，她可能会撞上某种"天花板"，在此，由于我们在第三章中探索过的专家偏见，她的准确性停滞不前。[51] 为了打破那重天花板，我们可能还需要最后一个阶段，"反思能力"，它描述的是探索我们的感受和直觉的能力，并在偏见引发损害之前识别出它们。[52]

正如雷·克罗克在加利福尼亚的那家餐馆里所发现的，直觉可以是强有力的东西，不过只有在我们明白了如何解读那些来自麻筋的感觉时才会如此。

6

屁话检测工具箱：
如何识别谎言和谣言

如果你在即将进入新千年的时候上网冲过浪，你可能还记得曾经读到过一种荒诞的说法："食肉香蕉"。

1999 年末，一封连锁邮件开始在网上传播，声称从中美洲进口的水果会使人感染"坏死性筋膜炎"。这是一种罕见的疾病，会令皮肤上出现青紫色的疖子，然后皮肤会从肌肉和骨头上分解剥落。那封电子邮件上说：

> 最近这种疾病令哥斯达黎加的猴子的数量大幅度减少……建议在最近三个星期内不要购买香蕉，因为这是香蕉被运到美国所需要的时间，它们可能会携带该疾病。如果你在两三天内吃了香蕉，然后发烧并有皮肤感染的症状，请寻求医疗救助！！！
>
> 坏死性筋膜炎引发的皮肤感染非常令人痛苦，每小时将吃掉两到三厘米的肉。有可能要截肢，有可能死人。如果你距离医疗中心超过一小时路程，那么建议你在更大区域被感染前烧掉坏死皮肤，这样可以帮助缓解感染的蔓延。由于担心形成全国性恐慌，食品及

药物管理局（FDA）一直不愿发布全国范围的警示。他们私下承认，他们感觉至少有 15 000 个美国人会受此影响，但这是"可以接受的数字"。请将这封邮件尽可能多地转发给那些你关心的人，因为我们并不觉得 15 000 是可以接受的数字。

2000 年 1 月 28 日，公众的关注度高到足以让美国疾病控制与预防中心（CDC）发表一份声明来否认这些风险。但他们的回应只不过是火上浇油，因为人们忘了辟谣的话，只记得关于食肉香蕉那可怕鲜活的概念。有些连锁邮件甚至开始引用 CDC 的话作为谣言的来源，这令谣言更使人信服。

几星期之内，CDC 接到了相当多的情绪紧张的电话，后来被迫设立了一条香蕉热线。直到 2000 年年底，人们担心的传染病并未暴发，恐慌也就自行消失了。[1]

∽

坏死性筋膜炎邮件或许是第一批网络迷因中的一个，但谣言并不是一个新现象。18 世纪的作家乔纳森·斯威夫特曾在一篇散文中如此评价政治谎言的迅速传播："假话满天飞，真理一瘸一拐地跟在后边。"

如今，所谓的"假新闻"比以往更为普遍。2016 年的一项调查发现，脸书上分享数最多的医学故事中，超过一半都被医生们戳穿了，包括有人声称"蒲公英的种子能改善免疫系统功能并治疗癌症"和有关 HPV 疫苗会增加患癌症风险的报告。[2]

尽管具体的媒介可能取决于国家，但该现象绝不仅限于西方。比如在印度，虚假谣言像野火一样通过该国的三亿部智能手机上的

WhatsApp 社交软件传播，从当地食盐短缺到政治宣传，再到对大规模绑架的错误断言，应有尽有。2018 年，这些谣言甚至引发了一系列私刑。[3]

你会希望传统的教育能保护我们不受谎言危害。正如伟大的美国哲学家约翰·杜威在 20 世纪初所写的："如果我们的学校能把学生们培养成这种心态，即无论他们处在什么部门都能做出良好的判断，那这些学校就比只是让学生拥有大量信息或很高的专业技能成就更大。"[4]

不幸的是，有关理性障碍的研究表明，事情远非如此。虽然大学毕业生不像一般人那样容易相信政治阴谋论，但他们些微地更加容易受有关药物的谣言的影响，例如，相信药物公司会为了营利而阻拦抗癌药物的生产，或者相信医生们在隐瞒疫苗会引发疾病这一事实。[5] 他们也更容易使用未经检验的、补充性的药物。[6]

最早一批将食肉香蕉恐慌引入加拿大的人当中，便有一位叫阿莱特·门迪奇诺的人，她在渥太华大学的医学院工作。她本该是更怀疑此事真假的那类人。[7]"我想到了家人，我想到了朋友们。我的用意是好的。"发现自己被愚弄后，她这样对加拿大广播公司（CBC）新闻台说道。几天之内，这个消息就传遍了全国。

在对智力陷阱最初的讨论中，我们研究了为什么具有更高的智商可能会让你忽视矛盾信息，这样一来你便更会固守已有的信念，但这并没有真正解释为什么有些像门迪奇诺这样的人一开始就这么容易受骗。显然，这还涉及更多的推理技能，这些技能没有包含在传统的对一般智力的定义中，但如果你想变得对这类谎言和谣言免疫，它们是必不可少的。

好消息是某些批判性思维技巧可以保护我们远离上当受骗，但为了学习如何运用它们，我们首先要理解特定形式的谣言是如何被故意设计出来以躲避审慎思考的，以及为什么想要纠正它们的种种传统尝试经常会引人瞩目地适得其反。这一新的理解不仅教导我们如何避免自身上当受骗；它还正在改变许多全球性组织回应毫无根据的谣言的方式。

ڪ

在继续下去之前，我们先来看看下边的陈述，说说每对陈述中哪个是真的，哪个是假的：

蜜蜂已经学会了区分印象派画家和立体派画家的区别
蜜蜂不能区分左右

和

喝咖啡会降低你患糖尿病的风险
掰指关节会引发关节炎

现在想想下面的观点，说说你觉得哪个听起来是真的：

困难团结敌人

冲突联结敌对者

想想你会买哪个在线商家的东西：

rifoo73 平均用户评分：3.2

edlokaq8 平均用户评分：3.6

　　我们会在接下来的几页中探讨你的回答，不过在阅读这些成对的陈述时，你可能会觉得其中一个陈述比另一个陈述更具真实性或更值得相信。之所以会这样的原因正帮助科学家们理解"伪真相（truthiness）"这个概念。

　　这个概念首先于2005年由美国喜剧演员斯蒂芬·科尔伯特推广开来，用于描述"来自内心，而非来自书本的所谓真实"，作为对乔治·W. 布什所做的决定和公众对其想法的看法的反应。但很快人们便意识到这个概念可以应用到很多情况中[8]，而且如今它鼓舞了严肃的科学研究。

　　诺伯特·施瓦茨（Norbert Schwarz）和埃琳·纽曼（Eryn Newman）领导了这项工作的大部分内容，为了得到更多的发现，我在他们二人位于洛杉矶的南加利福尼亚大学的实验室里拜访了他们。施瓦茨碰巧是我们在上一章中接触过的情绪决策这门新科学的领导者之一，这门科学会展现诸如天气如何左右我们在表面看来是客观选择的事情上的判断。关于"伪真相"的研究拓展了这一观点，来检验我们如何出于直觉地判断新信息的是非曲直。

施瓦茨和纽曼认为，伪真相来自两种特别的感受：熟悉感（我们是否觉得自己以前听说过类似的东西）和顺畅感（理解起来有多容易）。重要的是，大多数人甚至没有觉察出这两种微妙的感觉正影响他们的判断，然而这些感觉却可以促使我们相信某一陈述，而不去质疑其潜在的前提或注意到其逻辑上的矛盾。

举一个简单的例子，考虑一下下面这个问题，它出自施瓦茨对该课题的某些早期研究：

摩西每种动物各带了多少只到方舟上？

正确答案当然是 0。摩西根本没有方舟，是挪亚经受了大洪水。然而，即便是在评估某所顶尖大学的高智力学生时，施瓦茨发现仅有 12%的学生记住了那一事实。[9]

问题在于，这个问题的表述符合我们对《圣经》的概念化理解，意思是我们被与事实不相关的内容——动物的数量——转移了注意力，而没有注意问题所涉及人物的名字。"那是和《圣经》有关的某个老头，所以主要意思整体上是对的。"施瓦茨告诉我。换句话说，这个问题将我们变成了认知上的吝啬鬼——甚至连施瓦茨研究中那些最聪慧的大学生都没注意到谬误。

就像许多激发我们直觉的感觉一样，顺畅感和熟悉感可以是准确的信号。事无巨细地检查每件事会让人筋疲力尽，特别是当它是个旧消息；

如果我们已经多次听说某件事，便表明那是某种共识，更有可能是真的。此外，表面看来直截了当的东西往往就是这样；没有隐藏的动机。所以相信让人觉得顺畅的事情是有道理的。

令人震惊的是，用简单的变化巧妙处理这两点是如此容易，结果就会令我们忽略重要的细节。

在某个标志性的实验中，施瓦茨发现如果陈述是用令人愉快的、便于阅读的字体写出来的（令阅读更顺畅），人们就更容易落入摩西错觉，而难看的、斜体的陈述则更难处理。出于类似原因，我们也更容易相信用容易辨识的口音说话的人，而不容易相信讲话难理解的人，而且我们会信任名字容易发音的在线供应商，不考虑他们的个人评分和其他人对他们的评价。即便是一个简单的押韵也能让某个陈述变成伪真相，因为大脑更容易加工产生共鸣的单词。[10]

在本章开始的那些问题中，你有没有受到这些因素的影响？需要说明的是，蜜蜂真的可以被训练得能区分印象派画家和立体派画家（它们看起来也能区分左右）；咖啡能降低你患糖尿病的风险，而掰你的指关节并不会引起关节炎。[11] 但如果你像大多数人一样，就有可能被陈述呈现方式的微妙差别所左右——模模糊糊的灰色墨水和难辨识的字体令真实的陈述难以阅读，结果它们变得不那么"真"了。虽然二者的意思完全一样，你也会更认可"困难团结敌人"，而不那么认可"冲突联结敌对者"，就因为前者押韵。

有时候，提高一个陈述的"真实性"，仅仅只是添加一张无关图片这么简单。在 2012 年一个相当可怕的实验中，纽曼向她的参与者展现了有关一系列著名人物的陈述，例如有一句话宣称，独立歌手尼克·凯夫死了。[12] 当陈述配上了这位歌手的一张照片时，参与者更容易相信它是真的，而那些只看到语句的参与者则不那么容易相信它是真的。

　　当然了，照片可以出自尼克·凯夫人生中的任何时刻。"有人将照片作为证据是说不通的，那只表明他是某个随机呈现的乐队里的音乐家，"纽曼告诉我，"不过从心理学角度来看，它是有意义的。任何容易描绘或容易想象的事物都会左右人的判断。"纽曼还在一系列常识性知识的陈述中测试了该原则；他们更愿意认同"镁是体温计中的液态金属"或"长颈鹿是唯一一种不会跳的哺乳动物"，如果陈述和体温计或长颈鹿的图片一同出现。再一次，图片没有增添进一步的证据，但显著提高了参与者对陈述的接受度。

　　有意思的是，详尽的口头描述（诸如对名人身体特征的描述）有同样的效果。如果我们关心他是死是活，那么听到尼克·凯夫是一个白人男歌手本该无关紧要，但这些小小的、无关的细节确实令陈述变得更有说服力。

　　或许激发某一陈述变为伪真相的最强有力的策略只是简单地重复。在某一项研究中，施瓦茨的同事分发了据称来自"比利时国家联盟党"（为实验而虚构出来的组织）成员的一系列陈述。但在一些文件中，印刷上出了小故障，同一个人的同样的陈述出现了三次。尽管事实上它显然没有提供任何新信息，但阅读重复陈述的参与者最终更相信它反映了整个群体的一致意见。

　　当他的参与者阅读某焦点小组讨论如何保护当地的一所公园的笔记时，施瓦茨从中观察到了同样的效应。一些参与者读了来自同一位特别爱说话的人的记录，此人将同一个观点重复了三遍；其他人读的文件中，三个不同的人陈述了同样的观点，或者是三个人提出不同意见的文件。正如你可能会期待的，如果他们听到不同的人都在集中说同一个观点，就更可能被影响。但如果意见来自某个人，重复了多次，他们也差不多同样相信。[13] "这几乎没造成什么差异，"施瓦茨说，"你并没有跟踪是谁说的。"

让事情变得更糟糕的是，我们看到某个人的次数越多，他们就变得越熟悉，这就会让他们越值得相信。[14] 撒谎者可以成为"专家"；单一的声音开始听起来像合唱，而这不过是通过重复的曝光。

这些策略如今也被广泛应用。例如，假药或流行饮食产品的制造商会用令人放心的技术图表粉饰自己的主张，而这些图表对他们的观点几乎毫无帮助，却具有强大的影响力。事实上，一项研究发现，仅仅出现大脑扫描图片就能令伪科学主张看起来更靠谱——即使这张图片对一般读者来说毫无意义。[15]

同时，重复的力量令少数有发言权的人可以说服公众相信，他们的观点比实际情况更流行。20 世纪 60 年代到 70 年代，烟草业的游说者经常采用该策略。烟草协会副主席弗雷德·潘策尔（Fred Panzer）在一份内部备忘录中承认了这一点，表示烟草行业制造了"怀疑健康指控但并不否认"的"别具匠心的策略"，他们会聘请科学家定期质疑压倒性的医学观点。[16]

几乎可以肯定的是，同样的策略在很多其他的荒诞说法中也曾上演。对媒体来说，以没有科学背景但经常质疑人类活动与不断上升的海洋温度之间的关系的著名气候变化否认者（如英国的奈杰尔·劳森）为主角制作专题节目是极其常见的。伴随着重复，他们的信息变得听起来更加值得相信——尽管只是同样的一小伙人重复着同样的信息。类似地，你可能已经忘了头一次听说智能手机会致癌、打疫苗能引起自闭症是什么时候的事了，当初你很可能高度怀疑这些说法。但每一次你读到新闻标题，该主张就更加令你"信以为真"，而你的怀疑就又稍微减少了一点。

令事情变得更糟的是，试图戳穿这些说法经常适得其反，还意外地传播了那些荒诞的说法。在一个实验中，施瓦茨给一些本科生看了来自美国疾病控制中心（CDC）的一张传单，该传单想要戳穿有关接种疫苗的某些荒诞说法，例如，有种被普遍接受的观点是我们可能会因为接种流感疫苗而生病。仅仅在 30 分钟内，参与者们已经开始将虚假主张的 15% 作为事实记住了，当被问及他们会根据这些信息采取什么行动时，他们回答说自己不太倾向于接种疫苗。[17]

问题在于，纠正荒诞说法的无聊细节很快就会被忘掉，虚假主张却徘徊不去，最后还让人感觉越发熟悉了。通过重复某些主张，甚至是戳穿它，你无心地推进了它的"伪真实性"。"你实际上是把警告变成了推荐。"施瓦茨告诉我。

CDC 在试图平息香蕉骗局的时候已经观察到了这一点。这毫不奇怪。他们的标题："网上与坏死性筋膜炎有关的香蕉的虚假报告"一点也不好理解——或者用技术术语来说，"认知上的顺畅"——比鲜活（而且可怕）的有关食肉病毒和政府掩盖事实的说法差远了。

与有关动机性推理的研究相一致，我们更广阔的世界观几乎可以肯定会决定我们在多大程度上受谣言的影响——部分是因为与我们已经存在的观念相符的信息理解起来更顺畅，也让我们感觉更熟悉。这或许有助于解释为什么受教育程度更高的人看起来特别容易受医学方面的错误信息的影响：总体来看，在更富有、更中产阶级的人群中，担忧医疗保健的现象更普遍，这些人也更有可能拿到学位。对医生的阴谋论，和对替代性医疗的信仰，可能天然地适合这个信仰体系。

同样的过程也可以解释为什么政客的谎言在被纠正很久之后还会继续传播，包括唐纳德·特朗普说的巴拉克·奥巴马不是在美国出生的论调。正如你对动机性推理的相关研究所预期的那样，这一观点尤其为共和党所相信，甚至有 14% 的民主党直到 2017 年还认同这个说法。[18]

我们也可以在某些广告活动的残留信息中看到这种情绪惯性。想想李施德林漱口水的营销。几十年来，李施德林的广告错误地宣称漱口能缓解嗓子疼并保护消费者不得普通感冒。但在 20 世纪 70 年代末的一场漫长的官司后，联邦贸易委员会（FTC）迫使该公司播放广告来修正这些错误说法。尽管用了 16 个月，花了 1000 万美元来做广告撤销之前的说法，这些广告后来也收效甚微。[19]

这种对谣言的新理解是那些试图传播真相的组织进行严肃的自我反省的原因所在。

在一份很有影响力的白皮书中，当时在昆士兰大学的约翰·库克（John Cook）和西澳大利亚大学的斯蒂凡·莱万多夫斯基（Stephan Lewandowsky）指出，大多数组织采取的是"信息赤字模式"：假设错误认知来自缺乏知识。[20] 还击诸如有关疫苗接种的错误信息时，你只是给出事实并试图确保尽可能多的人能看到事实。

智力陷阱告诉我们，这还不够：我们不能简单假设聪明的、受过教育的人会消化我们提供给他们的事实。正如库克和莱万多夫斯基指出的："重要的不是人们想什么，而是他们怎么想。"

他们的《戳穿手册》（*The Debunking Handbook*）提供了一些解决方法。首先，希望击败错误信息的组织应当抛弃"让荒诞的说法破产"的方法，也就是强调错误的想法后解释事实的做法。举例来说，粗略浏览一下英国国家医疗服务体系（NHS）有关疫苗接种的网页，上面列出了 10 种荒诞说法，粗体字，就在页面上方。[21] 之后它们再次作为醒目的标题出现在下边。根据最新的认知科学，这种方法过多强调了谣言本身：

这种展示方式意味着它比事实处理起来更顺畅，多次重复只会增强人们对它的熟悉感。正如我们已经知道的，这两种感觉，认知上的顺畅感和熟悉感，有助于让人更"信以为真"，一位反对接种的鼓吹者在强化观点方面都不能做得比这更好。

与此相反，库克和莱万多夫斯基建议任何试图戳穿错误观念的举动都要谨慎地设计页面，以确保突出事实。如果可能的话，你应该避免完整地重复荒谬说法。举例来讲，当你试图抑制公众对疫苗的恐惧时，你可以决定只是专注于有科学证明的、积极的益处。但如果有必要对荒谬说法加以讨论，你至少可以确保错误的陈述没有你想要传达的真相那么突出。你的文章标题最好是"流感疫苗安全又有效"，而不是"荒谬说法：疫苗会让你得流感"。

库克和莱万多夫斯基还指出很多组织或许在说明事实时太过严肃认真，他们将争论过分复杂化了，这又一次降低了信息的顺畅感。与此相反，他们提出，你最好对你提供的证据加以选择：有时候两条事实比十条事实更有力量。

对更多具有争议性的话题，你也有可能利用描述问题的方式来减少人们的动机性推理。举例来说，如果你想讨论公司需要为它们消耗的化石燃料付出的代价，你更有可能通过称其为"碳中和"而非"税费"来赢得保守派选民的支持，"碳中和"是一个更有内涵的术语，能够激发他们的政治认同。

尽管就我自己浏览各种公共健康网站的经历来看，很多机构还有很长的路要走，但已经出现了一些变化的迹象。2017 年，世界卫生组织宣布他们如今已经采纳了这些准则，来处理由"反对疫苗接种"的鼓吹者们传播的荒谬说法。[22]

那么我们该如何保护自己呢？

为了回答这个问题，我们需要探索另一种形式的元认知，它被称为"认知反射"，虽然它与我们在之前章节中检验过的反省的形式有关，但它更关注我们对事实信息的反应，而不是关注情绪上的自我察觉。

认知反射可以用一个只包含三个问题的简单测试来评估，同时你也可以通过思考以下的例子来大致了解它涉及什么内容：

· 一个球拍和一个球总共 1.1 美元。球拍比球贵 1 美元。球多少钱？_____ 美分

· 在一个湖里，有一片睡莲叶子。每一天，这片叶子的大小都翻一倍。如果覆盖整个湖面需要 48 天，那么这片叶子要覆盖半个湖面需要花费多长时间？_____ 天

· 如果 5 台机器花 5 分钟能做出 5 件产品，100 台机器要做 100 件产品需要多长时间？_____ 分钟？

这里需要的数学水平基本没有超过小学水平，但大多数人，即便是常春藤校盟的学生，也只能答对一两个问题。[23] 因为它们被设计得具有带误导性的、显而易见的答案，但那些答案并不正确（在这几个例子中，是 10 美分、24 天和 100 分钟）。只有当你挑战这些假设，才能得出正确答案（5 美分、47 天和 5 分钟）。

这使得这一类型问题与我们在第一章中检验过的智力问题十分不同，

那些问题可能会涉及复杂的运算，但不会要求你去质疑一个看起来诱人却并不正确的诱惑。通过这种方式，认知反射测试提供了一种简短而亲切的方式，来衡量我们如何鉴别信息，以及我们推翻真实生活中可能会面临的误导性线索的能力。生活中充斥着定义不清楚的问题和带有欺骗性的信息。[24]

正如你可能预期的那样，在这一测试中得分较高的人不那么容易受各种认知偏见的影响。不出所料，认知反射测试的得分能预测人们在基思·斯坦诺维奇的理性商数测试中的表现。

然而，在 21 世纪初，一位名叫戈登·潘尼库科（Gordon Pennycook）的博士生（当时他在滑铁卢大学）开始研究认知反射是否也会影响我们更广泛的信仰。他怀疑那些停下来挑战自己的直觉并思考其他可能性的人，应该不太会仅从表面取证——这令他们不那么容易被错误信息左右。果然，潘尼库科发现采用这一更善于分析的思维方式的人不太容易赞同"奇思妙想"和补充性医疗。进一步研究表明，他们也更有可能排斥进化论而相信"9·11"阴谋论。

至关重要的是，即便当你控制了其他潜在因素，例如智力或教育，这一观点仍然成立，这强调了重要的不只是你的脑力这一事实，重要的是你能否运用它。[25]"我们应该区分认知能力和认知方式。"潘尼库科告诉我。或者，说得更直白点："如果你不愿意思考，那你实际上并不聪明。"正如我们在其他思考和推理的方法中看到的，我们通常很不善于猜测自己在谱系中所处的位置。"有些实际上并不擅长分析性（反射性）思考的人相信他们非常擅长。"

潘尼库科后来又在此基础上继续钻研，有一项研究得到了尤为广泛的注意，其中"先让你发笑，之后让你思考"这项研究还获得了搞笑诺贝尔奖。该研究考察了人们经常发布在社交媒体上的那些虚假的、鼓舞人心的、"伪意义深刻的屁话"。为了衡量人们轻信这些话的程度，潘尼库科要求参与者评价各种荒谬陈述的深刻程度。其中包括随机的、瞎编的且带有含混的精神内蕴的词语组合，例如，"隐藏的意义彻底改变了无与伦比的抽象的美"。参与者们还看到了迪帕克·乔普拉的真实推文，这是一位新时代的古鲁和所谓"量子治疗"的拥护者，有超过 20 本《纽约时报》畅销书署了他的名字。乔普拉的想法包括："注意力和意图是表现的运作方式"和"自然是一个自我调节的意识的生态系统"。

　　和那个摩西问题有点像，这些陈述或许听上去挺有道理的；组成这些陈述的时髦词汇似乎暗示着某种温暖而鼓舞人心的信息——直到你真的开始思考它们的内容。不出所料，与那些更具有分析性思维的人相比，在认知反射测试中得分较低的参与者报告说，他们在这些伪意义深刻的陈述中看到了更为伟大的意义。[26]

　　之后，潘尼库科研究了这种"屁话接受能力"是否会让我们容易受假新闻的影响。这些假新闻没有事实依据，通常伪装得像真实的新闻故事一样，通过社交媒体渗透。随着 2016 年总统选举期间对假新闻的讨论，他让几百位参与者看了一系列新闻标题——其中一些经过独立查证和事实检验被证明是真的，另一些则是假的。这些故事在有利于民主党和有利于共和党这个问题上保持了平衡。

　　例如，《纽约时报》的标题声称"唐纳德·特朗普说他'绝对'要求穆斯林进行登记"，是被真实且被证实了的新闻故事支持的标题。标题"迈克·彭斯：同性恋转化治疗挽救了我的婚姻"没能被核实，并且出自一个叫"NCSCOOPER.com"的网站。

　　考察过数据后，潘尼库科发现认知反射更好的人能够更好地识别这二者，不管他们是否被告知新闻的来源，以及新闻内容是否支持他们的政治信仰：实际上他们是在亲自动手处理这些词句，考察它们是否可靠，而不仅仅是用它们加强自己已有的偏见。[27]

潘尼库科的研究看上去似乎在暗示，我们可以试着用更具反射性的思考方式保护自己不受谣言之害，同时，一些最近的研究证明，即便是细微的暗示也是有影响的。2014 年，维伦·斯瓦米（Viren Swami）（当时在威斯敏斯特大学）要求参与者完成简单的单词游戏，其中一些游戏碰巧围绕认知方面的词设置，例如"推理""沉思"和"理性的"，另一些则会让人想起有关躯体的概念，例如"锤击"或"跳跃"。

玩了涉及"思考"的词的游戏之后，参与者能更好地识别摩西问题中的错误，表明他们正在更谨慎地处理信息。有意思的是，他们在评估阴谋论方面得分也较低，表明他们此时也在更谨慎地反思自己已经存在的信仰。[28]

当我们开始考虑如何将这些结果运用到日常生活中的时候，问题就出现了。某些沉思技巧可以训练你拥有更具分析性的观点，避免对接收到的信息过快地下结论。[29] 一项诱人的实验甚至揭示了单单一次冥想就能提高认知反射测试的成绩，这让我们看到了希望，如果未来的研究能进一步证明这一点。[30]

然而，施瓦茨怀疑我们是否能仅仅借助意图和良好意愿使自己免受所有谣言的影响：扑天盖地的事物意味着我们很难公正地运用怀疑能力。他告诉我："你不能成天忙着检查自己遇到的每一件该死的事情，或别人对你说的每一句话。"*

---

* 顺便提一句，潘尼库科指出，反思性思维与智能手机的使用呈负相关——你查看脸书、推特和谷歌的次数越多，你在认知反射测试中的得分就越低。他强调说，我们并不清楚是否存在因果联系——也不清楚这种联系的走向——但科技很可能让我们成了懒惰的思考者。"这或许会让你更相信直觉，因为你不那么习惯反思了——相较于，如果你不总是查信息，而是更多地思考问题。"

举例来说，当提到时事和政治时，我们对哪些新闻的来源是值得相信的已经有了诸多假设，不管那是《纽约时报》、福克斯新闻、布赖特巴特新闻网，还是你叔叔，而这些偏见很难被克服。最糟糕的情况是，你可能会忘记质疑与自己已有观点相符的大部分信息，只是去分析你本来就讨厌的内容。这么一来，你出于好意保护自己免受坏想法影响的努力，也许会掉进动机性推理的陷阱。施瓦茨说："这可能只会令你的观点更为两极分化。"

这种提醒是必要的：我们也许永远都不能构建出强健的心理盾牌，来抵挡周围环境中的所有错误信息。即便如此，现在有些积极的证据表明，我们可以加强对最恶劣的错误的防范，或许同时还能培养更具反思性的、更睿智的心态。我们只是需要做得更明智些。

正如帕特里克·克罗斯凯瑞试图消除医学院学生的偏见时所做的，这些策略通常以"接种"的形式出现——暴露在某一种类的屁话中，会使我们在将来更好地为识别其他形式的屁话做好准备。其目的是教我们辨别某些警告信号，在头脑里插上小红旗，这样一来，我们便能在需要的时候自动运用分析性、反思性的思考方式。

约翰·库克和斯蒂芬·莱万多夫斯基的工作表明，这种方法可以非常有力量。2017 年，莱万多夫斯基和库克（他们还写了《戳穿手册》）正在调查研究对抗某些有关人类活动引起气候变化的谣言的方法——特别是企图传播对科学共识的怀疑。

他们并没有直接着手于气候方面的荒谬说法，而是先让参与者们看了一份情况说明书，上面有烟草工业以前借助"冒牌专家"针对吸烟会引发肺癌的科学研究散播的质疑。

然后，他们向参与者们展示了一条有关气候变化的内容详细的错误信息：所谓"俄勒冈州的请愿书"，由生物化学家亚瑟·B. 罗宾逊组织提出，声称提供了 31 000 名有理学学位的人的签名，这些人都质疑人类排放的温室气体破坏了地球气候的说法。实际上，这些名字都未经核实，里面甚至包括辣妹组合里的洁芮·哈利维尔"博士"的签名[31]，而其中，只有不到 1% 的质疑者正式研究过气候科学。

此前的研究显示，许多人在阅读请愿书时没有质疑专家的资质，并被请愿书上的调查结果说服了。与动机性推理理论相一致，更偏向右翼观点的人甚是如此。

然而，学习了烟草工业的策略后，库克的大多数参与者对错误信息更为怀疑，该信息没能左右他们的总体观点。更为重要的是，这种接种中和了错误信息在政治谱系上的效果；通常使我们接受谎言并拒绝真相的动机性推理不再发挥作用。[32] "对我来说，这是最有意思的结果，不论你有怎样的政治背景，接种都起作用，"库克告诉我，"无论支持何种意识形态，没人想被逻辑谬误误导。这是个鼓舞人心的、令人激动的想法。"

同样令人激动的是，对某一领域（香烟和吸烟之间的关系）错误信息的接种，能为另一领域（气候变化）提供保护。这就像是参与者们在自己头脑中设置了一个小小的闹钟，帮助他们意识到什么时候该起床，更有效地运用分析性思考，而不是简单地接受任何一条令人感觉"真实"的信息。"它创造了一把保护伞。"

∽

这些接种的力量正指引着一些学校和大学去探索在教育中引入谣言识别课程的益处。[33]

许多机构已经开始提供批判性思维课程，当然，这些通常只是有关哲学和逻辑学原理的枯燥实验，然而接种理论显示，我们需要明确地接受相关教育，要用上真实生活中的例子，这些例子展示了通常会愚弄我们的种种论点。[34] 如果不先表明谣言极盛的情况和它左右我们判断的方式，仅仅假设我们能在日常生活中轻易运用那些批判性思维技巧，这看起来是不够的。

到目前为止，结果是鼓舞人心的，一个学期的接种课程显著降低了学生们对伪科学、阴谋论和假新闻的相信程度。更为重要的是，这些课程看起来还更广泛地提高了批判性思维能力，比如解读统计数据、辨识逻辑谬误、考虑其他解释方法，以及认识到额外的信息何时对得出结论是必要的。[35]

尽管这些对批判性思维的评估与我们在第五章中探讨过的有关明智推理的测试并不相同，但它们确实有些相似之处——包括质疑自身假设的能力和探索对事件的其他解释的能力。重要的是，正如伊戈尔·格罗斯曼在循证智慧方面做的工作，以及我们在上一章中探索过的情绪差异和调节上的得分，批判性思考与智力并没有很强的关联，同时，它们比标准化的智力测试更能有效预测人在真实世界的行为。[36] 举例来说，分数较高的人不那么容易尝试未经证实的流行节食食谱；他们也不那么容易和网上的陌生人分享个人信息，或是发生无保护性行为。如果我们很聪明，但想要避免犯愚蠢的错误，我们就有必要学习更具批判性的思考。

对这本书的读者而言，这些结果应该是个好消息：通过学习各种荒谬说法和谣言对心理的影响，你或许已经开始让自己远离谎言了，而现有的认知接种项目已经进一步提供了一些建议，让你可以行动起来。

第一步是学着提出正确的问题：

·谁在提出主张？他们具有什么资质？以及他们可能有怎样的动机来让我这样想？

·主张的前提是什么？以及它们可能有什么缺陷？

·我最初的假设是什么？以及它们可能有什么缺陷？

·针对他们这些主张的其他解释是什么？

·证据是什么？以及它与另一种解释相比情况如何？

·在做出判断前，你还需要什么进一步的信息？

考虑到有关伪真相的研究，你还应该看看那些主张的表达形式。它们真的为某一主张添加了进一步的证明吗？或者它们只是给出了证据的错觉，只是同一个人在重复同一个观点？或者你真的听到不同的声音汇聚在同一个观点上吗？奇闻逸事提供了有用的信息并且它们有可靠的数据做支持吗？或者它们只不过增强了故事的顺畅感？你会不会只是因为某些人的口音听起来熟悉，或他们说的话容易理解就信任他们呢？

最后，你应该考虑阅读一些更常见的逻辑谬误的资料，因为这样做可以插下那些"红旗"，在你被"看似真实"实则虚假的信息欺骗时提醒自己。为了让你开始这么做，我整理了一系列最常见的逻辑谬误列在右侧的表格里。

这些简单的步骤或许在陈述显而易见的事情，但大量证据表明很多人上完大学之后并没有学会在日常生活中运用它们。[37] 而过分自信偏见显示，正是那些认为自己已经免疫了的人，才可能是最危险的。

谬误	说明	举例
诉诸无知	将缺乏证据作为一种证明形式。	我们无法解释埃及人如何建造了金字塔，这意味着金字塔肯定是外星人建的。
诉诸权威	认为某个人的资历能证明他们肯定是对的，即便与其他证据矛盾。如果专家的意见在其所属领域有争议，这就有问题了。	凯利·穆利斯，一位获得了诺贝尔奖的生物学家，声称 HIV 不会引发艾滋病，如果有一个如此聪明的人这样认为，那么这一定是正确的。你还可以在运动员为保健品背书的时候看到这种谬误。因为他们非常健壮并不意味着他们的营养建议是有效的。
相关性证明因果关系	当两件事同时发生时，我们相信其中一件事导致了另一件的发生，而不考虑其他因素。	吃流行的节食食谱的人可能会活得更长，但这同样可能由如下事实造成，即他们更具有健康意识并做了更多的体育锻炼。
稻草人论点	故意歪曲某种论点，使其看起来更荒唐。在交谈中可能体现为这种形式，"那么你的意思是……"，紧接着是某种错误的或过于简化的结论。	达尔文的理论被用来证明人种差异；因而进化论本身就是一种种族意识形态。（这是路易斯安那州立法机构在评估教育政策时考虑的一个真实论点。[38]）顺便提一句，相似的论点也经常被用来否定智商。即便刘易斯·特曼的政治信仰是有问题的，那也不应当被用于评判科学结果。
诉诸潮流	用流行的观点证明某一论点价值的观念。	据说数以百万计的人声称顺势疗法改善了他们的症状；那这必然是一种有效的治疗方法。
虚假的二分法	呈现一种复杂的情景，好像只有两种选择，但此时还有很多别的选择。	"每个地区的每一个国家现在都要做出选择。你们要么同我们在一起，要么支持恐怖分子。"——乔治·布什在"9·11"之后的发言
转移注意力	用不相干的信息转移人们对实际争论中的错误之处的注意力。	"二手烟可能是有危险的；但即便我们禁了烟，人们也总是吃得过多并喝太多酒。"第二点，当然，和第一点是有关联的，但这一表达方式使其看起来似乎提供了进一步的证据。
诡辩	声称一般的逻辑规律和事实不适用于眼下的问题。	灵媒们经常声称科学实验（和科学家的怀疑）干扰了他们的能力。亚瑟·柯南·道尔尤其要对这种谬误感到内疚。

如果你真想让自己免受屁话之害，我再怎么强调如下做法的重要性都不为过：内化这些规则，只要可以就将其运用到你钟爱的理论和那些已经使你怀疑的理论上。假使你觉得这么做是值得的，很多在线课程可以帮你进一步发展此类技能。

根据接种的原则，你应当从相对无争议的问题开始着手（例如食肉香蕉），来学习怀疑的基础，之后前进到更加根深蒂固的信念上（例如气候变化），那对你来说或许更难于提出质疑。在这些案例中，问问这类问题总是值得的：为什么你对某一特定观点会有如此强烈的感觉，它对你的身份来说是不是主要问题，或者你是否能用一种不那么危险的方式重新表述它。

花几分钟写下积极的、自我肯定的事以及你最看重的事，会让你对新观点更开放。研究表明这种做法确实可以通过帮助你意识到你的整体存在并不依赖于对某一特定问题的正确见解，以及你可以将特定观点和你的身份分离开，来减少动机性推理。[39]（例如，相信气候变化并不是非要摧毁你保守的政治身份：你甚至可以视其为进一步发展事业和创新的机会。）随后你可以开始检验为什么你会得出那些结论，并看看眼前的信息，测试一下自己是否可能被其具有的顺畅感和熟悉感左右。

你也许会为自己的发现而惊讶。我已经运用这些策略改变了自己对特定科学问题（例如转基因）的看法。和许多自由派人士一样，我一度以环境为由反对转基因作物。然而，当我对新闻来源的了解渐增后，我更加意识到我一直在听诸如绿色和平组织等少数团体的反对意见，并形成了这样的印象：这些恐惧比其实际情况传播得更为广泛。此外，他们对毒鼠作用和弗兰肯斯坦式作物会像瘟疫一样失控的警告在认知上更具顺畅感，并与我直觉上的环境观点相吻合，但更为仔细地考察数据之后我发现，这类风险甚微（并主要基于道听途说的数据），但打造抗虫作物并减少杀虫剂使用的潜在好处不可估量。

　　甚至连绿色和平组织前领导人最近都攻击了他原先的同事们散布的谣言，他说："将意识形态置于人道主义行为之前……在道德上是不可接受的。"[40] 我一直对气候变化否定者和反对疫苗的鼓吹者们态度轻蔑，然而就另一个问题而言，我也同样被蒙蔽了。

∽

　　为了识别屎话的艺术的最后一课，我到作家迈克尔·舍默的家乡加利福尼亚州圣巴巴拉市拜访了他。过去的三十几年中，舍默是怀疑主义运动的主要发声者之一，该运动旨在鼓励人们在公共生活中运用理性推理和批判性思维。"我们起先选择了容易摘到的果实，比如电视灵媒、占星术和塔罗牌算命。"舍默告诉我，"但几十年过去了，我们已经转向了更'主流'的主张，例如全球变暖、创世论、反对疫苗接种，而现在是假新闻。"

　　舍默并非一直如此。作为一名竞技自行车车手，他曾求助于未经证实的（尽管是合法的）治疗方式来提升比赛表现，包括通过灌肠平复消化系统，还有"罗尔夫按摩治疗法"——一种激烈（并痛苦）的物理疗法，包括操纵身体的结缔组织来加强其"能量场"。夜晚，他甚至戴上某种套在头骨上的电疗装置，以增强大脑里具有治愈作用的"阿尔法电波"。

　　舍默"通往大马士革之路的时刻"出现在 1983 年穿越美国自行车赛中，他需要从加利福尼亚州的圣莫尼卡到新泽西州的大西洋城。为了这次比赛，舍默雇用了一名营养师，此人建议他尝试一种新的"复合维生素疗法"，包括要吞下一大口臭烘烘的药片。最终尿出一泡"美国最昂贵、最多彩的尿"。到了第 3 天，他受够了——在科罗拉多拉夫兰山口的陡坡上，他吐出满嘴苦涩的药片，发誓再也不上当了。他后来写道："怀疑似乎比轻信安全得多。"[41]

几天后，在内布拉斯加州的黑格勒附近，他的怀疑又一次面临艰巨的考验。赛程将近过半，他此时已经极度疲乏。从 45 分钟的小睡中醒来后，他深信自己被冒充队友的外星人包围了，他们想带他去母船上。他又睡着了，醒来时头脑清醒地意识到自己经历了因身心筋疲力尽所引发的幻觉。然而，他的记忆依然鲜活，仿佛那是真实的事件。舍默认为，如果不是他还保持清醒，他很可能会由衷地将其误认作一次真实的绑架，就像在他之前的很多人做的那样。

作为一位科学史家、作家和公开演说家，舍默在那之后开始对付灵媒、庸医、"9·11"阴谋论者和大屠杀否认者。他见识了你的智力会被如何有力地用于发现或混淆真相。

你可能会以为他在揭穿了那么多年屁话后，会变得厌世和愤世嫉俗，但是在我们见面的过程中，他特别和蔼可亲。我后来发现，和蔼的态度对让他的对手放松警惕来说至关重要，这样他就能开始理解对方的动机是什么。"我也许会和像戴维·欧文（大屠杀否定者）这样的人社交，因为在喝了几杯酒后，他们便会敞开心扉，说得更深入，告诉我他们到底在想些什么。"[42]

舍默也许没用术语，但他如今在查普曼大学开设的"怀疑主义 101"课程中提供了最全面的"接种"内容。[43] 他说，首先要做的是像"踹踹汽车轮胎和检查一下引擎盖下的情况"之类的事。"谁提出的主张？来源是什么？有没有其他人证实这一说法？证据是什么？证据有多充分？有没有人试图戳穿证据？"他告诉我，"这是识别胡扯的基本步骤。"

和我曾经对话过的其他心理学家一样，他确信那些鲜活的、来自真实生活的谣言对教授这些原则来说是必不可少的；假设典型的学院派教育未能保证我们得到足够的必要的保护。"大多数教育只是教给学生某一特定领域的事实和理论，而未必会教给他们普遍意义上的用怀疑、科学的态度思考的方法论。"

为了让我了解一下这门课程，舍默描述了很多阴谋论是如何运用"反常现象作为证据"这一策略来构建那些表面上令人信服的案例以说明有地方出了问题的。举例来说，大屠杀否定者争辩说，奥斯威辛集中营克雷马二号毒气室（严重损坏了）的结构，与目击者所说的党卫军看守将毒气弹通过屋顶的洞扔进去的说法不相匹配。他们宣称从这一点来看，没有人曾在克雷马二号毒气室里被毒死，因此没有人被毒死在奥斯威辛集中营里，这意味着没有犹太人被纳粹有计划地杀害——大屠杀没有发生过。

如果这种论点被流畅地表述出来，它可能会绕过我们的分析性思维；不去理会那些与克雷马二号毒气室是否有洞无关的大量证据，包括呈现大规模屠杀的航拍照片、万人坑里无数的白骨，以及很多纳粹的招供。事实上，尝试重建克雷马毒气室后，人们已经发现了那些洞的存在，这意味着该论点建立在错误的前提下，然而重点在于即便异常情况确实存在，它也不足以改写整个大屠杀的历史。

同样的策略也经常被那些相信"9·11"恐怖袭击是"里应外合"的人采用。他们的核心主张之一是飞机上的燃油不可能烧至足以熔化双子塔钢梁的高温，这意味着双子塔不应该倒塌。（钢铁在约1510℃左右熔化，然而飞机燃油的燃烧温度约825℃。）事实上，尽管在那样的温度下钢铁没有被烧成液态，但工程师们已经证明，钢铁会在这种情况下失去大部分支撑力，钢梁还是会被建筑的重量压弯。因此，我们得到的教训是，要意识到有人在运用异常情况来质疑大量数据，在任凭一个迷惑人的细节重写历史之前，你要考虑其他解释。[44]

　　舍默强调了保持开放心态的重要性。例如，关于大屠杀，随着更多的事实浮出水面，在不忽视已被普遍认可的大量事实的情况下，接受原始记录会出现一些修改是十分重要的。

　　他还建议我们所有人走出回声室，去探索持不同观点的人的世界观；举例来说，如果你和一个气候变化否定者交谈，舍默认为探索他们对调整化石燃料消耗上的经济方面的担忧——梳理出那些影响他们对科学做出解释的假设，会非常有用。"因为全球变暖并不是政治问题——它们就是问题本身。"这是我们一再听到的原则：去探索、倾听和学习，去寻找其他的解释和观点，而不是最容易得到的观点，以及接受你手里没有全部答案这个事实。

　　通过教授学生们这种方法，舍默希望他们能具有一种开放的心态，对任何新信息的来源都更具分析性。"这是为他们的未来做准备，当他们在 20 年后遇到一些我甚至想象不出来的主张时，他们会想到这有点像我们在舍默的课上学过的东西，"他告诉我，"这就是一个任何人、任何时候都可以用的工具箱……这是所有学校都应该做的事。"

　　我们已经在第一部分探讨了智力陷阱的基础，现在又看到了循证智慧这一新领域是如何概述额外的思维技巧和特质——例如智力上的谦逊、积极的开放性思维、情绪差异和调解、认知反射——帮助我们控制大脑强有力的思维引擎，以绕开那些折磨受教育程度高的聪明人的典型陷阱的。

　　我们还探索了一些旨在能提高你的决策水平的实用策略。这包括本杰明·富兰克林的道德代数，以及自我疏离、正念和反思性推理，还有各种技巧来帮你提高情绪觉察能力并调整你的直觉。而在这一章里，我们已经见识了这些方法在结合了高级的批判性思维技巧后，是如何保护我们免受谣言之害的：它们让我们警惕认知上的顺畅感带来的陷阱，它们还能帮我们形成更明智的政治、健康、环境和商业观点。

一个共同的主题是，智力陷阱之所以产生，是因为我们很难停下来思考最容易理解的观点和感受之外的内容，也很难让我们对周围世界有不同看法；这往往是我们缺乏基本的想象力的结果。这些技巧教导我们如何躲开那条路，而正如西尔维娅·马梅德所指出的，即使是思考过程中一个简单的停顿也会产生强有力的影响。

然而这些成果甚至比特定策略还要重要的地方在于，它们是对概念的非常可贵的验证。它们证明了，在那些被标准化的学校测试衡量的技能之外，的确存在很多至关重要的思维技巧，它们能引导你的智力，确保你将智力运用得更加精准。同时尽管这些技能目前并未在标准化教育中占据一席之地，但它们是可以被教给学生们的。我们都可以训练自己，让自己在思考时更为明智。

在第三部分中，我们会扩展这个观点，来探索循证智慧也可以有助于我们学习和记忆。这也说明，培养这些特质并不会牺牲掉更为传统的智力评估。为此，我们首先得认识一下世界上最好奇的人之一。

成功学习的艺术

循证智慧如何改善你的记忆力

7

乌龟和野兔：
为什么聪明人学不好

让我们回到 20 世纪 20 年代末的美国。在加利福尼亚州，刘易斯·特曼的天才们刚开始上高中，闪闪发光的未来依旧展现在他们眼前，但一个名叫瑞提的小男孩引起了我们的注意，他正在纽约法洛克卫的家庭实验室里鼓捣着。

这间"实验室"包括一个旧的木头包装盒，装备着架子、加热器、蓄电池，和用灯泡、开关和电阻器组成的电路。瑞提最引以为傲的项目是一个自制的防盗报警器——每当父母进入他的房间，铃就会响起。他用显微镜研究自然世界，有时还会将化学仪器搬到街上，演示给其他孩子看。

实验并不总是像他计划的那样结束。有一天，他开始摆弄一辆福特汽车上的点火线圈。火花能不能在纸上烫出孔来？他很好奇。确实烫出了孔，在他意识到之前，纸就烧了起来。火迅速蔓延，瑞提将纸扔进垃圾篓，垃圾篓随之烧了起来。他意识到妈妈正在楼下打桥牌，于是小心地关上门，用一本旧杂志将火闷灭，然后将灰烬撒到楼下的街上。[1]

这些事情并不一定表明瑞提超乎寻常：他那一代孩子中有无数人拥

有自己的化学仪器，玩电路并用显微镜研究自然世界。他自己承认，他在学校是个"乖宝宝"，但绝对不是个出类拔萃的孩子：他学文学、画画和外语都学得很费劲。或许因为他语言能力较差，他在学校的智力测试中只得了125分，高于平均值，然而连加利福尼亚那些"天才"的边儿都够不上。[2]相较于比阿特丽斯·卡特（她的智商高达192分这一天文数字）这样的孩子，刘易斯·特曼不会过多注意他。

然而瑞提还是继续学习。他如饥似渴地阅读家里的百科全书，很小便开始自学一系列数学启蒙书。他在笔记本里写满三角学、微积分和解析几何，经常自创练习题来拓展思维。[3]转到法洛克卫高中后，他加入了一个物理俱乐部，还进了校际代数联盟。最终，他赶超这座城市所有学校的学生，在纽约大学的年度数学锦标赛中夺了冠。转年，他开始在麻省理工学院攻读学位，而余下的就是众所周知的事情了。

他就是理查德·费曼，20世纪最具影响力的物理学家之一。他在量子电动力学方面的新方法彻底改变了亚原子粒子的研究[4]，这使他在1965年与朝永振一郎和朱利安·施温格一同获得了诺贝尔奖。[5]（特曼的那群天才中没有人获得这项荣誉。）费曼还帮助发现了放射性衰变背后的物理学原理，并对美国在第二次世界大战时期发展原子弹做出了至关重要的贡献。但他后来对此深感懊悔。

其他科学家相信他思想的深度简直无法估量。"世上有两种天才：'普通人'和'魔术师'。"波兰数学家马克·卡克（Mark Kac）在自己的传记中写道，"普通天才是这样一种人，只要我们好上很多倍就能和他一样好。他思维的运作方式没什么神秘的。一旦了解了他们做了什么，我们就会确信自己也能做成。魔术师就不同了……他们头脑的工作方式我们无论如何都理解不了。即便我们了解了他们做了什么，他们做事的过程也完全是神秘莫测的……理查德·费曼是最高水平的魔术师。"[6]

然而费曼的天才没有止步于物理学领域。他在加利福尼亚理工学院从事物理研究工作，学术休假期间，他还致力于遗传学研究，发现了基因内的某些突变相互抑制的方式。尽管他不擅长绘画和外语，但他后来成了一名靠谱的艺术家，会说葡萄牙语和日语，还能读玛雅象形文字，这都是他像孩提时那样不懈求知的结果。他还喜欢观察蚂蚁的行为、打邦戈鼓，以及长期痴迷于修理收音机。1986 年"挑战者"号遇难后，是费曼顽强求索的头脑揭示了导致航天飞机爆炸的工程上的漏洞。

正如费曼的传记作家詹姆斯·格雷克（James Gleick）在《纽约时报》上的一则讣告中写的："他从不满足于自己知道的东西，或是其他人知道的东西……他不带偏见地追求知识。"[7]

∽

刘易斯·特曼那些天才的故事向我们展示了，一般智力水平很高的人常常无法发挥最初的潜能。尽管小时候心怀希望，但很多白蚁老了之后都心有不安，觉得自己本可以用自身天赋做更多事情。正如伊索寓言里的野兔，它们起初拥有先天优势，但没能好好地利用那份潜质。

与之相反，费曼声称自己起初"智力有限"[8]，但他后来用尽可能富有成效的方式运用了它，成年之后，他一直在培养和发展自己的头脑。"生活中真正的乐趣，"他在 1986 年写信给一位粉丝，此时距离他去世只剩两年，"就是这种无尽的测试，它会让人意识到你的潜能可以让你走多远。"[9]

有关学习和个人发展的最新的心理学研究，如今已经开始与我们截至目前在本书中探讨过的循证智慧实现惊人的融合，揭示了智力之外，额外的认知品质和心理习惯或许会决定我们能否像费曼那样成功。

通过鼓励我们运用和拓展思维，这些特质能够激发我们去学习，并确保我们在应对新挑战时从容不迫，这使得我们能够最大限度地发挥天生的潜能。至关重要的是，它们还会帮助解决造成某些形式的智力陷阱的认知上的狭隘和片面思维——这意味着它们会带来总体上更睿智、偏见更少的理性思考。

这些洞见可能会令家长和教育工作者特别感兴趣，它们也能让任何人更有效地运用自身智力。

让我们先来看看好奇心，这是费曼，以及很多其他取得了很高成就的人身上常见的特征。

例如查尔斯·达尔文，他没能在早期教育中胜过旁人，和费曼一样，他不觉得自己的智力高于平均水平，他声称，他"没有很强的理解力和才智，这在某些聪明人身上是显而易见的"。[10]

"当我离开学校时，我在同龄人中不好也不坏。"达尔文在一篇自传性散文中写道。

> 而且我相信，我所有的老师，还有我父亲，他们都认为我是个普通的小男孩，远低于所谓聪明人的常见标准……尽可能多地回顾我在学校时候的表现，这一阶段唯一能给未来带来美好希望的就是我有强烈的、多样化的品位，对任何一种我感兴趣的事都充满热情，还有就是理解任何一个复杂问题或事情后的欣喜若狂。[11]

如果不是对知识的渴求，很难想象达尔文在当时以及之后的几年里能完成在"贝格尔"号上的艰苦工作。他当然不是为了快速获得财富或名望：他的研究花了几十年，还报酬甚微。是想要学得更多的渴望令他不断求索，并质疑周围的教条。

除了在进化论上的开创性工作，达尔文对周围世界持续不断的好奇心还催生了一些早期有关好奇心主题的科学著作，这些著作描述了年幼的孩子是如何通过不知疲倦地实验来自然而然地了解周围的世界的。[12]

正如后来的儿童心理学家指出的，这种"要了解更多的需要"几乎就像是年幼者的一种基本生物性驱力，或者说饥渴。然而，尽管我们天生就具备好奇心，当代心理学家还是在很大程度上忽略了系统性探索它在我们后来生活中所扮演的更广泛的角色，或者去探索某些人天生就比其他人更富有好奇心的原因。[13] 我们清楚好奇心对我们在这个世界上迈出智力上的第一步十分重要，但在此之后，我们便知之甚少。

这要部分地归咎于实际的困难。与一般智力不同，不存在确定的标准化测试意味着心理学家只能转而依赖不那么切题的指标。例如，你可以观察一个孩子问问题的频率，或者他们有多热衷于探索周围环境；你还可以设计带有隐藏特征和谜题的玩具，并测试孩子能玩这些玩具多长时间。与此同时，对成年人，你可以使用自我报告的调查问卷或行为测试，来检验他们是愿意阅读和探索新材料，还是倾向于将其忽略。在这些工具的帮助下，当代心理学家们发现好奇心在我们的童年、青春期及之后的发展中的至关重要，堪与一般智力媲美。

很多关于好奇心的研究已经考察了好奇心在记忆和学习过程中扮演的角色[14]，结果显示，一个人的好奇心可以决定他能记住多少材料、决定理解的深度以及记住材料的时间长度。[15] 这不光是动机的问题：即便将他们额外的努力和热情考虑在内，好奇心更强的人依然表现得能更容易记住事实。

如今，大脑扫描揭示了一个被好奇心活化的、名为"多巴胺能系统"的区域网络，为我们揭晓了答案。神经递质多巴胺通常与人对事物、毒品或性爱的渴望相关，这表明在神经层面，好奇心真的是一种饥渴或强烈欲望。但这种神经递质似乎也加强了海马体内记忆的长期存储能力，巧妙地解释了为什么好奇心强的人不光更有学习的积极性，还能记忆更多东西，即便你将他们对某一主题投入的工作量考虑在内。[16]

最有趣的发现是"溢出效应"——一旦参与者的兴趣被某种特别吸引他们的事情激发，他们就会得到多巴胺，随后，他们记忆随机信息也变得容易了。它为大脑学习任何东西都做好了准备。

重要的是，该研究表明，有些人一直都对周围的世界更感兴趣。而这种好奇心上的个体差异与一般智力关系甚微。这意味着两个相同智商的人也许会有完全不同的人生轨迹，而这单单取决于他们的好奇心。对材料真正感兴趣比决心成功更为重要。

如今，一些心理学家认为一般智力、好奇心和责任心共同组成了学业成功的"三大支柱"；如果缺了三者中的任一者，你就要受苦了。

这些好处并不仅限于教育方面。在工作中，好奇心对我们学习第一章中探索过的"隐性知识"十分重要，它还能让我们免于压力和筋疲力尽之感，帮助我们在面临困境时保持积极态度。它也通过激励我们去探究其他人甚至想都没想过的问题，以及在我们问自己"假设……会怎么样？"时触发反事实性思维，从而增强我们的创造性智力。[17]

真诚地对他人的需求有兴趣甚至会提高社交技能，并帮助我们发现最好的、潜在的妥协方式，提升我们的情商。[18]通过鼓励我们更深入地体察未被说出的动机，好奇心似乎能促成更好的商业洽谈。

结果便是更为丰富充实的人生。一项具有里程碑意义的研究在两段各为期 6 个月的时间里，追踪了近 800 人的生活，询问了这些人的个人目标。研究者们通过让参与者完成自我报告式的问卷调查，评估了包括自控力和参与度在内的 10 项独立特征，发现好奇心最能预测达成个人目标的能力。[19]

如果你好奇自己和这些参与者比起来情况如何，请考虑下面的样题，为它们符合你的感觉和行为方式的准确度打分，从 1（完全不符合）到 5（特别符合）：

·在新情境中，我会积极搜寻尽可能多的新信息。

·不论走到哪里，我都在寻找新事物或新体验。

·我是那种拥抱陌生的人、事和地方的人。[20]

强烈认同这类陈述的人更有可能成功，无论他们决心达成什么样的目标。在那 12 个月里，好奇心也是能持续提升幸福感的唯一特征。换言之，好奇心不仅增加了那些人成功的机会，它还会确保他们享受过程，乐在其中。

上述内容都能帮助我们理解像达尔文和费曼这类人，是如何在人生中成就卓著的。对探索的渴求令他们接触到了并不符合当时正统的新体验和新观念；之后又推动他们深入钻研，去理解自己看到的东西，并为自己揭露出的问题找到新奇的解决方法。

那些智力更高的人或许一开始会发现自己比这两个男人中的任何一个都能更容易地处理复杂信息，但如果他们缺乏天生的好奇心，就很难保持住这一优势。这再一次告诉我们，一般智力是良好思维能力的重要组成部分，但要想更进一步，我们还需要许多其他的补充性特质。

真正的谜团是为什么我们中只有如此少的人能守住孩子般的好奇心。许多研究显示，大部分人的好奇心会在幼年之后迅速降低。如果我们在出生时都具有天然的学习的欲望，而这一特质也会在成年时期带给我们如此多的益处，为什么那么多人还会随着年龄的增长而失去它呢？我们怎么才能阻止这种衰退呢？

马萨诸塞州威廉姆斯学院的苏珊·恩格尔（Susan Engel）在过去20年的大部分时间里都在寻找这一问题的答案。结果令人震惊。在她的《饥饿的头脑》（*The Hungry Mind*）一书中，她提出了一个实验：在实验中，实验人员让一群上幼儿园的小孩在一间单独的房间里透过单向玻璃观察自己父母中的一位。父母要么被要求玩桌上的物品或只是看着桌面，要么被要求与另一个成年人聊天，完全忽略这些物件。随后，桌上的物品被交给孩子们查看——如果之前看到自己的父母接触或探索过这些物件，那孩子便很有可能也这么做。

通过最细微的动作，父母的行为向孩子们展示了探索是被人渴望还是不被鼓励的，这将提高或降低他们的好奇心，随着时间推移，这些态度会烙印在孩子们的脑海中。"好奇心会传染，如果你自己在生活中没有表现出过好奇，那就很难鼓励孩子拥有好奇心。"恩格尔说。

家长与孩子间的交谈方式也会产生影响。在记录了12个家庭餐桌上的交谈后，她注意到有些家长例行公事地对孩子的问题给出直接答案。他们说的内容实际上并没有错——他们并非特别不感兴趣——但其他家长运用这一机会打开话题，这将不可避免地引出一系列进一步的提问。孩子因此更具好奇心也更有参与感。

恩格尔的研究也提示了我们的教育体系中令人沮丧的现象。蹒跚学步的孩童在家里的时候，每小时会问多达26个问题（在某项观察中，有个孩子问了145个问题！），然而在学校，这个数字降至每小时2个。这种好奇心的脱离也能从孩童的其他表现中看到，例如，他们有多想探索新玩具或有趣的物件。随着孩子年龄增长，这种情况就变得越发明显。在观察一些五年级的课堂时，恩格尔常常连续两小时都看不到一个学生主动表现出兴趣。

这在一定程度上是出于老师们的担忧，这可以理解，毕竟他们要维持秩序并达到教学大纲的要求。即便如此，恩格尔相信很多老师通常过于死板，为了遵循预先定下的课程计划，不让学生追问自己的问题。举例来说，在观察一节有关美国独立战争的课时，她看到一个男孩在老师不间断地讲了 15 分钟后有礼貌地举起了手。"我现在不能回答问题，"老师声音轻快地答道，"现在是学习的时间。"你能看到这一态度将迅速对孩子产生影响，所以即便是那些智力更高的人也会停止探索事情的原委。

顺便提一句，达尔文发现死板的课堂教育几乎杀死了他的兴趣，当时他被迫背诵维吉尔和荷马的作品。"对我头脑的发展而言，没什么比这更糟糕的了。"他写道。幸运的是，至少他的父母鼓励他追求自己的兴趣爱好。然而如果家里和学校里都没有什么"营养"，你学习和探索的欲望可能就会慢慢消失。

恩格尔指出，焦虑也是好奇心的一大杀手，非常微妙的暗示可能会产生很大的影响；她甚至发现，兴趣的表达与老师在课堂上微笑的次数有关。

在另一个实验中，她研究了一堂科学课上的一群 9 岁的孩子。他们的任务很简单。他们要把葡萄干丢进醋、小苏打和水的混合物中，看气泡能否将葡萄干浮起来。老师向班里的一半孩子做出说明之后就让他们自己去操作了；但对班里的另一半孩子，老师稍稍偏离了教学计划。她拿起一小块糖果，说："你们知道吗，我在想如果将这个丢进去会发生什么。"

这只是小小的一步，看到老师表现出好奇心后，孩子们更热情地投入到了课堂中。即便在老师离开教室后，他们还在继续努力。这与对照组形成了鲜明对比，那些孩子更容易分心，更不耐烦，成效更小。

尽管恩格尔的工作还在继续，但她坚定地认为是时候将这些洞见引入课堂了："还有很多是我们不知道的，而那对我们这些科学家来说太激动人心了。但我们已经了解得足够多了：学校应当（积极地）鼓励好奇心……那会充满力量。一个真正想了解事情的孩子，你几乎没法阻止他学习。"

∽

我们很快就会发现费曼保持好奇心并以此实现自身潜能的方法，以及为什么这也有助于更好地推理和思考。然而，在我们检视这些突破性发现之前，我们还要研究另一个实现个人成就和智力成就的必要成分：一种被称为"成长型思维"的特质。

这一概念是卡罗尔·德韦克（Carol Dweck）的研究成果，她是斯坦福大学的心理学家，其开创性研究因 2007 年的一本畅销书《思维模式》（*Mindset*）首次赢得广泛关注。但这仅仅是个开始。过去 10 年中，一系列惊人的实验表明，我们的思维模式能够解释为什么表面上聪明的人无法从他们的错误中吸取教训，这意味着德韦克的研究对我们理解智力陷阱必不可少。

和罗伯特·斯滕伯格一样，德韦克从自身的求学经历中获得了研究灵感。六年级时，德韦克的老师按照全班学生的智商来排座位。智商"最高的"坐前边，"最低的"坐后边。那些智商得分最低的孩子甚至不被允许去做举旗子或给校长留便条这等卑微的任务。尽管她被安排在第一列的第一个，但德韦克感受到了老师的期待所带来的压力。[21] "她让大家意识到智商对她来说，是对一个人的智力和性格的终极评价。"[22] 德韦克感到自己随时都有可能出错，这令她惧怕尝试新挑战。

在成为一位发展心理学家后，德韦克依然记得那时的感受。她的研究从一群 10 岁到 11 岁的孩子开始。她为他们设置了一些超出年龄水平的逻辑难题。这些孩子在解题上取得的成功并不与他们的天分必然相关；有些最聪明的孩子很快就感到挫败并放弃，另一些孩子则不屈不挠。

区别似乎反而存在于孩子们对自身天分的信念上。那些具有成长型思维的孩子相信自己的表现会通过练习得以提升，而具有僵化思维的孩子则相信自己的天分是天生的，不会被改变。结果便是他们经常因更有挑战性的难题而精神崩溃，相信如果他们眼下失败了，就会永远失败。"对一些人来说，失败就是世界末日，但对另一些人来说，失败则是令人兴奋的新机遇。"[23]

在各个高中、大学和公司的实验中，德韦克如今已经辨认出一些可能导致聪明人发展出僵化思维的态度。例如，你是否相信：

- 没能在手头的任务上表现良好将反映出你的总体自我价值？
- 学习一种新的、不熟悉的任务会令你冒丢人现眼的风险？
- 努力只属于没有能力的人？
- 你太聪明因而不需要努力尝试了？

如果你大体上赞同这些陈述，那么你更可能具有僵化思维，也许有错失未来成功机会的风险，因为你故意避免可能会让你走出舒适区的新挑战。[24]

例如在香港大学，德韦克评估了一年级新生的思维模式。所有课程均以英语讲授，因而熟练掌握英语对成功至关重要，但很多学生自小说广东话长大，英语并没有那么熟练。德韦克发现，僵化思维的学生对有可能上英语课程这件事不那么有热情，因为他们害怕这将暴露自身弱点，即便长远地看那有可能增加成功的机会。[25]

除了决定你会如何回应挑战和失败，你的思维模式看起来也会影响你从自己犯的错误中学习的能力。这一差异通过头皮上的电极，在脑电活动中显现了出来。当被给予消极反馈时，具有僵化思维的人，其大脑额叶前部活跃度提升。这一区域对社交和情感处理很重要，神经活动似乎反映了他们受挫的自尊心。然而，尽管有这样强烈的情绪，他们的大脑颞叶却并不活跃，这一区域与信息更深层的概念上的处理相关。由此推测，他们太关注自己受伤的感觉了，没有专注于接收的信息的细节，以及下次或许能提升表现的方式。因此，那些思维僵化的人就可能会一次次重复犯同样的错误，这将令他们的天赋渐渐湮没，而非越发活跃。[26]

在学校里，这样的结果对那些家境不那么优渥的孩子来说也许尤为重要。例如，在 2016 年，德韦克的团队发表了一项问卷调查的结果，该调查测试了智利超过 16 万个十年级学生的思维模式。这是第一份取自整个国家的样本。正如此前的研究所预测的，成长型思维能预测一个群体的学业成就，但该团队也检验了它令不那么有特权的孩子受益的方式。尽管占 10% 的最穷苦的孩子们更有可能具有僵化思维，但研究者发现该人群中那些具有成长型思维的孩子能够表现得和样本中最富有的孩子一样好，这些富有孩子的家庭赚的钱是那些贫穷家庭的 13 倍。尽管我们只能从相关研究中读到这么多内容，但成长型思维似乎驱动他们克服了许多由贫穷导致的障碍。[27]

在教育领域之外，德韦克还和赛车手、专业足球运动员及奥运游泳选手合作，试图通过改变他们的思维模式来优化竞技表现。[28]

即便是那些处在事业巅峰的人，也会发现自己被僵化思维束缚。想想网球选手玛蒂娜·纳芙拉蒂洛娃，这位世界冠军在 1987 年的意大利公开赛上败给了 16 岁的意大利选手加布里埃拉·萨巴蒂尼。"我觉得那些年轻选手颇具威胁，"她后来说，"我不敢拼尽全力。我怕当自己打到最好水平时，他们能战胜我。"[29]

纳芙拉蒂洛娃意识到并调整了这种观点，后来在温布尔顿和美国公开赛中取胜，但有些人或许一辈子都在躲避挑战。"我想这就是人们过着狭隘的生活的原因所在，"德韦克告诉我，"你在面临某个机遇的时候小心翼翼，但如果你把这样的时刻都叠加在一起，就会发现'遥远的未来'早已到来，而你并没有充分发挥自身潜质。"

德韦克的研究获得了广泛赞誉，但被聚焦关注的点并不总是在正确的方向上，很多人会误读和曲解她的工作。例如，《卫报》2016 年的一篇文章将其描述为"一种认为任何人只要努力便可成功的理论"[30]，这对德韦克的观点来说并不是公允的表述：她并没有宣称成长型思维能在毫无天赋的人身上创造奇迹，她只不过说这是重要因素之一，特别是当我们发现自己面临会令我们质疑自身天分的新挑战的时候。常识告诉我们，成功必然存在智力门槛，但当你处于舒适区外，思维模式将决定你能否好好地利用自己的潜力。

还有人引用成长型思维作为理由来大加赞赏孩子的每一次成功，并忽视他们的缺陷。实际上，她的意思恰恰相反：过分表扬孩子的努力或成功也许和责骂他们的失败一样有害。举例来说，在孩子取得好成绩之后告诉他"你真聪明"会强化僵化思维。如果孩子花了很多努力在学习上，他们也许会开始对此感到羞耻，因为这有损他们的聪明。或许他们会避开未来的挑战，因为那可能威胁他们掉下宝座。讽刺的是，阿姆斯特丹大学的埃迪·布鲁梅尔门（Eddie Brummelman）发现，过分表扬对那些自卑的孩子尤其有害，他们可能变得害怕失败，害怕将来辜负父母的期待。[31]

当然了，在孩子取得成就时，我们不该掩饰骄傲；也不该在他们失败的时候羞于提出批评。在每个案例中，研究者们都建议家长和老师强调孩子们达成目标的过程，而非强调结果本身。[32] 正如德韦克所解释的："意思是，要说出一个学生目前取得的成绩的实际情况，然后一起来做点什么，帮助他或她变得更聪明。"

萨拉·布莱克利（Sara Blakely），内衣公司 Spanx 的创始人，为我们提供了实践这一原则的例子。在描述自己的童年时，她回忆起每天晚上放学后，父亲都会问："你今天有没有搞砸什么事？"脱离上下文来看，这听起来或许残忍，但布莱克利理解父亲的意思：如果她什么事都没搞砸，那就意味着她并未迈出舒适区，结果是她限制了自己的潜能。

"他教会我，和看重结果相比，失败指的是你不再去尝试。这真的令我在尝试新事物和在人生中舒展羽翼时更为自由。"她这样告诉美国全国广播公司财经频道（CNBC）。这种成长型思维与巨大的创造力相结合，最终令其放弃了卖传真机的工作，转而投资5000美元，开始自己的生意。这桩生意如今价值超过 10 亿美元。[33]

德韦克最近一直在探索相对简单且能被大规模应用的思维模式干预方法，她发现开设网络课程，教授小学生们有关神经可塑性——大脑重塑自我的能力——可以削弱他们认为智力和天分是固定的、天生的品质这种观念。[34] 然而一般来说，这种一次性干预的长期效果是值得关注的，但效果有限 [35]，更为意义深远的改变几乎必然需要定期的提醒和每个参与者的深思熟虑。

最终目标是赞赏过程而非最终结果。即便很艰难，也要享受学习的乐趣。如果你一辈子都相信天分纯粹是天生的，成功应该来得又快又容易，那么这一过程本身也需要你的努力和坚持。

~

依照这些发现，费曼惊人的个人能力发展——从爱好修修补补的小学生到世界一流的科学家——开始有了意义。

从很小的时候起，他就对周围的世界抱有显而易见且难以抑制的去探索的欲望。这是他从父亲身上学到的特质。"无论走到哪里，我们总会听说新的奇观；山，林，海。"[36]

有了如此充沛的好奇心，他便不需要其他学习动机了。对一个学生来说，这将驱使他整夜钻研某个问题，只为了找到答案时的纯粹的快乐；而对一个科学家来说，这令他得以攻克专业领域的难关。

举例来看，起初到康奈尔大学当教授的时候，他开始害怕自己永远无法达到同事们的预期；他开始感到筋疲力尽，光是想到物理学就"恶心"。随后他记起了自己曾经如何"玩"物理学，似乎那是一件玩具。自那时起，他决心只为真正感兴趣的问题做实验，而不去管其他人怎么想。

就在许多人丢掉好奇心的时候，他重新燃起了好奇心。这种对"玩"各种复杂想法的持续渴望，最终使他有了伟大的发现。在康奈尔大学的自助餐厅里，他看到一个男人往空中扔盘子又接住它们。费曼被那几个盘子的运动搞糊涂了。它们摆动的样子和它们的旋转速度有怎样的关联。

将该运动转化为方程后，费曼看出这与电子的轨道惊人的相似，最终，他提出了影响卓著的量子电动力学理论，荣获诺贝尔奖。"这就像拔出瓶塞，"他后来说，"这些使我得到诺贝尔奖的图表和整个理论，都来自那些被随意乱扔的盘子。"[37]

"想象不断拓展，试图达成某些更高层次的理解，直到我突然发现，自己正独自一人站在自然之美的崭新角落前，真正的壮美显露出来，"他补充道，"那便是我的报酬。"[38]

在这个过程中，他受益于成长型思维，这使他能应对失败和沮丧。他在诺贝尔奖获奖演说中热情地表达了这种信念。"我们有这样一种习惯，那就是去尽可能地完成工作，写论文发表在科学刊物上，掩去所有过程，不去忧心那些盲区，也不去描述你最初如何持有错误的想法，等等。"他说。相反，他想用这一演说解释自己面对过的挑战，包括"一些不成功的事情，我在那上面差不多花了和花在成功的事上同等的努力"。

他讲述了在最初的理论中，他如何对显而易见的致命错误视而不见，而那将导致物理和数学上的不成立，他还坦率地承认了当导师指出这些错误时，自己有多失望。"我突然意识到自己是个如此愚蠢的家伙。"这些困难也并非灵光一闪就被解决了；灵感降临的瞬间被长久的"挣扎"分隔开来。（他在演说中将"挣扎"一词重复了 6 次。）

他的同事马克·卡克或许会认为，他是"最高水平的魔术师"，一个"不可思议的"天才，但费曼对自己的看法更为朴实。和很多其他的成功者不同，他愿意承认自己付出了鲜血、汗水和眼泪，有时还做了乏味的苦差事。他面对的是极为"兴奋的感觉，可能尚未有人想到你眼下正看到的疯狂的可能性"。[39]

∽

通过这些方式可以促进我们学习并推动我们战胜失败，好奇心和成长型思维已经构成了独立于一般智力之外的两种重要的精神特质，它们能够改变我们的人生轨迹。如果你想最大限度地发挥智力潜能，这就是你应当试着培养的必不可少的品质。

但它们的价值并不止于此。在与循证智慧等理论惊人地融合后，最新近的研究表明，好奇心和成长型思维都能防止我们陷入在前几章中探索过的教条化、片面的推理。这种品质也会让你更有成效地学习，更明智地推理。

为了理解其中的原委，我们首先需要将注意力转回到耶鲁大学的丹·卡亨的工作上。你可能还记得，他发现智力和教育会在诸如气候变化等问题上增强"动机性推理"，导致观点日益两极分化。

然而那些实验并没有考虑参与者原本的兴趣，而卡亨好奇的是，对新信息的渴求是否可能影响人们吸收替代性观点的能力。

为了找到答案，他首先设计了一个测试参与者科学好奇心的量表，其中包括这样一些问题：他们一般的阅读习惯（他们是否会阅读科学文章以供消遣），他们是否关注最新的科学新闻，以及他们多久与朋友或家人谈论一次科学话题。引人关注的是，他发现有些人知识渊博但好奇心很弱，有些人则相反。同时，这些发现对解释下一个阶段的实验至关重要，在下一个阶段中，卡亨会要求参与者给出对诸如气候变化等政治性问题的意见。

正如他之前呈现的那样，更多的科学知识只会加剧两极分化。然而在好奇心方面并非如此，好奇心能缩小差异。举例来说，尽管大多数思想保守者固执于在他们之中盛行的看法，好奇心更强的共和党成员更倾向于支持全球变暖问题上的科学共识。

他们对理解事物的天生渴求似乎已经战胜了偏见，因而他们更愿意寻找挑战自身观点的材料。果然，当被要求在两篇文章中做出选择时，好奇心更强的参与者更乐于阅读挑战他们的意识形态的文章，而不是巩固其意识形态的文章。"他们显然偏爱新奇的材料，即便那与他们的政治倾向矛盾。"卡亨在相关论文中写道。[40] 换言之，他们的好奇心允许证据渗透进那些通常保护与我们的身份最接近的信念的、"逻辑严密的隔间"里。

卡亨承认自己对这些结果感到"困惑"；他告诉我，他全然以为，我们身份的"万有引力"将压倒好奇心的诱惑力。但当你想到好奇心能帮我们忍受不确定性的时候，这就说得通了。尽管不好奇的人会觉得不同寻常的事是一种威胁，有好奇心的人却很享受这种神秘感。他们喜欢被迷惑；发现某些新东西能给他们带来多巴胺的刺激。如果那些新信息甚至能引发更多问题，他们就会上钩。这使得他们的心态更开放，乐于改变观点，不固守僵化的见解。

在正在进行的研究中，卡亨在诸如持有枪支、非法移民、大麻合法化和色情文学影响力等问题的观点上发现了类似模式。在每种情形中，想要发现一些新的、令人惊喜的东西的渴望削弱了人们观点上的两极分化。[41]

更多的前沿研究揭示出，成长型思维能以一种类似的方式，通过提高我们智力上的谦逊来保护我们不受僵化推理之害。在斯坦福大学跟随卡罗尔·德韦克攻读博士学位期间，特内雷·波特（Tenelle Porter）首次设计了智力上的谦逊的量表，并用它进行了测试，询问参与者对此类陈述的评估："我愿意承认我不知道某事。""我积极寻求对自身观点的反馈意见，即便是批评意见。"或者"我喜欢称赞他人智力上的长处。"为了检验他们的答案是否反映其行为，波特表示参与者的得分也与他们回应诸如枪支管控等问题上的分歧意见相符合——他们是否会寻找并处理互相矛盾的证据。

然后她将参与者分为两组。其中一组阅读一篇流行的科学文章，其中强调了这样一个事实，即我们的大脑具有可塑性，能够被改变，孕育出成长型思维，而另一组阅读的资料中称我们的潜力是天生的、固定的。波特随后测量了他们智力上的谦逊。实验结果恰如她所希望的：与那些被灌输了僵化思维模式的人相比，学习关于大脑适应性的内容促进了成长型思维，使人更为谦逊。[42]

波特这样跟我解释道："如果你思维僵化，就会一直试图找出自己在层级中的位置；每个人都有一个排位。如果你位于顶端，你不想掉下去或被人拉下去，任何表明你不清楚某些事或其他人知道的比你多的迹象或端倪，都可能是对你地位的威胁。"那么，为了保住自己的地位，你会变得过度防御。"你忽视他人的意见，心里想着：'我知道得更清楚，没必要听你说什么。'"

与此相反，如果具有成长型思维，你不会很焦虑地要去证明自己相对于周围人的位置，你的知识也不代表个人价值。"此外，你有动力学习是因为那会让你更聪明，所以承认你不知道什么会更容易。那不会是一种威胁，要将你从任何一个层级上拽下去。"

顺便提一句，伊戈尔·格罗斯曼在其最近的一项研究中得出了相似结论，指出成长型思维与他的参与者们日常的明智推理的分数呈正相关。[43]

具有好奇心和成长型思维的费曼肯定不会在承认自身局限性时感到羞耻。他也乐于接受其他人的这种智力上的谦逊。"我可以带着怀疑、不确定性和无知生活。我觉得在生活中，什么都不知道比知道的答案有可能是错的有意思多了。"1981年，他告诉BBC，"我对不同事物有大致的答案、可能的看法和不同程度的确信，但我对任何事都不是百分之百确定。"[44]

本杰明·富兰克林也是如此。众所周知，他致力培养美德，认为人类的头脑是可锻造之物，可以被塑造、磨砺。而且他有很多"关乎科学的消遣"，包括电池的发明、普通感冒的传染性、蒸发的物理学原理，和运动带来的生理变化。正如历史学家爱德华·摩根（Edward Morgan）所说的："富兰克林从未停止思考他无法解释的事物。他在喝一杯茶的时候，无法不好奇为什么茶叶以某种形式而非另外的形式聚集在一起。"[45] 像费曼一样，对富兰克林来说，奖励总是在于发现新知识本身，如果没有无穷无尽的好奇心，他可能也无法在政治领域做到如此心态开放。

还有达尔文？他对理解事物的渴望并没有随着《物种起源》(On the Origin of Species) 的出版而终结，他与持怀疑态度的人和批评者们长期保持着通信。他能够独立思考，同时也时常参与讨论，并经常从与他人的争论中学习。

在今日这个快速发展的世界中，这些品质或许比以往任何时候都更为重要。正如记者塔德·弗兰德（Tad Friend）在《纽约客》上指出的："在 19 世纪 20 年代，一位工程师的'知识半衰期'——其有一半专业知识都过时的时间——是 35 年。在 19 世纪 60 年代，则为 10 年。如今顶多 5 年，以及对软件工程师而言不足 3 年。"[46]

波特认同今天的孩子们需要更努力地更新他们的知识："学得好可能比知道某种特定知识或掌握特定技能更重要。人们在不同行业中频繁出入，因为我们正面临全球化，所以将面对许多不同的视角和做事方法。"

她指出，一些公司，像谷歌，已明确表示他们在寻找那些兼具热情与者如智力上的谦逊等品质的员工，而不再信奉传统的衡量学业成功的标准，例如很高的智商或绩点。"若无谦逊，你则不能学习。"拉斯洛·博克（Laszlo Bock），谷歌人力运营高级副总裁这样告诉《纽约时报》。[47]

"成功的聪明人极少经历失败，所以不会学着如何从失败中吸取教训。"他补充道，"相反，他们会犯基本归因错误，就是说如果有好事发生，那是因为我是个天才。如果有坏事发生，那是因为别人白痴，或是我没得到资源，或是市场变了……我们所看到的，在这里最成功的人，我们想要雇用的人，会处于交战状态。他们会拼命争吵。他们对自身观点十分狂热。然后你说：'这是个新的事实。'他们会说：'哦，好吧，那事情就变了；你是对的。'"

波克的话告诉我们，如今有一种趋势，不再认为 SAT 成绩之类的东西是智力潜能的总和。但是，评估头脑的新旧方式无须对立，在第八章中我们会探索全球一些最好的学校已经开始如何培养这些品质，以及我们能从中学到什么有关深度学习的艺术。

∽

如果你受到了该研究的启发，激发一个人的好奇心的最简单方法就是在学习过程中变得更有自主性。这非常简单：写下要学习的材料中你已经知道的，之后记下你真正想要回答的问题。这个主意可以突显你知识中的不足，并通过制造一个需要解答的谜题来激发好奇心，它使学习与个人切实相关，这也能提高学习兴趣。

相同的问题会不会在考试中出现并不要紧。多亏了多巴胺刺激后的溢出效应，你也更容易记住其他细节，某些研究表明，这种激发你的参与感的小尝试能提升你整体的记忆水平，也会使过程变得更愉快。你将发现，相较于你只是把材料作为有用的而非有趣的东西来学，你会学得更有效率。

这一研究的精彩之处在于，学习似乎可以引发学习：你学得越多，就变得越好奇，也随之更容易学习，由此创造出良性循环。鉴于此，一些研究者已经表示，相较于用智商衡量，最能预测你将学习多少新知识的指标是你已经对某个学科了解了多少。从一枚小小的种子开始，你的知识很快便滚成一个雪球。正如费曼曾经说过的："如果你足够深入，一切都很有意思。"

如果你担心自己已经老得无法再燃起好奇之火，那你或许有兴趣听听费曼人生中的最后一个重大项目。就像他那些获得诺贝尔奖的发现一样，兴趣的火花来自看似微不足道的事情。在1977年夏天的一次宴会上，费曼的朋友拉尔夫·雷顿碰巧提到一个地理游戏，在游戏中，每位玩家都要说出一个新的、独立的国家。

"那么你觉得自己知道世界上的每一个国家咯？"理查德嬉皮笑脸地回应道，"那么唐努图瓦呢？"他记得小时候收藏过一枚那个国家的邮票；他说，那是"地图上蒙古附近的一个紫色斑点"。快速检索家庭地图册证实了他的记忆是对的。事情本可以到此结束，但这两个男人对这个未知国度着了迷。他们收听莫斯科广播电台，搜集任何提及这个不知名的苏维埃地区的消息，还在大学图书馆翻找有关此地的人类学探险记录，这令他们可以一窥该国乡村美丽的咸水和淡水湖泊，令人难忘的歌声和萨满教。他们发现该国首都克孜勒有一座纪念碑，表明其为"亚洲的中心"——尽管并不清楚是谁修建了这座纪念碑——并且这个国家是苏联最大的铀矿来源。

最终，雷顿和费曼发现了一本俄语-蒙古语-图瓦语常用语手册，并由一位朋友帮忙译成了英语，他们开始给图瓦的语言、文学及历史科学研究所写信，寻求文化交流机会。然而每次当他们觉得有机会达到目标时，都被苏维埃官僚机构断然拒绝，但他们还是坚持不懈。

20世纪80年代末，费曼和雷顿相信他们终于找到了进入这个国家的途径：在一次莫斯科之行中，雷顿设法安排苏联方面前往美国参观一次欧亚游牧文化展，作为组织者，他讨价还价地要求对方同意他去图瓦，来一场研究和摄影之旅。展览于1989年2月在洛杉矶自然历史博物馆开展，获得巨大成功，向更多人介绍了一种在西方鲜为人知的文化。

唉，费曼没能活到见到这个国家的那一天；他1988年2月15日死于腹部肿瘤，没能等到渴望已久的旅行。然而，直到最后，这份热情都鼓舞着他。"当开始谈论图瓦时，他的不适消失了。"雷顿在回忆录《图瓦或破产》(*Tuva or Bust*)一书中写道，"他容光焕发，双眼闪着光，他对生活的激情富于感染力。"雷顿忆起，在一轮手术后，费曼和他走在街上，互相考图瓦语短语，想象着他们正在克孜勒转悠——这样做可以帮助费曼恢复身体，并且分散他对身体不适的注意力。

在人生的最后几年，费曼激起了很多人的兴趣，一个小小的组织——图瓦的朋友们——成立了，来共享他的痴迷；费曼的好奇心在铁幕上架设了一座小桥。当雷顿最终到达克孜勒时，他留下了一小块牌匾纪念费曼，雷顿的女儿米歇尔后来也在2010年代末造访此地。"和（费迪南·）麦哲伦一样，理查德·费曼在我们的头脑和心灵中完成了他最后的旅程。"雷顿在他的回忆录中写道，"通过鼓舞其他人，他的梦想有了自己的生命。"

8

吃苦的好处：
东亚教育和深度学习的三个原则

詹姆斯·施蒂格勒（James Stigler）心脏狂跳，掌心里全是汗，而他甚至不是那个经受折磨的人。

施蒂格勒，一位密歇根大学的研究生，首次来日本展开研究，眼下他在观摩仙台一堂四年级的课。学生们正在学习如何画三维立方体，这一任务对许多孩子而言并不像听上去那么容易，当老师察看孩子们的成果时，她很快就挑出了一个画得特别糟糕的男孩，命令他当着所有人的面将自己的画誊到黑板上。

曾经做过老师的施蒂格勒瞬间产生了兴趣。他很疑惑，为什么会选择画得最差的学生，而非最好的来展示画技呢？这看起来像是一种公开羞辱，而非有用的练习。

折磨并未就此打住。男孩每尝试一次后，老师都会让全班同学来判断他画得对不对。当孩子们摇头时，男孩就得再试一次。男孩最终在黑板前站了 45 分钟，在此期间，他在周围人的注视下经历了一次又一次的失败。

施蒂格勒感觉自己越来越因这个可怜孩子而感到难过。"我认为这像是一种折磨。"他确信男孩随时都快要哭出来了。施蒂格勒清楚,在美国,要是有老师这么对待孩童,甚至会遭到解聘。毕竟男孩只有 9 岁或 10 岁。如此公开地探究他的错误难道不残忍吗? [1]

∽

如果你是在西方国家长大的,那么在读到这个故事时,大概会和施蒂格勒有同样的反应:在欧美文化中,如此公开讨论一个孩子的错误几乎难以想象,只有最恶劣的老师才会想要做这类事。你甚至会认为,这只是强调了东亚教育体系中的某些严重缺陷。

众所周知,没错,诸如日本、韩国、中国等国家通常在教育水平评价方面,例如 PISA(国际学生评估项目),比许多西方国家表现出色。但西方评论界也普遍怀疑,那些成就很大程度上是严苛的教室氛围下的产物。他们批评道,东亚的学校鼓励死记硬背和纪律,以牺牲创造性、独立思考和孩子的自身幸福为代价。[2]

施蒂格勒在仙台观摩后,起初只是加深了这些怀疑。然而,随着进一步研究,他发现这些关于东亚教育的假设完全没有根据。事实上,日本的教育策略远非依赖枯燥的死记硬背,反而无意识地鼓励了很多好的理性思考原则,例如智力上的谦逊和主动采取开放型思维,这能保护我们远离偏见,同时也会增进与事实相关的学习。在很多方面,正是西方的教育体系,特别是在美国和英国,扼杀了灵活性和独立思维,也没能教给学生基本的事实知识。

从这个角度来看就很清楚了,仙台那位老师的行为以及男孩在黑板前的挣扎,恰巧反映了记忆方面最新的神经科学。

在我们上一章探讨过的研究的基础上,通过跨文化比较,我们又得到了一些简单又实用的技巧，可以提高我们对任何一种新学科的掌握程度，学校也可以将这些技巧落实到教育实践中，以进一步帮助年轻的思想者们，免于落入智力陷阱。

∽

在我们回到仙台那间教室前，你或许想考虑下你自己对个人学习方式的看法，并了解一些支持或反对这些看法的相关科学依据。

想象你正在学习某种新的技能，比如弹钢琴、某种语言，或某个专业任务，之后对下列陈述做出判断：

- 我今天表现得越好，学到的就越多。
- 材料越容易理解，我记住的就越多。
- 困惑是学得好的敌人，应被避免。
- 遗忘总是阻碍目标的达成。
- 为了快速进步，我应该每次只学一样。
- 当觉得自己在刻苦努力而不是事情来得容易时，我会记住更多。

只有最后一条得到了神经科学和心理学的支持，其余各项均是对学习的常见缪见。

尽管这些观点与卡罗尔·德韦克关于成长型思维和僵化思维的研究有关，但它们也非常不同。记住，成长型思维关注的是你自己的看法，以及你的才能能否随时间提升。而那或许意味着必要时你会更倾向于拥抱挑战，极有可能，实际上确有可能：你拥有成长型思维，却没想过困惑和挫折本身也会提升你的学习水平。

最新的神经科学研究表明，当人感到困惑时，我们的学习效果最好；有意地去限制你今天的表现，实际上能让你明天表现得更好。未能认清该事实是许多人，包括那些高智商者，通常不能学得好的另一主要原因。

非常奇怪的是，最早表明该现象的研究之一是英国邮政局委托开展的。英国邮政局在 20 世纪 70 年代要求心理学家艾伦·巴德利（Alan Baddeley）决定训练邮政局职员的最佳途径。*

邮政局最近在能按邮政编码分拣信件的机器上投入了大笔资金，但要使用这些机器，他们的一万名邮政人员必须学会打字和使用键盘。巴德利的工作是研发最有效的培训计划。

那时，许多心理学家的假设是，密集训练的效果更好——应该让邮政人员每日花数小时学习掌握该技能。这也确实是工人们自己想要的方式：在那段时间里，他们能看到真正的进步；练习结束时，他们觉得打字比起初更熟练，他们认为这将转化为长期记忆。

然而，作为对比，巴德利还设置了一些每次学习时间较短，总学习期较长的小组：每天只学 1 小时，而不是 4 小时。该小组里的工人似乎并不喜欢这样的方式；他们在学习时段结束后感觉自己并未掌握技能，体会不到像学习时间长的工人那样快速进步的感觉。

但他们错了。尽管与那些在一天内变得更熟练的人相比，这样的学习过程没能让他们满意，但相对于投入的时间来说，这些人最后学习和记忆得更多。平均来看，采用"间隔"学习法的人可以在 35 小时内掌

---

* 顺便提一句，也是因为巴德利，英国邮政编码才是一串六到七位的字符——这是人类工作记忆的最大范围。他还建议了数字和字母的特定位置，以便它们尽可能被人记住。

握基本技能，集中学习者则需要 40 小时。两者有 30% 的差异。从个体情况来看，一天学习 1 小时的小组里，即便最慢的人也比一天学习 4 小时的那些人里学得最快的在掌握这一技能上耗时更少。几个月后，研究者追踪情况时发现，间隔学习者仍然比那些块状时间学习者打字更快更准确。[3]

如今，间隔效应已被心理学家和许多教师所熟知，它通常被用来证明休息的益处和填鸭式学习的危害。但真正的机制与预期的相反，它取决于让邮政人员烦恼的挫败感。

通过将学习分成更小的部分，我们创造出了一个会忘记所学内容的阶段，意味着下一次学习开始时，我们需要更努力地记起要做什么。遗忘，然后逼迫自己重新学习内容的过程，强化了记忆痕迹，令我们在长期内记住更多。那些在较长时段里学习的人错失了那些关键步骤，比如中间的遗忘和重新学习的过程，而这些步骤能够促进长期的记忆，恰恰是因为这么做更难。

因此，巴德利的研究给出了一些最初的暗示，记忆可受益于"理想的困难"：额外的学习挑战起初有损于表现，但实际上有利于长期的收获。

加州大学洛杉矶分校的神经系统科学家罗伯特·比约克（Robert Bjork）和伊丽莎白·比约克（Elizabeth Bjork）引领了这项工作的大部分内容，研究表明，理想的困难在许多不同的环境中都是强有力的——从数学到外语、艺术史、音乐表演和体育。

想想你为了准备考试而上的一堂物理课。在西方，通常是老师在课上展示原理，然后让学生们重复无数次相似的问题，直到他们近乎百分之百准确。比约克夫妇的研究表明，事实上，在开始一个新的（可能相关的）主题前，如果学生们解决足够多的可以让他们重新思考的问题，并且之后又回到最初的话题，学习会更有效。

　　就像间隔效应，与每次只关注单一问题的课程相比，在不同任务间切换的"交错"，将令学生感到困惑和负担过重。但随后接受测试时，他们会发现自己学到了更多。[4]

　　其他理想的困难包括"预先测试"或"富有成效的失败"——学生们被问到他们尚未学习的知识，或要应付他们还不知道该如何解决的复杂问题。

　　你可以亲自试试。不看下边的答案，试着将下列的意大利语单词与英语单词对应起来。

- I pantaloni　　· Tie（领带）
- L'orologio　　· Trousers（裤子）
- La farfalla　　· Boot（靴子）
- La cravatta　　· Bowtie（领结）
- Lo stivale　　· Watch（手表）

　　现在看看脚注里的答案。*

　　你也许能猜出几个，也许是因为它们和英语或法语单词相似，或是此前接触过这种语言。但预先测试令人惊喜的地方在于，你一上来就能答对或毫无头绪都无所谓；重要的是思考的行为会促进你的学习。就像

---

*I pantaloni-Trousers
 L'orologio-Watch
 La farfalla-Bowtie
 La cravatta-Tie
 Lo stivale-Boot

随间隔学习而来的严重遗忘，我们无法理解这些单词，由此产生的挫败感引导我们更深刻地对这些信息编码，即便你平时并不擅长学语言，也最终会发现这些词汇嵌入了你的脑海。[5]

（顺便一提，这也是我在本章开始时让你猜那些陈述真实性的原因。通过引发你对已有知识的疑惑，可以让你更加清楚地记住随后而来的信息。）

富有成效的失败对像数学这样的学科而言似乎尤其有用，在这些学科中，老师或许会要求学生在被明确教给正确的方法之前解决问题。研究表玥，长远来看，他们会学到更多东西，更好地理解根本概念，他们也能更好地将所学转化为新的、不熟悉的问题。[6]

引入理想的困难也能强化我们阅读材料的能力。教科书浓缩了各种概念并以尽可能连贯流畅的方式呈现给我们，包括漂亮的图表和要点清单，实际上这不利于长期的记忆。如果材料更古怪微妙，对证据中包含的潜在的复杂之处和矛盾之处做了更好的讨论，很多学生，尤其是那些更有能力的学生，会学得更好。举例来说，读奥立佛·萨克斯那些复杂文章的人比那些读漂亮的、列出重点的教科书的人记住了更多有关视觉感知的内容。[7]

在每种情形下，只要能让学生们感到一点点挫败，我们就能看到我们整个教育体系所避免的混乱因素如何促成了更深入的思考和学习。

"眼下的表现是对当前获取（信息）能力的衡量，但学习事关更基础的改变．那会在一段时间后被反映出来，或者在其他地方有所体现，"罗伯特对我说，当时我在加州大学洛杉矶分校教师中心见到了他和他的妻子，"所以如果你将眼下的表现理解为对学习的衡量标准，那么你将犯很多错误。"

科学地讲，这些成果不再具有争议性。证据如今无可辩驳：通过间隔、交错或富有成效的失败等策略，将理想的困难引入课堂可以确保每个人学得更有效。

　　不幸的是，很难说服人们认同这些成效；正如巴德利的邮政人员，学生、家长乃至很多老师依然在假设你今天觉得学得更容易，明天就会表现得更好，即便这些假设很有问题。"我们得到的所有结果都表明人们更喜欢不那么顺畅的学习方式，"罗伯特补充道 [8]，"所以不要让你的学生们立刻感到高兴。"

　　伊丽莎白同意道："他们消极地解释（困惑），并不认为这是一个学东西或更好地去理解的机会。"

　　这就像是我们去健身房练肌肉，但后来只决定举最轻的哑铃。比约克夫妇已经发现，这些"元认知错觉"具有惊人的韧性，即便人们已经看到了证据或亲身体验了益处。结果令人失望，只有几所学校试着运用理想的困难，而有几百万学生受害，他们本可以更有效地学习，要是他们知道如何拥抱困惑。

∽

　　至少，这是我们从英美得到的观点。

　　但正如我们此前所见，当有关东亚文化的研究经常表现出非常不同的态度时，我们应当慎重地做出"WEIRD"国家的偏见代表了人类共性这一假设。

　　不同于我们觉得学习应当来得容易的观点，包括施蒂格勒的研究在内的各种调查显示，诸如日本等国的学生赞成努力在教育中是必不可少的。如果有什么区别，那就是这些国家的学生担心自己不够刻苦。

　　这些观念可以在家长和老师的态度中找到，可以在例如"努力に勝る天才なし（即便天才也无法胜过努力）"这类谚语中找到，还能在民间故事里找到。举例来看，大多数日本小学生都听过 19 世纪学者二宫尊德的故事。据说当年这个贫穷的小男孩运用一切机会来学习，甚至是在林子里拾柴火的时候。很多学校的校园里还有尊德的雕像——鼻子前方有一本书，背上背着柴火。从年幼时起，日本的孩子就沉浸在一种默许努力和挑战的文化中。

至关重要的是，这种对努力的接受延伸到了他们对自身才能的看法上：日本学生更倾向于将自己的能力视为处在发展之中，由此形成了成长型思维。"并不是说日本人不相信个体间存在差异，"施蒂格勒告诉我，"只不过他们不像我们这样，将其视为限制。"一个失误或错误不会被当作某种永久且必然的失败的象征——据施蒂格勒所说，那是"仍须学习的指标"。

这些信念有助于解释为什么总体上东亚的学生都愿意花更多的时间学习，而且即便他们并不那么有天分，也更愿意通过刻苦努力来弥补缺陷。然而，同样重要的是，这些理念也影响了老师们对待课程的方式，他们在课程中引入更多理想的困难。因此，他们的教学手段里经常包含使学生困惑的部分，来提高他们的学习和理解。

举例来说，当开始一个数学或科学方面的新话题时，对日本老师而言，很常见的做法是运用我们之前几页讨论过的"富有成效的失败"，要求学生在被告知具体做法之前，去解决一个问题。随后的几小时将被用于攻克这些挑战。尽管老师会给予些许指导，但大部分工作还是靠学生们自己完成。

英美学生会对这种做法产生困惑，因而畏惧不前。当他们开始挣扎时，老师会被迫让步，告诉他们答案。[9] 但施蒂格勒发现日本学生享受挑战。他们更深入地思考问题的潜在特征，并因此增强了他们最终的理解和长期记忆。

当解决难题时，他们还会被鼓励在最显而易见的答案之外，考虑其他可能的解决方法，以及充分探究他们的错误（还有同班同学们的错误），来理解为什么某些方法行得通，另一些则行不通。从很小的时候起，他们就被鼓励用更为整体性的眼光审视问题，去发现不同观点之间的潜在关联。正如施蒂格勒研究中的一位小学数学教师所说的："在真实世界中，我们每天都面临很多问题。我们必须记住，问题的解决方法并非只有一种。"

与此相反，英美的学校通常并不鼓励那种探索，以防可能会引起额外的困惑；比如，对每种类型的数学或科学问题，我们只会学习一种可能的策略去寻求答案。然而科学研究显示，即便一开始确实会带来更多困惑，但比较和对比不同方法仍能令人更好地理解基本原则。

"他们营造了一种课堂文化，尽量使困惑持久，"施蒂格勒说，"日本人觉得如果你能在课堂中坚持这么做，学生们会学得更多。然而，我们极其关注（简单地）得到答案——如果你想让学生得到正确答案，你就尽可能地让它简单。"

就此而论，我们在听完施蒂格勒讲的日本男孩在黑板前挣扎着画立方体的故事后所做出的反应，就更耐人寻味了。尽管英美人会将男孩起初的挫败视为软弱或愚蠢的象征，但他的日本同班同学却看到了他的坚忍不拔。"他犯的错不是什么大事；真正会令人担心的是孩子无法付出必要的努力去修正错误。"男孩没哭，正如施蒂格勒起先预期的那样，因为在那种文化语境中，他不会感受到我们所料想的那种程度的羞耻感。

相反，施蒂格勒说，随着课程继续，他感到了"男孩的同学们和老师的一阵阵善意"。"在他完成这项任务之前，没有人会打断他，说他已经画得够好了。而另一方面，他能意识到大家都在这里等着帮助他。"施蒂格勒这样告诉我。他们都清楚，努力是男孩学会画立方体并赶上他的同龄人的唯一途径。

没错，某些课程的确涉及死记硬背的元素，以确保基本事实能被记住并能被容易地回忆起来，但这一研究显示，日本的课堂为独立思考提供的空间远大于许多西方评论者所设想的。其益处不仅能在国际学生评估项目（PISA）的分数上看出来，也反映在创造性解决问题和灵活思考方面的测试中，日本学生的表现也胜过英美学生的表现，这证明这些学生也更能将所学知识转化到新的、意想不到的任务中去。[10]

纵然某些最有力的证据来自日本，但努力的价值似乎在其他亚洲国家的教育文化中也很普遍，包括中国。例如，在普通话中，"吃苦"的概念被描述成通向成功所要经历的艰难困苦。此后，施蒂格勒还将注意力扩展到其他文化，例如荷兰，该国的表现也超过了英美。尽管它们或许在很多因素上存在差异，比如班级规模，或是老师用来传达材料的具体方式，但最优秀的学校都鼓励学生们经历那些困惑阶段。

到如今，施蒂格勒已经研究这些想法几十年了，他认为自己的研究发现可以提炼为良好教育的三个阶段[11]：

◆ **富有成效的努力**：学生们设法攻克超出其目前理解水平的复杂概念时所经历的长时间的困惑。

◆ **建立联系**：在靠脑力的同时，学生们被鼓励使用比较和类比的方法，来帮助他们发现不同概念间的潜在关联。这确保了困惑会带来有用的教训，而不仅仅终结于挫折。

◆ **刻意练习**：一旦教授完最初的概念，教师应确保学生们用尽可能有效的方式练习这些技能。重要的是，这并不是简单地重复相似得令人想吐的问题，就像你可能会在西方的数学课上看到的，而是意味着增加额外的变化和挑战，以及更有成效的努力。

这些深刻的发现为提升教育和学业成就提供了某些最有力的方法，在随后几页内容中，我们会看到任何一个人都可以运用理想的困难来掌握新技能。

但这些发现之所以有趣，并不仅仅因为它们关乎人类的记忆；我相信，它们还揭示了某些涉及智力陷阱文化根源的深刻洞见。

举例而言，想一想英美的课堂，你会发现我们的智力通常是由谁举手更快来判定的。这给了我们一种微妙的信号，那就是凭直觉立刻做出反应更好，不要思考细节。你也不会因为承认自己不知道答案而被奖赏；智力上的谦逊是不被鼓励的。

更糟糕的是，课程往往被简单化，因此我们会尽可能快地消化材料。这使我们更偏爱"顺畅"的信息，而非那些可能需要深入思考的内容。尤其在早期教育阶段，这还包括忽略潜在的细微差别，例如历史上对证据的其他解释，或是科学观点的演变——学习和记忆的是以绝对确定的方式呈现的事实。[12] 有一种假设是，对更小的学生来说，引入复杂的内容会过于混乱。尽管高中和大学阶段的教育手段其实允许更多的灵活性，但很多学生已经形成了一种更为僵化的思维模式。

教育改革中的某些善意尝试也落入了这些陷阱。老师们被鼓励识别孩子的学习风格：是视觉型、语言型还是动觉型学习者。该想法听来进步，却只是强化了这样的观点，即人们在学习方法上有固定的偏好，而我们应该尽可能地让学习变得容易，而不是鼓励学生去攻克那些他们无法立刻解决的难题。

诸如英美等国的学生在伊戈尔·格罗斯曼循证智慧测试中，或在预测我们对谣言的敏感性的批判性思维测试中得分不高，这也就不足为奇了。

现在，了解了这些看法后，我们再来看看日本的教育体系，在那里，即便是小学生，也被鼓励每天对抗复杂的问题；他们受到的教育是，要为自己发现解决问题的新方法，以及当他们发现某个答案时要考虑有没有其他解决办法。如果你没能马上理解某个问题，答案是不要忽视它并强化你的想法，而是进一步研究并探索其细微差别。这种额外思考并不是软弱或愚蠢的信号；它意味着你能通过"吃苦"去形成更深刻的理解。如果一开始失败了，承认自己犯错没什么大不了的，因为你清楚自己之后会进步。

学生们因此可以更好地应对长大成人后的真实世界里的那些更加复杂、微妙和不明确的问题。他们在有关开放性思维和灵活推理的测试上的出色表现也反映了这一点。[13] 举例而言，各种研究业已发现，当被问及关乎争议的环境或政治问题时，日本的（和其他东亚文化的）人倾向于花更长时间思考问题，而不是下意识地做出反应，同时也更容易探索矛盾的态度，并考虑任何一种政策将带来的长期后果。[14]

如果我们回到将头脑比作一辆车的观点上，英美教育系统被设计成尽可能提供平坦的路，因而人人都可以在发动机能力允许的条件下开得尽可能快。与之相反，日本的教育系统则更像野战场而非赛车道；它要求你思考其他路径来绕开障碍，即便面对恶劣地形也要坚持不懈。它训练你有效驾驶，而不只是猛踩油门。

需要说清楚的是：我们正在讨论的是平均值，而任何文化之中都存在众多的变量。然而这些结果都在暗示，智力陷阱在一定程度上产生于学校的文化现象。一旦你认识到这些事实，那么显然，即使小小地干预一下也能鼓励到我们在本书其余部分探索过的思维风格，还能同时提高学校已经尽力培养的事实性、学术性学习。

简单的策略性停顿也一种行之有效的方法。

在向全班同学提出一个问题后，一般的美国老师通常等不到 1 秒就会挑一个学生出来说答案。此举释放了一个强有力的信息，那就是速度比复杂思考更有价值。但一项来自佛罗里达大学的研究发现，当老师在挑一个孩子回答问题时愿意多花一点时间，只要多 3 秒，让孩子思考如何回答，就会有神奇的事发生。

最直接的好处体现在孩子答案的长度上。少量的思考时间意味着孩子们要花 3 到 7 倍的时间来阐释他们的想法，提出更多支持观点的佐证并联系其他理论。增加等待时间也鼓励孩子们倾听他人观点并发展他们的想法。鼓舞人心的是，更复杂的思考也在孩子们的写作中体现出来，他们的写作变得更精妙丰富。这是一个惊人的进步，简单地来源于教育者的耐心。[15] 作为研究者，玛莉·巴德·罗（Mary Budd Rowe）在她的原创论文中说："慢下来或许是一种提速的方法。"

与此同时，哈佛大学心理学家埃伦·兰格（Ellen Langer）调查了复杂材料被过分简化以避免任何模棱两可的方式，以及这对我们的思考产生的影响。例如，在物理或数学问题上，一个问题可能存在许多不同的解法，但我们仅被告知一种，且不被鼓励探索其他解决。这源于一种假设，一点点复杂也只会引起困惑，从而被认为对学习不利。如果一种解法就足够了，为什么还要让孩子冒险去搞混不同的解法呢？

事实上，兰格发现巧妙地改变课堂中的措辞，引入那些模棱两可，可以鼓励学生更为深入地学习。在一所高中的物理课上，孩子们观看了一段 30 分钟展示某些基本原理的视频，之后被要求用相关信息回答问题。除了基本说明，一些参与者被告知"视频只展现了物理学诸多观点中的一点，它也许对你有帮助，也许对你没帮助。请自由地运用任何你想要借助的其他方法来解决问题。"简单的鼓励鼓舞了学生们，让他们更自由地思考手头的话题，并且更具创造性地将材料应用到新问题上。[16]

在另一个实验中，学生们被提供了一种解决某种特定的数学问题的策略。由于一个词的改变，那些被告知这只是"这个问题的一种解法"的孩子比那些被告知是"这个问题的解法"的孩子表现得更好。他们得出正确答案的概率大约高出了50%。他们还对基本概念理解得更为深刻，也能更好地决定该策略什么时候起作用，什么时候不起作用。[17] 这一点同样适用于人文与社会科学。被告知"这或许是城市社区演变的原因"的地理学学生在随后的测试中表现出更好的理解力，而那些被告知材料是绝对正确的、毋庸置疑的事实的学生则表现得较差。

模棱两可的微妙暗示，不但没有制造困惑，还会让他们思考其他可能的解释并探索那些原本会被忽视的新路径，如此便形成了更具反思性的、更积极的开放性的思维方式。我们在第四章中曾探索过这一点。用条件句来组织问题也可以提高学生在创造性思维任务中的表现。

你也许记得本杰明·富兰克林故意避免使用百分之百确定的"教条性的"措辞，这种对不确定性的接纳也提高了超级预测者的决策能力。兰格的工作给出了进一步证据，这种微妙的思考方式可以从小培养。[18] 展现不确定性或许会制造一点点困惑，但这只会提高参与度，并最终让孩子的学习有所增进。

除了这些微妙的前期提示，学生们还可以被鼓励去尝试转移视角或提出不同论点，举个例子，来想象某一历史文章。或者在科学方面，他们可能会拿到两个案例研究，与他们正在研究的话题有关，但观点相互矛盾，之后学生们被要求评估证据的分量并调和不同意见。人们可能又会认为这种练习将适得其反，会让学生分心，降低学生对学习大纲总体上的把握。但实际上，它们增加了另一种理想的困难，那意味着孩子们实际上记住了更多的事实材料，而那些被告知要记住教材内容的孩子则记住的更少。[19]

如果将这些方法和我们此前已经探讨过的方法结合起来，例如，我们在第五章中考察过的情绪差异训练，还有第六章中讨论过的批判性思维技巧，那么显然，学校应该提供针对更明智的推理所必要的所有思维技能和处理方法的全面训练。[20] 在每个例子中，事实都表明这些干预能提高认知能力较低的人的学业成绩[21]，同时也能让高智商人士和专业人士远离僵化且封闭的思维和惰性思维方式。

从小学到大学，整个教育体系都记录了这些益处。但是，只有我们允许学生们——甚至是那些刚开始上学的孩子们——偶尔面对困惑和挫折，而不是用勺子喂他们吃容易消化的信息，才能培养他们更明智的思考。

∽

你不必非得是一位老师或一个孩子，才能从这些发现中受益。或为了工作，或为了娱乐，我们中的绝大多数人会持续学习到成年阶段，如果想充分利用我们的学习机会，我们就有必要调整自己的学习方法。研究表明，大多数人，甚至那些智力超群者，都未能掌握正确的学习方法；策略性地运用理想的困难能改善你的记忆，同时还能训练你的大脑做更好的准备，以应付任何情境下的困惑和不确定性。[22]

你可以：

• 将你的学习时间间隔开，在几天或几周内用更短的时间段来学习吧。和巴德利最初的实验里的那些邮政人员一样，与那些学习时间更为集中、起初更有优势的人相比，你或许会觉得进步缓慢。但在每个阶段之间强迫自己回忆材料的话，你会强化记忆痕迹和长期记忆。

· 当心顺畅的材料。正如前面讨论过的，表面看来简单的教材会让你相信自己学得不错，然而事实上，它在削弱你的长期记忆。所以试着学学需要更深入的思考，甚至起初会令人困惑的、内容更微妙的材料。

· 让自己预先做个测试。在你开始探索一个话题时，强迫自己尽可能多地解释已经知道的内容。即便你最初的理解是极为错误的，实验证明这能让头脑总体上为深度学习和更好地记忆做好准备，因为你会在随后的学习中纠正错误。

· 改变你的环境。如果你倾向于在同一地点学习太久，环境线索就会与材料相联系，意味着它们会成为无意识的提示。通过确保变换学习地点，你能避免过于依赖那些线索——与其他理想的困难一样，这种做法会削弱你当下的表现，但会促进长期记忆。

· 通过教来学。学习后，不要看你的笔记，而是想象一下你要将所学的所有内容解释给另一个人。有充分的证据表明，当我们必须教别人自己刚学到的东西时，学习效果最好，因为解释的行为迫使我们更深入地处理材料。

· 定期测试自己。所谓"恢复性练习"，是目前为止促进记忆力的最有力的方法。不过你要确保自己不会放弃，过快地查看答案。如果没能马上想到答案，你会很渴望查阅答案，但你需要给自己点时间，真正努力地去回忆，否则你便无法让记忆力得到足够的训练，无法提升长期记忆。

· 混合起来。测试自己的时候，你应该确保自己混合了不同主题的问题，而不是只关注某一个主题。改变主题将强迫你的记忆更努力地工作，来回忆起明显不相关的事实，这也能帮你看到所学内容的潜在模式。

·走出舒适区，试着完成对你目前的专业水平来说还太难的任务。尝试为一个问题找到多个解答方法，而不是单一答案。即便你的解答方法没有一个是完美的，这些富有成效的失败也会增强概念理解。

·犯错时，试着解释困惑的根源。误解从何而来，错误来自何处？这不仅能防止你再犯相同的错误；还能整体上加强你对某个问题的记忆。

·当心预见偏差。正如比约克夫妇所发现的，我们不善于在目前表现的基础上判断自身的学习水平。某些研究表明，我们对某一事实的记忆越是自信，之后就可能记得越少。这再一次地归咎于顺畅性。我们对起初容易记住的内容会更自信，但我们通常没有非常深入地加工这些顺畅的事实。所以，除了那些你觉得没那么熟悉的材料，请确保定期测试自己那些你认为已经非常了解的材料。

除了有助于事实性学习，理想的困难还能帮你掌握动作技能，例如弹奏某种乐器。目前的教条观点认为，音乐练习应当是纪律性强的且高度重复的事情，你要花很长时间反复练习某几个小节，直到近乎完美地弹奏它们。

相反，比约克夫妇的研究指出，如果交替练习不同的音乐片段，每段都花一点时间，你能做得更好。这将使你每次重新练习某一片段时，都更新自己的记忆。[23]

你还可以试试在所演奏的音乐中加入一些变化。作为有关"有条件地学习"的研究的一部分，埃伦·兰格让一组学钢琴的学生"每隔几分钟就改变一下风格，不必受限于某一特定模式。当你练习时，注意其中可能出现的微妙变化，或你当时的任何一种感觉、感受或想法"。独立评委们认为，这些学生在随后的测试中比按照传统习惯练习的、重在死记硬背的学生弹奏得更娴熟。

兰格后来在一个大型交响乐团中重复了该实验。在那里，无尽重复的练习经常让人筋疲力尽。当被要求寻找演奏中的微妙差别时，乐手们的乐趣增加了，他们的演奏也同样被一组独立音乐家评价为更令人愉悦。[24]

管弦乐队的氛围看起来和学校班级的大不一样，但在学习中有意识地拥抱微妙之处和复杂之处适用于任何情境。

∽

在加州大学洛杉矶分校见完比约克夫妇后，我拜访了加州长滩附近的一所学校，该机构可能是截至目前唯一一个尝试综合应用所有循证智慧原则的学校。

这所学校名叫智识美德学院（the Intellectual Virtues Academy），由杰森·贝尔（Jason Baehr）一手创立，他是洛杉矶洛约拉马利蒙特大学的一位哲学教授。贝尔的工作关注"美德认识论"，研究诸如智力上的谦逊、好奇心和能进行良好推理的开放思维等性格特征的哲学重要性。他最近还和一些研究智力上的谦逊的心理学家合作。

智识美德学院成立之时，贝尔的兴趣纯粹是理论上的，但他的朋友，哲学家史蒂夫·波特在听完广播节目中奥巴马为女儿择校的故事后给他打了一通电话，改变了他的想法。故事内容恰巧涉及所谓"特许"学校的有效性——"特许"学校是国家资助的，遵循自己的一套教育理念和课程管理。

两位哲学家都有年幼的孩子，所以为什么不尝试建立自己的特许学校呢，波特建议道。他们开始定期在咖啡馆碰面，讨论如何用一套教育模式来有意培养类似好奇心这样的智识美德——"不是作为附加的额外项目，而是一切都围绕着如何帮助我们的学生在这样的品质中成长。"贝尔告诉我。

从我跨入那栋建筑的那一刻起，这一愿景就很清晰了。写在每个班级墙壁上的是该校认为对良好的思考和学习至关重要的九条"主要美德"，还配有口号。它们被分为三类：

准备开始

·**好奇心**：一种怀疑、思考和问为什么的倾向。一种对理解的渴求和对探索的渴望。

·**智力上的谦逊**：乐于承认智力上的局限和错误，不关心智力上的地位和名望。

·**智力上的自主**：一种积极的、自我导向的思考能力。能够为自己思考和推理。

良好执行

·**专注**：愿意在学习过程中"身体力行"。避免分心。努力保持专注和投入。

·**智力上的慎重**：一种注意并避免智力上的陷阱和错误的倾向。力求精准。

·**智力上的彻底性**：一种寻求并给出解释的倾向。不仅仅满足于表面现象或简单答案。探索深层的意义和理解。

应对挑战

·**心态开放**：跳出思维定式的能力。公平诚恳地倾听相左的意见。

·**智力上的勇气**：准备好在恐惧面前坚持思考或交流，包括害怕难堪或恐惧失败。

·**智力上的韧性**：愿意接受智力上的挑战和斗争。"着眼于目标"且决不放弃。

如你所见，其中一些美德，包括智力上的谦逊、心态开放、好奇心，恰恰是伊戈尔·格罗斯曼在其最初有关日常事件的明智推理的研究中所涉及的良好思考所包括的元素，而另一些，例如"智力上的慎重"和"智力上的彻底性"，与我们在第六章中探索过的培养怀疑精神联系得更为紧密；与此同时，"智力上的勇气""智力上的韧性"和"智力上的自主"，强化了施蒂格勒和比约克夫妇广泛研究过的努力和困惑的观点。

无论你对智识美德学院的教育模式是否感兴趣，这确实是一个不错的清单，包含了预防个体跌入智力陷阱的必备的智力品质。

通过每星期一次由老师或家长带领的"咨询"课程，孩子们被明确地教授了这些概念。例如，在我的访问过程中，咨询课程探索了"有效聆听"，其间，孩子们被鼓励去思考他们与其他人谈话的方式。他们被要求考虑在交流过程中某些美德的好处，例如智力上的谦逊或好奇心，重要的是，这些美德也许并不适用的情景。在课程的最后，全班听了"美国人生"播客的一个片段，是关于一个年轻姑娘的真实故事，她叫罗西，正在努力和自己的工作狂爸爸沟通，她的爸爸是位物理学家。这是一个有关换位思考能引起共鸣的练习。做这一切的意义在于让孩子们对自己的想法做更多分析和反思。

在明确的课程之外，这些美德也融入了传统学业教育的教学中。举例来说，在咨询课程之后，我参与了七年级（都是十二三岁的学生）的一堂课，老师叫卡里·诺布尔。学生们在学习计算多边形内角和的方法，老师没有直接说出算法，孩子们要自己努力通过逻辑推导出公式。这个策略让我想起了施蒂格勒对日本班级的很多描述。后来，我参与了一堂英语课，孩子们在讨论音乐鉴赏，课上播放了指挥家本杰明·赞德的一场 TED 演讲，在演讲中他讨论了自己学钢琴时的困难，再次强调了智力上的挣扎对进步而言必不可少。

老师们也会全天亲身"示范"这些美德，如果不能立刻得出答案，他们就一定会承认自己的无知——即智力上的谦逊；如果他们突然对某件事情产生兴趣，他们也会表达出自己的好奇。正如德韦克、恩格尔和兰格都说过的，此类微妙信号确能促进一个孩子自身的思考。

我只在这所学校待了一天，但与那里的教职工交流后发现，它所采用的策略忠实地建立在强大的心理学研究基础上，以确保每门学科都融入了更为复杂的推理，而这丝毫无损于他们学术上的严谨。正如校长贾奇·布莱恩特（Jacquie Bryant）告诉我的："如果不面对带有挑战性的、复杂的课程，学生们就无法训练智力上的美德。如果不写下来并反馈，我们也无法衡量他们理解的深度。这二者是相匹配的。"

根据我的观察，孩子们的元认知，即他们认识到潜在思考错误的能力和改正错误的能力，明显表现得比同等年龄的青少年出色。

孩子们的父母当然看起来对此印象深刻。"这非常棒。我们中的大多数人直到成人阶段才学到这些——如果我们学过的话。"娜塔莎·亨特，其中一位家长咨询师在咨询课上对我说。亨特也在一所当地大学教书，看到孩子们如此年幼就能做复杂推理，她感到很惊喜。"我认为批判性思维肯定发生在这个层面。因为当他们完成公共学校教育后来找我，他们的思维水平还达不到我的要求。"

学生们的学业成绩说明了一切。在第一年，智识美德学院排在长滩联合学区前三名。在 2016 年至 2017 年的全国学业成绩测试中，该校超过 70% 的学生达到了预期的英语水平，而加利福尼亚州的平均水平是 50%。[25]

我们要当心对这一成功的过度解读。智识美德学院是唯一一所拥有如此积极性高涨的员工的学校，他们都致力维持学校的愿景，与我交谈过的许多心理学家都指出，鼓励有效、广泛的教育改革或许是难度的。

即便如此，智识美德学院也让我尝到了西方教育可以开始培养其他思维方式的滋味，这些思维方式对成年阶段的有效推理是如此重要，它能培养新一代更睿智的思考者。

群体的愚蠢和智慧

团队与组织如何避开智力陷阱

9

"梦之队"的素质：
如何打造超级团队

大多数权威人士认为，冰岛队根本不应该出现在 2016 年欧洲男子足球锦标赛上。就在 4 年前，他们在世界上排名第 131 位。[1] 他们哪敢想能成为 24 支队伍中的一员去踢欧洲杯呢？

第一个惊喜出现在 2014 年到 2015 年的资格赛中，当时他们打败了荷兰，成为史上进入欧洲杯的领土面积最小的国家。然后是第一轮中他们在圣埃蒂安体育场意外与葡萄牙队踢平。他们出乎意料的成功足以让葡萄牙超级球星克里斯蒂亚诺·罗纳尔多震惊，他不满于对方的战术。"这是他们的幸运之夜，"赛后他对新闻记者说，"当他们不去进攻，而只是防守、防守、再防守，在我看来这表明了他们的小心思，他们不打算在比赛中做任何事情。"

冰岛队没有被吓倒。他们在下一场踢平了匈牙利，并以二比一击败了奥地利。评论家们相信，这个小国家的好运很快就要用完了。但他们仍旧好运——这回是和英格兰，该队几乎全部由世界前二十的足球俱乐部的球员构成。英国电视评论员们真的被最后的那个进球搞得无话可说 [2]；《卫报》将这场比赛描述为"英格兰历史上最耻辱的失败" [3]。

冰岛队的梦想终结在四分之一决赛场上，他们输给了主场球队，但全世界的足球权威人士都仍对他们取得的成绩大惊失色。正如《时代》杂志体育专栏作者金·沃尔（Kim Wall）所言："冰岛队克服了重重困难才在欧洲杯上有这样的表现。这是一个终年被冰川覆盖的火山岛，有世界上最短的足球季：就连国家体育馆专门挑选的草皮——特意选择的能抵抗北极风雪的品种——偶尔也会被冻死。"[4] 冰岛的全国人口为 33 万，他们的潜在选手人群比伦敦许多行政区的人都要少；该队的一位教练还兼职做牙医。[5] 在很多人眼里，他们才是这一届欧洲杯真正的英雄，而不是最终赢家葡萄牙队。

在写本书时（2018 年），冰岛的世界排名仍保持在 20 名左右，并成为有史以来有资格参加世界杯的最小国家；与罗纳尔多的批评意见相反，他们的成功并不仅仅出于侥幸。这个小国是如何战胜比自己面积大 20 多倍的国家的？冰岛队是由某些最伟大的超级球星组成的吗？他们出人意料的成功有没有可能是因为——而非相反——这支队伍的超级球星如此之少呢？

∽

体育史上充满了令人惊讶的命运转变。或许其中最有名的颠覆是"冰上奇迹"——在 1980 年冬季奥运会上，美国大学生组成的冰球队击败了成绩骄人的苏联冰球队。更近的例子是 2004 年奥运会上，阿根廷队意外得到了篮球比赛的金牌，他们当时重创了美国队——这支最受欢迎的球队。在每个例子中，劣势队的著名选手都较少，然而这些人联合起来发挥出的天赋比个体之和要大。但是，就挑战的大胆程度，以及在团队合作中超常发挥的程度而言，冰岛队的成功或许最具启发性。

运动天赋与我们截至目前所研究的那些种类的才智很不一样，但出乎预料的成功带来的启发也许不仅局限在足球场上。许多组织雇用高智商、有资质的员工，以为这些人会自动将脑力联合起来创造出奇迹。然而，令人费解的是，这样的团队经常无法利用成员的天分，反而创造力低下，没有效率，有时还会做出过于冒险的决定。

在此前的八章中，我们已经看到了更好的智力和专业知识有时会对个人适得其反，而同样的问题也会困扰团队，优秀个体身上被看重的那些特质可能伤害作为整体的团队。对团队而言，真的会"太过聪明"。

这不是一个头脑的智力陷阱，而是许多头脑的智力陷阱，同样的驱动力——使冰岛队得以击败英格兰队——也能帮我们理解在任何组织中的职场政治。

∽

在仔细研究将英格兰足球队与公司会议室联系起来的驱动力之前，让我们先来考虑一下某些有关团队思考的一般直觉。[6]

有一个流行的观点是"群众的智慧"——该观点认为，许多大脑合作发力能在决策过程中纠正彼此的错误；我们能让彼此变得更好。*该观点的一些有利证据来自对科学家期刊文章的分析，该分析发现，与单一作者的文章相比，多名作者合写的文章更容易被采纳和引用。与孤独天才的概念相反，交流和交换意见将带来团队成员最好的一面；综合起来

---

* 有关群众的智慧的论据也可以追溯到查尔斯·达尔文的堂兄弟弗朗西斯·高尔顿（Francis Galton）于 1907 年发表在《自然》（*Nature*）杂志上的一篇文章。他让乡村集市上的过路人估计一头牛的重量。估计的中间值为 1198 磅——只与正确值相差 9 磅（或 0.8%）。而超过 50% 的估值都在正确值上下 4% 以内。基于此发现，一些评论者认为达到群体一致意见通常是提升判断准确度的最佳途径——尽可能多地雇用有天赋的个体，你就可能会得到更大的成功。

的脑力能让他们看到此前看不到的联系。[7] 当然也有很多臭名昭著的群体思维垮台的例子，有时代价极高。反对声乐于指出"趋同思维"的现象，该概念首先由耶鲁大学心理学家欧文·詹尼斯（Irving Janis）做了详细描述。受到 1961 年猪湾事件的启发，他研究了肯尼迪政府决定入侵古巴的原因。他总结道，肯尼迪的顾问们太渴望达成共识，过于担心质疑彼此的判断，反而强化了已有的偏见，恶化了彼此的动机性推理。一旦人云亦云的欲望蒙蔽了判断力，个体的智慧就不太重要了。

对群体推理持怀疑态度的人可能也多次指出，群体可能会因为根本无法完全达成任何一致而陷入僵局，或者他们在考虑了所有观点之后会把问题过于复杂化。这种僵局确实与想法更为单一的趋同思维相反，尽管如此，它还是会极为有损于团队的生产力。你会想要避免"委员会式的设计"。

最新的研究帮助我们调和了所有这些看法，提供了一些聪明的新方法，用于决定一群聪明的人是否能发挥综合能力，或者他们会不会沦为趋同思维的受害者。

∽

安妮塔·威廉斯·伍利（Anita Williams Woolley）一直处于这些新发现的前沿地带，她发明了"群体智慧"测试，有望彻底改变我们对群体动力学的理解。我在匹兹堡的卡内基梅隆大学，她的实验室中见到了她，她当时正在那里主持最新一轮的实验。

要设计这样一个测试很难。其中一大挑战便是测试要能捕捉一个群体必须进行的所有思考方式：例如头脑风暴，一种"发散的"思维方式，与你得出结论前可能必须做的更为限制性的、批判性的思维方式非常不同。她的团队最终选定了一大堆任务——总共持续5小时——要一起测试四种不同的思考类型：收集新观点、根据合理意见选择解决方案、沟通以达成妥协，以及最后执行任务的一般能力（诸如协调各种活动）。

与个人智力测试不同，许多任务本质上是实用的。举例来说，在一项沟通技能的测试中，那些小组必须想象他们是搭一辆车进城的室友，每人都有一份购物清单——他们必须计划好行程，用最少的行驶时间买到最便宜的东西。另一方面，在关于道德推理的测试中，参与者扮演陪审团的角色，描述他们如何裁决向自己教练行贿的篮球运动员。为了测试他们的整体执行能力，团队成员都坐在各自的电脑前，被要求往一份在线共享文件中输入单词——这是一项看似简单的挑战，考验的是他们如何良好协调各自行为，以避免输入重复的单词或改写其他人的成果。[8] 参与者还会被要求做一些口头的或抽象的推理任务，这些可能也包含在传统职场测试之中——但他们是作为小组来回答问题的，而不是作为个人。

第一个令人兴奋的发现是，每个小组在某项子任务中的得分与其在其他子任务中的得分相关联。换句话说，存在一种潜在因素（很像"头脑能量"在我们的一般智力中所反映出的那样），意味着某些团队总是表现得比其他团队更好。

至关重要的是，与我们已经看到的许多有关个体创造力、决策能力和学习能力的工作相一致，一个团队的成功只适度地反映出成员的平均智商（这仅可以解释群体智慧上的2.25%的差异）。也并没有与团队中智商最高的人有很强的关联（在群体智慧上只体现出3.6%的差异）。团队并非简单依靠最聪明的成员完成所有思考。

自2010年在《自然》杂志上发表第一篇文章开始，伍利的团队已在许多不同情境下证实了他们的测试，表明它可以预测许多现实世界里的项目能否成功。有些案例离我们的生活很近。比如，他们研究了在大学里完成了为期两个月的小组项目的学生们。果然，群体智慧的得分可以预测团队在各种任务中的表现。有意思的是，群体智慧更高的团队在这个项目中持续发挥优势：不仅最初表现更优，在随后的 8 个星期中，他们也进步最大。

伍利还将她的测试用到了军队、一家银行、一些程序员团队和一家大型金融服务公司上，颇具讽刺意味的是，这家公司得到的分数是她遇到过的最低的群体智慧成绩之一。令人失望的是，她没有被反问；这也许是他们糟糕的趋同思维的一种表现。

然而，该测试并不仅仅是一种诊断工具。它也令伍利得以调查某些团队群体智慧更高或更低的潜在原因，以及这些或许能得以改善的方式。

其中贯穿始终、最强有力的预测因素是团队成员的社会敏感性。为考察这一品质，伍利运用了一种经典的情感感知衡量方式，那就是参与者会被展示某个演员的一些眼部照片，然后被问及这个人正有着怎样的情绪——高兴、难过、愤怒，还是害怕，参与者的平均得分有力地预测了他们会在团队任务中的表现。引人注目的是，同样的驱动力能决定团队通过网络远程协作的命运。[9] 即便不是面对面，更好的社会敏感性也能让他们更好地理解直接的信息，并更好地协调各自的行动。

在"通过眼睛读情绪"的测试外，伍利还探求能提振或摧毁一个团队的思考能力的特定互动。举例来说，当一个团队缺乏层级时，公司可能会看中那些愿意承担责任的人——这种人或许觉得自己是"天生的领导者"。然而，当伍利的团队衡量每个成员说话的频率时，他们发现更好的团队倾向于让每个成员公平参与；相反，最差的团队倾向于由一两个人主宰。

那些更霸道的人不一定非得过分大声或粗鲁，但如果他们给人的印象是他们已经知道了一切，那么其他团队成员会感到自己毫无贡献，这将剥夺团队的可贵信息和其他观点。[10] 无节制的热情可能是一种缺点。

伍利发现，最具破坏性的驱动力是当团队成员开始互相对抗。这就是那家金融服务公司及其更广泛的企业文化存在的问题。每一年，公司只会根据业绩评估提拔固定数量的人——这意味着每个雇员都感觉受到其他人的威胁，结果团队工作遭了殃。自从伍利开始发表最初的研究成果，她有关职场性别的洞见吸引了人们特别的兴趣。

近年来，许多评论者已经注意到了一些职场男性令人讨厌的"男性说教"的习惯，他们会打断或占用女性的观点。通过制止交流，阻止女性分享看法，这些行为将破坏团队的表现。

不出所料，伍利发现——至少在她所做的美国境内的实验中——女性比例更高的团队更富有群体智慧（与那些男性比例更高的团队相比），这与前者总体上具有更高社会敏感度相关。[11] 当伍利测试在线团队玩《英雄联盟》电脑游戏的群体智慧时，结果也是一样的，在游戏过程中，玩家的性别会被游戏角色模糊掉，说明实验结果并不仅仅是因为男性知道女性在场时会有不同表现。[12]

我们尚不清楚引发此类性别差异表现的确切原因。这或许基于生物学——比如说，我们知道睾丸素会影响行为，睾丸素水平越高，人就越冲动和有支配欲——不过社会敏感度的某些差异也能从文化方面有所了解。

伍利告诉我，这些发现已经改变了人们的观念。"一些组织已经采纳了我们的发现，开始雇用更多女性。"

无论你是否会基于这些发现刻意改变性别平衡，雇用具有更高社会敏感度的两性员工，显然是一种激发组织群体智慧的方式。

我们为社会智力起的那个名字——软技能——与其他形式的智力相

比，通常暗示其为较弱的、次一等的概念，而我们用于探索人际动力学的测试——例如迈尔斯 - 布里格斯人格类型测试，并不能很好地预测实际行为。[13] 如果你想雇用一个聪明的团队，伍利的研究强烈建议你，这些社会技能应该被优先考虑，就像我们用标准化测试衡量认知能力一样，我们应该开始用科学的方式评估这些品质。

∽

通过证明群体智慧与智商的关联微弱，伍利的测试开始解释为什么有些由聪明人组成的群体会失败。然而考虑到关于个人智力陷阱的研究，我还对表现优秀的团队是否比水平一般的团队具有更高的失败风险这个问题感兴趣。

直觉上来说，我们也许会怀疑特别聪明或能干的人会难相处，因为他们的地位会造成过度自信或心态封闭，而这也许将损害他们的总体表现。不过，这些直觉合理吗？

康奈尔大学的安格斯·希尔德雷思（Angus Hildreth）可以为我们提供一些答案。他的研究灵感源于他在一家全球资讯公司的经历，他在那里经常旁观某些顶尖高管的会议。"他们的确很有效率，之所以身居高位是因为他们擅长自己从事的领域，但当他们聚到一起形成群体时，我就会惊讶地看到，他们所面临的机能紊乱和困难。"他经常回伦敦老家，有一回他在伦敦告诉我，"我曾盼望出现这样不切实际的理想的领导阶层：你将所有最好的人拉到一间屋子里，然后显然会有好事发生。但这种情境下很难做决定。我们经常落后。"

在回到加州大学伯克利分校读组织行为学博士期间，他决心进一步探究这一现象。

在一项发表于 2016 年的实验成果中，他召集了一家跨国医疗公司的部分高管，将其分组，并要求他们设想正在从一系列虚拟候选者中招募一位新的首席财务官。然而，这些小组中的权力分配并不平均：有些是由雄心勃勃的高管组成，他们管很多人，其他一些则主要由他们的下属组成。为保证自己并不只是看到高管之间已经存在的竞争的影响，他还确保了小组中的高管们此前并未合作过。"否则可能存在旧账，有人打败了另一个人，谋到了某个位置。"

尽管有资历、有经验，但雄心勃勃的高管组成的小组经常难以达成一致；64% 的由权力更大高管组成的团队陷入僵局，由权力更小的人组成的团队则只有 15% 陷入僵局；两组的效率存在 4 倍的差异。[14]

问题之一是"地位冲突"——权力大的成员更少关注任务本身，而更注重在团队中维护自身权威，以及决定谁是老大。雄心勃勃的团队不太分享信息以及整合他人观点，这会令达成成功的妥协变得更难。

你可能会争论一个人首先要有自信，才能居于人上；或许这些人总会有些自私自利。但在一项进一步的实验中，学生作为参与者，证明了把人送上这种自我膨胀之旅，丝毫不费吹灰之力。

学生们的第一个任务很简单：他们两人一组，被要求用积木搭一座塔。在每个两人小组中，一个人会被认定为领导者，另一个人则被认定为跟从者，并假称这是以他们的某项调查问卷的回答情况为基础分配的。他们在这项任务中成功与否并不重要；希尔德雷思的目的是让某些参与者尝到权力的滋味。在随后的练习中，他重新给学生们分组，每组 3 人，或全是领导者，或全是跟从者，然后让他们接受一些关于创造力的测试，例如，创建一个新组织并给出其商业计划。

醉心于此前被赋予的小小权力，之前的那些领导者表现得更不配合，更难做到信息分享以获得一致的解决方法，拖累了小组的整体表现。他们展现的正是那种互相拆台的行为，换言之，这正是伍利发现的对团队群体智慧极具破坏性的行为。

希尔德雷思说，他在观察这些小组工作时，发现权力斗争显而易见。"他们之间的互动非常冷淡，"他告诉我，"故而小组里通常至少有一个学生退出了，因为那种互动非常令人不舒服——或者他们根本不想加入讨论，因为自己的意见没人听。他们会觉得我是做决定的那个人，我的决定是最好的决定。"

尽管希尔德雷思的研究只针对一家医疗公司，但不同领域的研究表明这种驱动力是普遍存在的。举例来说，一项有关荷兰电信和金融机构的研究考察了公司各层级团队的行为，发现在公司里地位越高的层级，员工所反映的冲突程度就越高。

至关重要的是，这似乎有赖于员工对自己在等级中排位的理解。当整个团队中的人都赞同自己的相对排位时，他们就更有成效，因为这避免了不断地争权夺利。[15] 最糟糕的一组则是由那些不清楚自己在层级中排位的地位高的人组成的。

这类权力游戏中最突出的例子——也是太多天才会适得其反的最清晰的证据——来自对华尔街各家银行的"明星"股票分析师的研究。每年，《机构投资人》杂志都会为各领域的顶尖分析师排位，这将令他们在同事中拥有类似摇滚明星般的地位，能够转化为数百万美金的收入增长；这些人也经常被选为时事评论员。不用说，这些人通常聚集在同一家著名公司，但这并不总能给公司带来预期的回报。

在研究了该行业 5 年的数据后，哈佛商学院的鲍里斯·格鲁斯伯格（Boris Groysberg）发现，拥有更多明星选手的团队的确表现更佳，但仅仅在达到某个比例点之前，过了这个点，更多的明星天才所带来的好处就会变小。由于超过 45% 的成员都是《机构投资人》选出的明星，研究部门实际上变得不那么有效率了。

当明星们的专业领域碰巧重合，令他们更为直接地相互竞争时，团队尤其会显得脆弱；当他们来自不同领域，这种情况就不那么明显，因为并不是直接地相互竞争。此外，公司可以在膨胀的自我毁掉团队表现前多雇用一些明星——达到员工总数的七成左右。[16]

$\backsim$

希尔德雷思的理论建立在团队中权力者的相互作用的基础上。不过除了会扰乱交流和合作，地位冲突也会妨碍大脑处理信息的能力。至少在会议期间，个体会因为相互之间的互动变得更愚蠢一点。

这项研究在弗吉尼亚理工大学进行，该实验召集了几个小组，并给每组一些抽象问题，同时在他们面前的电脑上播报他们的进展——相对于其他团队成员的进展。这种反馈令一些参与者陷入瘫痪状态，相对于此前的测试表现，这降低了他们的分数。尽管开始时大家的智商基本相同，但最终参与者被分成了两个层级，某些人表现得对竞争太过敏感。[17]

测试阶段进行的核磁共振扫描也证实了大脑能力的减弱：这似乎与大脑杏仁核——杏仁状的束状神经元，在大脑深处，与情绪处理有关——活动增加有关；并且前额后方的前额叶皮质——与解决问题有关的区域——活动减少了。

研究团队得出的结论是，我们无法将认知能力与社会环境分离开：我们运用大脑的能力始终受我们对周围人的认知的影响。[18] 鉴于这些发现，我们很容易看出一位才华横溢——但傲慢自大——的团队成员将如何伤害他或她更为敏感的同事们的群体和个人智慧，这是双重灾难，将全面降低团队生产力。

其中一位研究人员，里德·蒙塔古（Read Montague）指出："你兴许曾开玩笑说委员会式会议让你觉得你已经脑死亡了，但我们的研究发现表明，它们也许真的让你表现得像是脑死亡了。"

∽

运动场或许看起来与会议室相距甚远，但我们在许多体育活动中确实看到了相同的驱动力机制。

想想 21 世纪初迈阿密热火队的命运。在签下"三巨头"勒布朗·詹姆斯、克里斯·波什和德韦恩·韦德后，这支队伍天才云集。但 2010/2011 赛季结束时，他们在 30 支球队中排名第 29 位。直到波什和韦德因伤退赛后，他们才终于在接下来的一年中夺得 NBA 冠军。正如体育作家比尔·西蒙斯（Bill Simmons）所说的："更少的天才创造了更好的成绩。"[19]

为探索这是不是一种普遍现象，社会心理学家亚当·加林斯基（Adam Galinsky）考察了 2010 年南非世界杯和 2014 年巴西世界杯中足球队的表现。为了决定谁是某国的"顶尖天才"，他们计算了目前有多少球员在德勤足球财富排行榜收入最高的 30 家球队（包括皇家马德里、巴塞罗那俱乐部和曼彻斯特联队）中效力。然后他们将这一数值与这个国家在资格赛中的排名相比较。

正如格鲁斯伯格在对华尔街分析师的研究中观察到的，加林斯基的团队发现了一种"曲线"关系；拥有一些明星的球队将获益，但这种平衡看起来在明星球员占比达到六成左右时开始倾斜，之后队伍的表现会受影响。

荷兰足球队提供了完美的案例。在 2012 年欧洲锦标赛中以失望告终后，教练刘易斯·范加尔调整了队伍——将"顶尖天才"的比例从 73% 降低到 43%。这是非凡之举，但他似乎做出了正确的判断：正如加林斯基及合著者在他们的论文中指出的，荷兰队在 2014 年世界杯资格赛中一场比赛都没有输。

足球队中天才过多效应

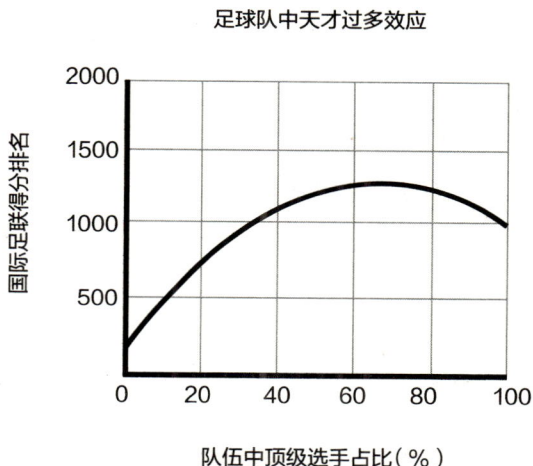

为了在新的情境下检验"天才过多"效应，加林斯基之后将同样的想法运用到篮球排名中，关注了从 2002 年到 2012 年间的十个 NBA 赛季。为确定明星球员，他们用了"预估加成"的衡量方式——用比赛的统计数据计算某一队员是否经常是比赛结果的决定性因素。加林斯基的团队决定，"顶尖天才"应位于这一排位中的前三分之一——一个公认的分割点，这种划分是武断的，但被许多组织用来定夺超常表现。重要的是，他们这一排名内的许多球员正是那些入选 NBA 全明星赛的球员，表明这是衡量顶尖天才的有效方法。

再一次，研究者们计算了明星球员在每个俱乐部中的占比，然后将占比与球队每个赛季的总成绩加以比较。其模式几乎和从世界杯中得出的结果一样。

篮球队中天才过多效应

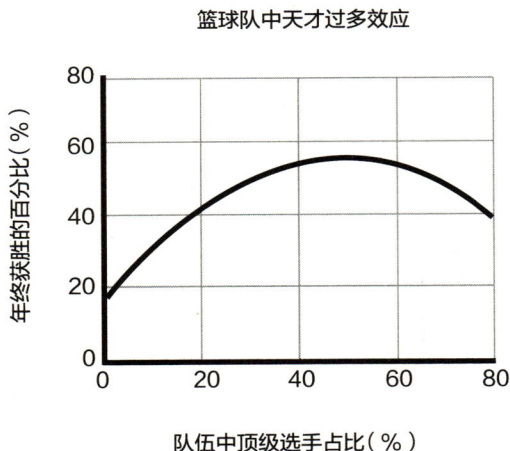

在最后一项实验中，团队检验了来自美国职业棒球大联盟的数据，这是一项不需要选手有那么多协作的运动。这一次，他们没有发现天才过多效应的证据，这说明，只有当我们需要合作并将彼此的最好一面激发出来时，地位才是有害的。[20] 对棒球这类运动，相互依存的程度不如篮球或足球高，买下你所能负担的所有顶尖天才是值得的。

如果我们回头看看 2016 年欧洲足球锦标赛，冰岛队意外击败英格兰队显然受到很多不同因素的影响。这个国家已经花了很多年来研究改进训练的方案，他们拥有优秀的瑞典教练拉尔斯·拉格贝克及其助手海米尔·哈尔格里姆松。每个球员的素质无疑都前所未有地好。然而尽管许多人为国际足球俱乐部效力，但只有一个人（吉尔维·西于尔兹松）当时与德勤足球财富排行榜最好的 30 个俱乐部有合约。他们还没有达到那种可能具有破坏性的国际地位。

与此相反，英格兰队从这些最富有的球队中挖来了 21 个人，而球队总共有 23 个人，也就是说，顶尖天才在球队中的占比超过 90%，远远超过了最合适的临界点。事实上，根据我自己的计算，没有一支成功进入四分之一决赛的队伍拥有如此多的明星球员（最接近的是德国队，占比为74%）。英格兰队在尼斯的安联里维埃拉体育场输给冰岛队，几乎完美地符合加林斯基的模型。

尽管他们或许没有注意到加林斯基所做的科学工作，但足球权威们指出了欧洲锦标赛中球队糟糕的运行机制。"英格兰队虽然拥有很多天才球星，但缺乏团结一致。"冰岛队获胜后，体育作家伊恩·赫伯特（Ian Herbert）在《独立报》上写道，"这个国家难以与许多球员产生感情或联系的原因是自我。太有名、太重要、太有钱、太强，以至于他们或许无法发现在对抗欧洲最小的足球国家之一时，应该采用什么节奏、打法和新维度。这就是英格兰队。"[21] 顺便一说，最终获胜者葡萄牙队只有4名选手来自德勤足球财富排行榜中的精英俱乐部。这支球队或许有克里斯蒂亚诺·罗纳尔多——几乎可以说是比赛中最耀眼的明星——但它没有超过加林斯基的临界值。

1980年在纽约普莱西德湖举办的冬奥会上出现的"冰上奇迹"，也恰好符合同样的模式。苏联队所向披靡，在过去四届比赛中都赢得了金牌。29场比赛，他们赢了27场。其中8位球员至少参加过这几届奥运会中的部分比赛，也在自己国家的著名球队效力。相反，美国队由一群大学生组成，平均年龄21岁——这使得他们成了最年轻的参赛队——也没什么国际竞技经验。

教练赫布·布鲁克斯觉得这毫无疑问将是一场"大卫对抗歌利亚"的比赛。大卫赢了；美国队以四比三击败苏联队，与芬兰队一同进入第二轮比赛。他们轻而易举地拿下了金牌。

你并不需要成为国际巨星，这种驱动力也能用在你和你的同事们身上；正如希尔德雷思在他的大学实验中发现的，优异的表现部分依赖于你认为自己相对于周围人有多聪明的认知。

是安妮塔·威廉姆斯·伍利第一次让我注意到加林斯基的研究，她甚至在儿子参加的业余足球队里也看到了这种现象。"他们有一支很棒的队伍，去年拿了州冠军，"她告诉我，"随后他们吸引了其他俱乐部的那些水平很棒的选手，这毁了他们的运行机制。他们今年已经输掉五场比赛了。"

∽

在对群体智慧和天才过多效应有了新的理解之后，我们如今非常接近发现提高任何团队表现的简单策略。然而，在这之前，我们还需要更细致地探讨领导者的角色，而最好的研究案例来自珠穆朗玛峰山坡上的一场悲剧。

1996 年 5 月 9 日，两支探险队准备从尼泊尔南坳地处海拔 26000 英尺的四号营地出发。罗伯·霍尔，35 岁，新西兰人，率领来自"冒险顾问"登山公司的队伍。他们加入了"疯狂山脉"团队，由 40 岁的密歇根人斯科特·费希尔带领。每支队伍都包含一位领导者，2 名额外向导，8 名队员和许多夏尔巴人。

他们的专业性毋庸置疑。霍尔此前已经登顶四次，成功带领了 39 位队员；他以对团队一丝不苟著称。费希尔此前只成功登顶过一次，但他在世界上许多最具挑战性的山峰赢得了荣誉。他对自己的理念很自信。"我们已经解决了珠穆朗玛峰……我们已经建成了一条通往山顶的黄砖路。"其中一名幸存者乔恩·克拉考尔回忆起费希尔曾这样说。

尽管他们来自不同的公司，但霍尔和费希尔决定在最后的冲刺中合作——不过他们很快就被延误和困难所困扰。团队里的一个夏尔巴人没能安装好一条"固定线路"来引导他们往上爬，耽误了一小时。在等待线路安装的过程中，登山者的障碍开始累积。下午早些时候，事情变得明朗，他们或许无法登顶并在天黑之前返回。一些人决定掉头，但大多数人——包括霍尔和费希尔——继续向前。

这后来被证实是一个致命的决定。下午 3 点，天空开始下雪；下午 5 点半，暴风雪来了。霍尔、费希尔和 3 位成员死在了下坡的过程中。

当条件变得糟糕，为什么他们还决定继续向峰顶攀登？费希尔本人之前说过"两点钟原则"——如果下午 2 点没有登顶，就掉转方向，那么就可以保证在天黑之前回到营地。然而他们继续走向了死亡。

哈佛商学院的迈克尔·罗伯托（Michael Roberto）分析了对此次灾难的描述——包括乔恩·克拉考尔写的一本畅销书——他认为登山队的决策或许受到了现在人们所熟悉的认知偏见的影响，包括沉没成本谬误（每个登山者已经投入了 70 000 美金，还有可能白白浪费掉几个星期的努力），就霍尔和费希尔来说，还有过分自信。[22]

然而，对我们来说，更有意思的是团队的运行驱动力——尤其是霍尔和费希尔在周围建立的等级制度。我们已经了解了为什么等级可能富有成效的原因，因为它可以平息团队中的地位冲突和暗斗。

不过在这个案例中，等级适得其反。除了霍尔和费希尔，还有资历更浅的向导和本地的夏尔巴人，他们对珠峰很熟悉，这些人可以纠正他们俩的错误。然而这些人在表达自己的担忧时感觉并不舒服。克拉考尔描述了一种严格的"社会等级"，这意味着队员不敢质疑向导，向导不敢质疑领导者，即霍尔和费希尔。作为其中一位资历更浅的向导，尼尔·贝德曼后来指出："我肯定被排在向导中的第三……所以我尽量不要太冒进。结果是，或许在我应该发言的时候我什么都没说，现在我很后悔。"另一位向导，阿纳托利·波克里夫同样小心翼翼地表达了他的担忧，他担心登山队无法适应稀薄的空气。"我试图不要太好争辩，而是选择淡化自己的直觉。"

据克拉考尔的回忆，霍尔在大家出发前就明确了自己对等级制度的想法："我绝不容忍任何反对意见。我的话就是法律，不允许上诉。"

队里决定掉头回去的洛乌·卡西希克同意这个说法。"领导者和追随者之间需要直率。"他告诉美国公共广播公司。他说，在一次远征中，领导者需要来自他或她的团队的反馈意见，但霍尔不能接受这些意见。"罗伯没有培养那种希望我们说出这些意见的关系。"[23] 故而，等级制度既可以是富有成效的东西，也可能是危险的东西。

我们必须提防将结论建立在单一案例上，但亚当·加林斯基已经通过分析 5104 次喜马拉雅远征强化了这一结论。他无法询问所有登山者，作为替代，他考察了不同文化对待权威的差异。一些研究已经阐明，有些国家的人更容易相信一个人应该完全尊重某个人在群体中的地位，另一些国家的人则接受你挑战和质疑上级的做法。举例来说，根据一次普查，来自中国、伊朗和泰国的人，相较于荷兰、德国、意大利或挪威的人更倾向于尊重等级；美国、澳大利亚和英国则居中。[24]

将这些数据与珠穆朗玛峰纪录进行比较，加林斯基发现那些包含更多来自尊重等级的国家的人的团队确实更容易登顶——这证实了等级激发生产力并能令团队成员关系更协调的怀疑。然而至关重要的是，他们也更容易在这样的尝试中让队员送命。

为了检验他们没有在衡量的过程中意外涉及其他特质——例如个体决心——那些可能也和对等级的普遍的文化态度有关联的并影响他们的成功机会的特质，加林斯基的团队调查了 1000 余次个人远征的数据。现在，他们发现不同文化之间没有支配一切的不同。真正起作用的是团队内的互动。[25]

许多商业灾难背后兴许也存在同样的驱动力。比如说，安然公司的高管对上级有某种尊崇，不同意或怀疑则被视为不忠的强有力的信号。为了生存，他们说："你必须喝安然的水。"

这些发现中存在明显的悖论：如果团队成员清楚地知晓自己在等级顺序中的位置，整体的团队表现会有所提高；但这一情形只在团队成员觉得他们的意见重要，并且可以在问题出现，或糟糕的决策被提出时，向他们的领导直言不讳，才会发生。

⌇

从圣埃蒂安足球场到华尔街，再到珠穆朗玛峰的山坡，我们现在已经了解，某些共同的驱动力影响了团队互动并决定了一个团队的群体智慧。这一新研究似乎抓住了藏在任何一种团队合作背后的力量。

正如我们通过了解个体智力陷阱，获得了某些躲避陷阱的简单策略，这一研究也提供了某些经受住了检验的方法，可以避免团队推理出现最常见错误。

伍利和加林斯基的研究告诉我们，可以改变招募团队新成员的方式。考虑到天才过多效应，人们倾向于认为应该停止选择能力出众者——特别是如果团队中已经有五六成"明星"选手，这已经超过了那个神奇的临界值。

在这个阶段，最好不要太过纠结那个数字——具体比例几乎必然依赖于团队的个性和需要进行多大程度的合作——但科学研究至少建议我们必须更关注人际交往能力，因为这会提升团队的群体智慧，即便需要拒绝某些在更标准的能力测试中分数高得多的人。这其中也许包括判断一个人的情绪感知力和沟通力——一个人能否吸引人们倾听，或是否有打断别人和主导全局的倾向。如果你正在领导某个跨国团队，那么你也许还要选择那些具有高文化智力（我们在第一章中探讨过）的人，因为他们更容易驾驭不同的社会规范。[26]

鉴于我们已经了解了地位冲突带来的问题，我们也能改善团队中已有的人才间的互动。举例来说，希尔德雷思在他此前那家国际咨询公司任职时，发现了避免膨胀的自我发生冲突的策略。其中一个例子，他说，是在每个会议上强调每个人的专业技能，以及他们出现在团队中的原因，这将有助于确保他们有机会分享相关经验。"这通常会在冲突的混战中有所损失。"

希尔德雷思还建议在会议开始时，给每个人分配一定的时间来表达意见。讨论的主题不必与手头问题相关，但这个惯例将令每个人感到自己已经为团队的运行有所贡献，之后能缓和地位冲突和接下来的沟通。"你在讨论中得到了更多的平等，这样一来，每个人都会贡献力量。"希尔德雷思说。而当你最后触及手头的问题时，他建议你要设定坚定的策略，决定何时、如何做决策——例如，是通过一致表决还是多数表决——来避免当太多高智力、有经验的人对着干时可能出现的僵局。

最后也是最重要的一点，领导者应当体现出他或她想要在一个团队中看到的那些品质，并且应该尤为热衷于鼓励不同意见。

正是在这一点上，有关群体思维的研究与循证智慧的新科学最为接近，越来越多的组织心理学家看到，领导者智力上的谦逊不仅提高了他们的个人决策力，还为他们最亲近的同事带来了连锁好处。

新加坡国立大学的欧怡（Amy Yi Ou）运用员工调查问卷研究了105家科技公司的高管团队，研究表明，那些在这类谦逊的领导者手下工作的员工更愿意分享信息，更愿意在困难时期下合作并为共同愿景做出贡献。通过发挥群体智慧，这些企业能更好地克服挑战和不确定性，最终在次年获得更高的年度利润。[27]

不幸的是，欧说，CEO 们对谦逊美德的看法非常两极分化，他们中的许多人相信那会破坏团队对其领导能力的信心。她说甚至在中国都是如此，她本以为中国人会更尊重谦逊的心态。"即便在那里，当我和知名 CEO 们交流时，他们拒绝谦逊这个说法。"她告诉我，"他们认为如果我谦逊，就不能很好地管理团队。但我的研究表明，它确实有效。"

历史上有许多案例向我们证明了这类驱动力发挥的惊人作用。亚伯拉罕·林肯能够倾听内阁的不同意见——一支"由对手组成的团队"——这被认定是他赢得美国南北战争的原因之一，而这显然启发了巴拉克·奥巴马在担任总统期间所采用的领导策略。

而崔晟圭（Jungkiu Choi）在被调任到中国，担任渣打银行个人银行总裁时，为我们提供了一个高层的谦逊姿态的当代案例。在他接任之前，高管们曾希望在他们访问各分行时受到隆重接待，但崔晟圭首先采取的诸种举动之一就是确保每场会议都远非正式会议。他会在不通知分行的情况下现身，和雇员友好地"聚在一起"，询问他如何能改善业务。

他很快就发现这样的会议催生了公司的一些最有成效的主意。例如，他的一个小组建议银行改变营业时间，包括周末值班，来配合区域内其他商店的时间。几个月之内，他们就在这多出来的几小时里挣到了比一星期余下时间内更多的钱。每位员工都能为银行政策做贡献，因而整体服务都有了转变——2 年内，客户满意度提升了超过 50%。[28]

我们也能在谷歌 CEO 桑达尔·皮查伊（Sundar Pichai）那里看到这种哲学，他声称领导者的唯一作用就是"让其他人成功"。正如他在母校印度理工学院克勒格布尔分校做的一场演讲中解释的："（领导者）不怎么关乎努力让自己成功，而更多地事关你拥有优秀的人，你的工作是移除障碍，这样他们才能成功完成他们在做的事。"

就像很多其他的良好团队合作原则，领导者的谦逊能给体育领域带来好处。某项研究发现，在那些最成功的高中篮球队里，教练们都将自己看作队伍的"仆人"，与他们形成对比的则是那些认为自己与学生有距离或高于学生的教练。[29] 在谦逊的教练手下，队员们更坚定，能更好地克服失败，每赛季获胜更多。教练的谦逊也起到了示范作用，促使每个人更刻苦，更好地支持队友。

想想约翰·伍登，他一直都被认为是最成功的大学篮球教练。他率领加州大学洛杉矶分校篮球队 12 年里赢得了十届全国冠军，从 1971 年到 1974 年，他们连赢了 88 场比赛。尽管取得了这样的成功，伍登的每个举动都清楚地证明了他没有凌驾于队员之上，比如他会在每场比赛后帮忙打扫更衣间。

在回忆录《教练伍登和我》（*Coach Wooden and Me*）中，他原来的队员和终生好友卡里姆·阿布杜尔 - 贾巴尔讲述了伍登那些经久不衰的谦逊为人的例子，即便在他与队员产生冲突时也是如此。"教练会将队员的话记在心里，这是必然的，他觉得和解是十分必要的，同时还给我们上了一节有关谦逊的课。"[30] 伍登明确表示，他们能互相学习，包括他自己在内——结果就是队伍越来越强大。

∽

冰岛队于 2016 年在欧洲锦标赛上出人意料地获胜后，许多评论者着重指出了海米尔·哈尔格里姆松脚踏实地的态度，他是球队两位教练中的一位，尽管带领着国家球队，他还兼职牙医。他显然致力倾听、理解他人的见解，并试图培养所有队员形成这样的态度。

"对像我们这样的国家而言，团队建设是必需的；我们只有团结一心，才能击败那些大球队。"他对娱乐体育节目电视网（ESPN）的体育频道这样说道，"看看我们队，我们有像斯旺西（足球俱乐部）的吉尔维·西于尔兹松这样的队员，他或许是我们最受瞩目的球员，但他也是球场上最努力的人。如果他最努力，队里还有谁会懒散？"[31]

就像循证智慧的其他原理，关于群体智慧的研究还是一门年轻的学科，但通过运用这些原则，你可以确保团队成员在实践过程中更像冰岛队，而不那么像英格兰队——这是一项能让每个人激发出周围人的最佳潜能的策略。

10

愚蠢像野火一样蔓延：

灾难为何发生以及如何阻止

我们在一个海上石油钻井平台上。这是一个安静的夜晚，微风拂面。

工程师团队已经完成了钻孔，现在正试图用水泥封住钻井。他们检查了密封压力，一切看起来都状态良好。很快，开采即将开始，美元将滚滚而来。这该是庆祝的时刻。

但压力测试出错了；水泥没有凝固，钻井底部也没有密封好。当工程师们高兴地交差时，石油和天然气开始在管道里聚集——聚集得很快。就在工程师们庆祝的时候，泥浆和石油开始喷到钻井平台上；他们可以在舌头上尝到天然气的滋味。如果不快速行动，他们将面临全面"井喷"。假如你对 2010 年的世界新闻稍有了解，你或许知道接下来发生了什么：一次规模巨大的爆炸和有史以来最严重的石油泄漏。

不过，在这个案例中，这并没有发生。也许是因为泄漏点离发动机舱足够远，又或许是因为正在刮风，空气流动，所以泄漏的天然气并没有着火。或者只是因为地面上的团队注意到压力升高，能够及时布置"油气防喷器"。无论是何种具体原因，灾难免于发生。公司损失了几天的开采时间——和几百万美元的收益——但没有伤亡。

∽

　　这并非假想的案例或对过往理想化的重新想象。在 2010 年 4 月马孔多油井的"深水地平线"钻井平台发生事故前 20 年间，仅墨西哥湾就发生过几十起轻度井喷。然而多亏了偶然的天气因素，例如风向和风速，井喷灾难并未发生，石油公司能够控制损失。[1]

　　负责"深水地平线"钻井平台水泥密封工作的越洋公司，甚至 4 个月前就已经在北海造成了极其类似的意外。当时工程师们也误读了一系列"负压力测试"——遗漏了油井密封损坏的迹象。然而他们在爆炸发生之前控制损害，只导致了几天的工期延误，而不是一场生态灾难。[2]

　　但在 2010 年 4 月 20 日，没有风驱散石油和天然气，并且由于设备故障，团队的所有尝试都没能控制住井喷。泄漏的天然气在发动机舱聚集，最终起火，一系列火球喷薄而出，撕裂了钻井平台。

　　其他的大家就都知道了。11 位工人丢掉了性命，在接下来的几个月中，超过 2 亿加仑石油被排入墨西哥湾，酿成美洲历史上最惨重的生态灾难。英国石油公司不得不支付超过 650 亿美元的赔偿金。[3]

　　为什么那么多人会漏掉那么多的警示信号？从此前的侥幸无事到未能解读爆炸当日的内部压力数据，雇员们似乎没有注意到潜伏着的灾难。

　　正如美国总统委员会负责调查此次灾难的其中一位律师肖恩·格里姆斯利（Sean Grimsley）总结的："油井暗流涌动。碳氢化合物在泄漏，但不知道出于什么原因，工作人员在那晚 3 个小时后认为这是一次良好的负压力测试……问题是为什么钻井平台上的这些有经验的男人能说服自己相信测试没有问题……这当中没人想死。"[4]

　　"深水地平线"这一类的大灾难要求我们扩大我们的焦点范围，不局限于小组和团队，而是看到特定企业文化以惊人的方式加剧个人的错误思维，并微妙地抑制了更为明智的推理。这几乎就像是作为一个整体的组织正遭受群体偏见盲点。

近代历史上，许多最惨重的人为灾难背后都存在同样的驱动力，从美国国家航空航天局（NASA）"哥伦比亚"号的不幸事故，到2000年协和式飞机的坠毁。

你不需要领导一个跨国组织便可从这一研究中受益；这些发现可以让任何一个职场人眼界大开。如果你曾焦虑自己的工作氛围正令脑子变迟钝，这些发现会解释你的遭遇，为你提供一些最好的建议，它们将保护你不去愚蠢地效仿周围那些人犯的错。

ᔕ

考察大规模灾难之前，让我们先从一项有关一般工作场所的"功能性愚蠢"的研究开始。这一概念是瑞典隆德大学的马茨·艾尔维森（Mats Alvesson）和伦敦卡斯商学院的安德烈·斯派塞（André Spicer）提出的，他们用这一概念描述了某些公司可能在主动阻止员工思考的种种反直觉的原因。

斯派塞告诉我，他的兴趣来自在墨尔本大学读博士期间，那时他在研究澳大利亚广播公司（ABC）如何做决策。[5]"他们会提出一些疯狂的变革管理计划，这些计划毫无成就，只不过造成了许许多多的不确定忄。"

许多雇员承认公司决策中存在缺陷。"你会发现许多特别聪明的人聚在一个组织中，他们中的很多人会花很多时间抱怨组织有多蠢。"斯派塞告诉我说。然而，最让我吃惊的是，有那么多人没意识到自己做的事徒劳无益。"这些技艺高超、学识渊博的专业人士陷进这些疯狂的事情中，说着'这是明智的，这是理性的'，随之浪费海量的时间。"*

　　几年之后，他在一次正式的学术晚宴上与艾尔维森讨论这些组织上的弱点。在他们相应的研究中，这两位学者考察了其他几十个组织方面的愚蠢的例子，从军队到 IT 分析师、报纸出版方以及他们各自的大学，来检验这些机构是否真的充分利用了雇员的头脑。

　　他们的结论极其令人沮丧。正如艾尔维森和斯派塞在他们的《愚蠢的悖论》(*The Stupidity Paradox*)一书中写的："我们的政府花费数十亿来试图创造知识经济，我们的公司吹嘘他们出众的智力，人人都花费几十年生命打造好看的简历。然而，所有这些群体智慧看起来并未体现在我们研究过的许多组织中……很多最为知名的顶尖组织远非'知识密集型'，而是已经成了愚蠢的发动机。"[6]

　　与智力陷阱背后的那种偏见和错误类似，斯派塞和艾尔维森将"愚蠢"定义为一种狭隘的思维方式，它缺少三个重要品质：反思基本的潜在假设、好奇你的行动目的，以及考虑你的行为所带来的更广泛、长期的影响。[7] 由于各种原因，雇员根本未被鼓励思考。

　　他们说，愚蠢通常是功能性的，因为它会带来一些好处。个体可能倾向于在工作中随大流，这能让他们节省精力，避免焦虑，特别是如果你知道这样做之后能得到激励甚至是晋升。这类"策略性无知"如今已被心理学实验深入研究，实验中的参与者必须为钱而竞争：通常参与者选择不去了解他们的决策如何影响其他人。[8] 在保持不知情的条件下，

---

* 同样的文化也能在英国广播公司（BBC）的办公室里见到——事实上，这家公司曾在自己的仿纪录片电视连续剧《W1A》中自嘲过这一点。在为本书调研的期间，我在 BBC 工作过，我突然决定要创作一部三集情景喜剧，关于你自己的组织缺陷——而不是修复它们——这或许就是功能性愚蠢的定义。

参与者得到了一些"道德回旋余地"(科学术语),这令他们得以采取更自私的行为方式。

我们也可能被社会压力说服:毕竟没人喜欢惹麻烦的人,就是那种用无尽的问题拖延会议的家伙。除非我们被积极鼓励去分享自己的观点,保持安静和跟随周围人一起点头能改善我们的个人前景——即便这意味着暂时失去批评的能力。

除了对个人有好处,这种狭隘的、不提出质疑的方法也会为组织带来一些短期效益,在短时间内提高生产力和效率,而不需要雇员浪费时间质疑自身行为是否明智。其结果是一些公司可能——无论有意还是无意——实际上鼓励了办公室内的功能性愚蠢。

斯派塞和艾尔维森认为,许多工作方式和制度导致了一个组织的功能性愚蠢,包括过度专业化和划分部门职责。例如,如今,人力资源经理也许只有一项特别的、单独的任务,那就是组织个性测试。正如心理学研究向我们展现的,我们的决策能力和创造力受益于倾听外界观点和在不同兴趣领域之间进行类比;假如日复一日地开采同一条矿脉,我们或许会开始忽视细微差异和种种细节。顺便提一句,德语有一个专门的词描述这种现象:专业白痴(Fachidiot),指的是那种一门心思只做某件事的专业人士,他们无法灵活应对多层面的问题。

然而也许功能性愚蠢最普遍的——也最有力的——来源是对绝对忠诚的要求和对积极性的过分关注,在此,批评这一想法本身或将被视作背叛,而承认自己沮丧或焦虑则被视为一种软弱。对斯派塞来说这是一个尤为棘手的难题,他告诉我,没完没了的乐观主义如今深深地烙印在许多企业的文化中,从初创企业到大型跨国公司皆是如此。

举例来说,他描述了针对企业家们的研究。企业家们经常坚信这类座右铭——"在失败中前进"或"早早失败,常常失败"。尽管这些座右铭听上去像"成长型思维"的例子——这本该提高你在未来获得成功的机会——但斯派塞说，企业家们总是用外部因素解释自己的失败（"我的观点太超前了"），而不考虑自身行为中的错误，以及如何在今后改进。他们并没有真的考虑自己的个人成长。

有个数字极为巨大：75% 到 90% 的企业家首次尝试都会失败——然而通过保持不会被打败和积极的态度，他们继续对自己的错误视而不见。[9] "他们没有像'在失败中前进'这类观点建议的那样变得更好，实际上随着时间变得更糟糕。"斯派塞说，"因为这些自私的偏见，他们只是继续往前走，开始一个新的冒险，再一次次地犯同样的错误……而他们实际上将这看作一种美德。"

相同的态度在更大、更成功的企业中也很普遍，在那里，老板告诉雇员要"只告诉我好消息"。或者你会在头脑风暴讨论会上被告知："没有主意是个坏主意。"斯派塞认为这会起反作用；实际上，如果我们能在讨论的最初阶段将批评意见纳入考虑范围，我们会更具创造性。"你已经验正了这些假设，之后就能在此基础上做出决策，而不是试图将各种想法拼凑起来掩盖任何分歧。"

∽

我希望你现在已足够理解智力陷阱，能够立刻看到这种目光短浅的做法的危险性。

在充斥着不确定性的时代，缺乏好奇心和洞察力尤为有害。例如，艾尔维森基于自己在编辑会议上的观察，发现过分死板和毫不质疑的思维方式阻碍了报纸去探索诸如经济形势和税收增加等因素是如何影响他们的销量的；编辑们如此念念不忘地检查头版那些特定的标题，甚至忘了考虑要为自己的故事探索更广泛的新策略或新的表达途径。

然而诺基亚在 2010 年代初的内部崩坏提供了最生动的范例，展现了功能性愚蠢是如何将看起来成功的组织引向失败的。

如果你在 21 世纪初拥有一台手机，那很有可能是这家芬兰公司制造的。在 2007 年，他们拥有约一半的全球市场份额。然而 6 年后，他们的大部分顾客都抛弃了诺基亚笨拙的界面，转而使用更精致的智能手机，尤其是苹果手机。

当时的评论员认为诺基亚就是一家次一等的公司，不像苹果公司有那么多的人才和创新，诺基亚没能预见 iPhone 的到来，或者他们自以为是地相信自己的产品胜过其他。

但在调查这家公司的衰亡时，芬兰和新加坡的研究人员蒂莫·沃里（Timo Vuori）和夸伊·于伊（Quy Huy）发现这些理由没有一个是对的。[10] 诺基亚的工程师是世界一流的，他们早就完全意识到了风险。甚至连 CEO 本人也在某次访问中承认过，"他对所有竞争都疑神疑鬼"。然而他们未能振兴诺基亚。

最大的挑战之一是诺基亚的操作系统塞班，它不如苹果的 iOS 系统，无法适应复杂的触屏应用软件，然而翻新已有软件的开发过程需要花费几年，管理层希望尽快推出新品，故而在需要更好的前瞻性的项目上敷衍了事。

不幸的是，公司不允许员工对企业正在做的事情表达任何怀疑。如果你对高管说了任何他们不想听的话，他们通常会大吼大叫。提出质疑，你就有可能丢了工作。"如果你过于消极，就等于自投罗网。"一位中层管理者告诉研究人员。"思维模式是这样的，如果你不认同正在做的事，那么你就不会真心实意地去做这件事。"另一位中层管理者说。

结果，员工开始滥竽充数，而不是承认自己对眼前的问题一无所知，并接受他们自知不可能实现的最后期限。他们甚至会美化数据。当人员流失时，公司有意雇用持"可以做"态度的替代者——那些人会对新需求点头，而非不赞同现状。公司甚至忽略了外部顾问的意见，其中一人声称"对我的同行们来说，诺基亚一直都是最傲慢的公司"。他们失掉了所有以外部视角看问题的机会。

那些吸引员工注意力并鼓励更具创造性的视角的措施，正令诺基亚越来越难以参与竞争。

结果，公司始终无法将操作系统升级到适当的水准——诺基亚产品质量慢慢下滑。2010 年，公司推出 N8，这是他们最后尝试推出的一款"iPhone 杀手"，大多数员工已悄然丧失信心。它失败了，在进一步亏损后，诺基亚手机业务于 2013 年被微软收购。

功能性愚蠢的概念启发自广泛的可观察的研究，包括对诺基亚衰落的分析，而不是源自心理学实验，但这种企业行为与心理学家对理性障碍、明智推理和批判性思考的研究，明显有相似之处。

举例来说，你或许记得在感受到威胁后被触发的所谓"激动的"、自私自利的认知，使得我们为自身处境辩解，而不是寻找能挑战我们的观点的证据——这大大减少了明智推理。（这就是为什么找朋友咨询感情问题时，我们会更明智，即便我们努力地为自己遇到的麻烦寻找解决办法。）

在不愿屈服的高管层的领导下，作为组织的诺基亚开始像个人一样行事，面对不确定的环境，它的自我受到了威胁。同时，诺基亚以往的成功使其形成了一种"获得性教条主义"的观念，意味着管理者们不太能对来自公司外的专家们的建议敞开心扉。

各种社会心理学实验表明这是一个普遍的模式：威胁之下的群体容易变得循规蹈矩、一意孤行和向内看。越来越多的成员开始采纳相同的观点，他们开始喜欢简单的信息，而不是复杂的、微妙的想法。这甚至在整个国家的层面上都是显而易见的：例如，当面临国际冲突时，一个国家内的报纸的社论会变得简单、重复。[11]

没有哪个组织可以控制其外部环境：某些威胁无可避免。然而，通过鼓励大家提出不同意见并积极寻求对立信息，组织可以用另一种方式将这些感知到的危险传递给员工。雇来最聪明的人也不一定会有更好的表现；你需要创造能令他们发挥自身技能的环境。

即便有些公司看起来是反对这些新研究的，但它们仍能采纳循证智慧中的一些元素——纵使这可能不会马上从他们的外部声誉上显露出来。例如媒体公司网飞，它以这样的格言而著名，"还过得去的表现将换来可观的离职补偿金"——一种看起来很残酷的态度，可能会助长目光短浅和短期利益，而令人忽视长期的韧性。

然而他们好像用与更广泛的心理学研究相一致的其他措施平衡了这一点。举例来说，一次广为流传的演讲勾勒了网飞公司的企业愿景，强调了很多我们到目前为止讨论过的明智推理的元素，包括你需要承认模棱两可和不确定性，以及挑战流行的观点——正是这种文化鼓励了明智决策。[12]

当然，我们无法知晓网飞未来会怎么样。但这家公司到目前为止取得的成功表明，你可以在高效——有些人会说是残酷——管理的同时，避免功能性愚蠢。

∽

功能性愚蠢的危险性并不仅仅是这些公司所遭遇的失败。除了会削弱创造性和解决问题的能力，不鼓励反思和内部反馈还可能造成人类悲剧，就像美国国家航空航天局（NASA）的灾难所呈现的那样。

"通常这会导致一些小错误，或公司聚焦于错误的问题上，而忽视了本该进行些事后调查的问题。"斯派塞指出。结果便是一个组织可能表面看起来成功，但正在缓缓滑向灾难。

想想 2003 年"哥伦比亚"号航天飞机的灾难。飞船发射过程中，外部燃料箱的泡沫绝缘材料脱落，撞到了飞行器的左翼。由此产生的孔洞造成航天飞机在返回地球大气层时解体，7 位宇航员全部遇难。

如果这只是一次意外，是没有任何潜在预警信号的一次性事件，灾难也足够悲剧了。然而 NASA 的工程师们早就知道绝缘材料会像这样剥落；此前每次发射中都出现了这个问题。然而由于种种原因，这一损害没有发生在恰好会造成坠毁事故的位置上，所以 NASA 的工作人员开始忽视其危险性。

"对工程师和管理者来说，这桩麻烦事被归类为家务事。"凯瑟琳·廷斯利（Catherine Tinsley）告诉我，她是华盛顿特区乔治敦大学的管理学教授，专门研究企业的灾难。

令人惊讶的是，类似的问题也造成了"挑战者"号在 1986 年坠毁，那次的爆炸是由于有缺陷的密封装置，它在佛罗里达州的严冬中质量出了问题。随后的调查报告显示，密封装置在此前多次任务中都破裂过，然而工作人员没有将其视为一个警告，反而开始相信那一直都会很安全。正如理查德·费曼——调查此次灾难的总统委员会成员之一——指出的："当你玩俄罗斯轮盘赌的时候，第一次的安全发射对下一次来说没有任何意义。"[13] 然而看来 NASA 并没有吸取这些教训。

廷斯利强调这并不是在指责那些特定的工程师和管理者。"他们都是很聪明的人，和数据打交道，非常努力地想要做好工作。"但 NASA 的错误表明了你对风险的认知有多么容易发生根本性转变，而你甚至没有意识到变化已经发生。组织对灾难发生的可能性视而不见。原因似乎是一种被称为结果偏见的认知上的吝啬，它将使我们聚焦于某一决策的实际结果，而甚至不去想可能存在其他结果。就像很多其他困扰着聪明人的认知缺陷一样，这确实是一种想象力的匮乏：我们被动接受了某一事件最突出的细节（实际发生了的），没有停下来想想假如最初的环境稍稍改变，还可能会发生什么。

廷斯利当下的很多实验证实了，结果偏见在很多不同领域专业人士中是一种普遍存在的倾向。一项研究要求商科生、NASA 雇员和航天工业承包商们来评估任务控制者"克里斯"的表现，"克里斯"负责操控无人飞船，经历了三种不同情况。第一次，飞船按计划完美地发射。第二次，它存在一个严重的设计缺陷，但这一轮比较幸运（它对准了太阳），所以依然能有效读取数据。第三次就没有这样的好运了，任务彻底失败。

不出所料，大家都对彻底失败的那次批评得最严厉，但大多数参与者都欣然忽视了侥幸成功的那一次中存在的设计缺陷，反而赞扬了"克里斯"的领导能力。重要的是——根据廷斯利的理论，结果偏见可以解释"哥伦比亚"号坠毁这样的灾难——当参与者读到差点失败的内容之后，对未来危险的认知也减弱了，这解释了一些组织是如何慢慢变得不受失败影响的。[14]

廷斯利发现，这种忽视错误的倾向是许多其他灾难中的常见因素。"我们研究过的每一次灾难和商业危机，在发生前都存在多次侥幸逃脱的预兆。"廷斯利团队在一篇论文中总结道，该文章于 2001 年发表在《哈佛商业评论》（*Harvard Business Review*）上。[15]

以汽车制造商丰田公司最大的灾难之一为例，2009 年 8 月，加利福尼亚州的一家四口死了，因为他们的雷克萨斯轿车油门踏板卡住了，汽车在高速公路上失去控制，以 120 英里每小时的速度冲进路堤，随后轿车起火。丰田不得不召回超过 600 辆车——这是一次可以避免的灾难，如果这家公司能够足够重视过去几十年中超过 2000 次涉及油门故障的报告，这个数字大约是汽车制造商通常可能收到的有关这个问题的投诉量的 5 倍。[16]

值得注意的是，丰田在 2005 年成立了高级别特别小组来负责监控质量，然而公司在 2009 年年初遣散了这个团队，声称质量 "是公司 DNA 的一部分，故而他们不需要一个特别委员会来执行这项任务"。高管层也对更初级的管理人员提出的特定警告充耳不闻，只关注于企业的快速成长。[17] 这显然是与世隔绝的运营方式的症状，它不欢迎来自外部的意见，企业中的重要决策仅由等级最高的那些人来制定。就像诺基亚的管理层一样，看上去他们就是不想听那些或许会让他们偏离更大目标的坏消息。

丰田品牌最终付出的成本比他们想象中不留意那些警告所节省下来的成本要高得多。到了 2010 年，31% 的美国人认为丰田汽车是不安全的[18]——对一家以产品品质和顾客满意度知名的公司来说，这是戏剧性的下滑。

或者想想从巴黎飞往纽约的法国航空 4590 航班。2000 年 7 月 25 日，正在准备起飞的协和式飞机碾过遗留在跑道上的尖锐碎片，导致一块重达 4.5 公斤的轮胎飞到了机翼下方。由此产生的冲击使一个油箱破裂，在起飞过程中着火。飞机撞上了附近的一家酒店，导致共计 113 人死亡。后续分析表明，此前有 57 次协和式飞机轮胎在跑道上破裂的例子，其中一次所造成的损失几乎与 4590 航班造成的损失相当——除了当时非常幸运，泄漏的燃料没有着火。然而这些类似的问题没有被视为需要紧急采取行动的预警信号。[19]

这些危机是高风险行业充满戏剧性的研究案例，但廷斯利指出同样的思考过程会给许多其他组织带来潜在危险。例如，她提到了有关工作场所安全的研究，每 1000 次侥幸逃脱，就会有 1 次严重伤害或死亡，以及至少 10 次较小的伤害。[20]

廷斯利并没有将自己的工作当成"功能性愚蠢"的一个案例，但结果偏见似乎同样来源于缺乏反思和好奇心，正如斯派塞和艾尔维森概述的那样。

而对公司氛围做出一点改变甚至就能增加侥幸逃脱被发现的概率。在实验室的实验数据和 NASA 真实项目搜集的数据中，廷斯利发现当安全性被作为总体文化的一部分，在其宗旨陈述中加以强调时，人们注意并报告侥幸逃脱的情况的概率要高得多，有时报告数量能达到 5 倍之多。[21]

举一个例子，想想其中一个场景，NASA 的管理人员正在筹划无人太空任务。那些被告知"推动知识前沿发展的 NASA 必须在高风险、容忍风险的氛围下运作"的参与者，注意到侥幸逃脱的可能性很小。而那些被告知"NASA 这样一个知名度很高的组织，必须以高安全性、安全第一的氛围运作"的参与者则不同，他们成功地识别了潜在危险。当参与者们被告知他们需要向董事会证明自己的判断时，情况也是如此。"这样的话，侥幸逃脱看起来也更像是失败情境。"

记住我们正在讨论的是无意识偏见：没有参与者做了权衡，并认为侥幸脱险是值得忽略的；除非有人提醒，否则他们根本不会想到这些。有些公司或许认为安全性的价值是暗中达成的共识，但廷斯利的工作表明，这需要着重强调。在"哥伦比亚"号灾难发生前那 10 年的大部分时间里，NASA 的座右铭曾是"更快，更好，更便宜"。

在我们结束交流前，廷斯利强调说某些风险是不可避免的；危险在于我们甚至不知道它们的存在。她回忆起在一次研讨会上，一位 NASA 的工程师沮丧地举起了手。"你想让我们不要冒任何风险？"他问，"太空任务本身就是有风险的。"

"而我的回答是，我不是到这里来告诉你要冒多大的风险才对。我是要说当你经历侥幸逃脱的时候，你对风险的容忍度会提高，而你不会意识到这一点。""挑战者"号和"哥伦比亚"号任务的命运表明，没有哪个组织能承受这样的盲点。

∽

事后想想，我们很容易看到"深水地平线"是如何在石油泄漏之前成为无理性的温床的。爆炸发生时，时间比计划晚了 6 个星期，延误一天就要花费 100 万美元，一些员工对自己所承受的压力不满。在出事 6 天前的一封邮件中，工程师布赖恩·莫雷尔称其为"令每个人都一团混乱的噩梦油井"。

这些正是我们如今所知的会削减反思和分析性思维的高压力状态，结果造成了群体性盲点，令"深水地平线"的许多雇员（来自英国石油公司及其合作伙伴，哈里伯顿公司和越洋公司）无法看到危险渐渐逼近，最终导致了一系列惊人错误。

举例来说，为了降低逐渐累积的成本，他们选择用一种更便宜的水泥混合物来加固油井，并且没有调查这对他们手头的项目来说是否有不够结实的可能。他们还削减了水泥总用量——违背了他们自己的准则——同时节省了固定油井所需的必要装备。

事故发生当日，团队并没有完成全套确认密封安全的测试，还忽略了异常的结果，而这些结果可能是在预报井内压力不断升高。[22] 更糟糕的是，井喷发生的时候，所有用以控制井喷的必要设备都是坏的。

这些风险因素中的每一个都本可以在灾难爆发之前被识别；正如我

们所看到的，此前发生了很多次不那么严重的井喷，它们应当被视为潜在危险的重要预警，带来新的、升级版的安全程序。然而，由于幸运的环境条件——甚至包括随机的风向——这些井喷都不是致命的，所以潜在因素，包括严重的偷工减料和安全训练不足，都没有得到重视。[23] 而他们越是和命运闹着玩，就越被哄骗着产生了虚假的自满，变得对偷工减料更加不重视。[24] 这是廷斯利记录的一个结果偏见的经典案例——这种错误似乎普遍存在于整个石油行业。

8 个月前，另一家油气公司，泰国国家石油公司（PTT），甚至还在澳大利亚附近的帝汶海目睹了一场井喷和泄漏。参加了马孔多油井施工项目的哈里伯顿公司，也是那次水泥施工的幕后公司，尽管一系列报告表明哈里伯顿公司本身没有责任，但它应该被当作一次生动的提醒，提醒人们注意其中存在的危险性。然而，操作人员和专家之间缺乏沟通，这意味着这些教训在很大程度上被"深水地平线"团队忽略了。[25]

由此我们看到，灾难并不是某一个员工的行为导致的，而是由于普遍缺乏反省、参与和批判性思维，这意味着项目中的决策制定者无法考虑他们的行为的真正后果。

"是潜在的'无意识'控制着一个组织及其全体人员。"加州大学伯克利分校的灾难风险管理中心（CCRM）的一份报告总结道，[26]"这些失败……似乎深深植根于几十年来的组织失灵和目光短浅。"特别是管理层变得痴迷于追求进一步的成功，忘了自己也会出错，也忘了所使用的技术具有弱点。他们已经"忘记了害怕"。

或者正如卡内莲·罗伯茨（Karlene Roberts），CCRM 主任，在一次访问中对我说的："通常，当组织寻找灾难发生的原因时，他们会找到某个人头上，指责、训练或是开除这个人……但问题很少出在事故发生的当下。通常都发生在多年前。"

　　如果这种"无意识"代表了一个组织的智力陷阱，那么一个机构如何能认识到潜在危险呢？

　　除了研究灾难，罗伯特的团队也检验了"高可靠性组织"的常见体系和行为，这些组织包括核电站、航空母舰以及空中交通控制系统，这些组织的运行带有极大的不确定性和潜在危险，却总能保持极低的失败率。

　　与功能性愚蠢理论相似，他们的发现强调了反思、质疑和考虑长期后果的必要性——包括，例如给员工"思考许可"的政策。

　　卡尔·韦克（Karl Weick）和凯思琳·萨克利夫（Kathleen Sutclifle）将这些发现提炼为一组核心特质，表明高可靠性组织都展现出了：[27]

　　◆ **专注于失败**：组织不会因成功而自满，员工认为"每天都是坏日子"。组织奖励员工主动报告错误。

　　◆ **不愿简化解释**：员工因质疑假设或对大多数人的看法抱有怀疑而得到奖励。例如，在"深水地平线"，可能会有更多的工程师和管理者担忧不良的水泥质量，并要求做进一步测试。

　　◆ **对行动保持敏感**：团队成员不断地沟通和互动，更新他们对手头情况的了解，寻找异常情况的根源。在"深水地平线"，井上人员应该对异常的压力测试更好奇，而不是接受最初的解释。

　　◆ **崇尚恢复力**：增加必要的知识和资源，以便在错误发生后重新振作，包括常规的"预先结果分析"和对侥幸脱险的讨论。早在"深水地平线"爆炸之前，英国石油公司本可以研究导致此前那些小规模事故的潜在组织因素，并确保所有团队成员有足够的准备应付一次井喷。

　　◆ **尊重专业知识**：这涉及不同层级之间沟通的重要性，以及当权者智力上的谦逊。管理层要信任基层员工。例如丰田和 NASA，它们都没有留心工程师的顾虑；同样，在"深水地平线"爆炸后，据媒体报道，英国石油公司的工人因害怕会被辞退而不敢提出质疑。[28]

　　崇尚恢复力可以体现在一些小的举动中，这令员工清楚他们为安全性着想是有价值的。在"卡尔文森"号航空母舰上，一位机组人员说他在甲板上丢失了一件工具，它也许被吸入了飞机引擎。所有飞机都被要求重新定向着陆——代价巨大——然而这名团队成员没有因粗心大意受罚，而是在第二天的正式仪式上被表扬，他的诚实得到了肯定。释放的信号很清晰——错误是可以被容忍的，如果他们能主动报告，这意味着作为整体的团队不会轻易忽视小得多的错误。

　　与此同时，美国海军引入 SUBSAFE 系统减少了核潜艇上的事故。该系统是在 1963 年"长尾鲨"号核潜艇事故发生后投入使用的，那一次的沉没是由于泵水系统接头出了故障，造成 112 名海军和 17 名平民死亡。[29]SUBSAFE 系统尤其要求军官保持"慢性不安"，总结为"信任，但要核实"，在那之后的 50 多年里，运用这一系统的美国海军再没有失去任何一艘潜艇。[30]

　　受到埃伦·兰格所做工作的启发，韦克将这些综合特质称为"集体正念"。其基本原理是组织应当采取任何手段，来鼓励员工保持专注、积极主动、乐于接受新观点、质疑一切可能性，以及致力从错误中发现和学习，而不是简单地重复相同行为。

　　有充分证据表明采纳这一体系会得到惊人的进步。应用集体正念并取得成功的一些最著名的例子来自医疗保健领域。（我们已经了解了医生如何改变个体的思考——但这尤其涉及整体文化和群体推理。）现有的措施包括授权基层员工质疑假设并以更具批判性的态度看待眼前的证据，还有鼓励高级别员工积极采纳下属意见，这样一来每个人都对其他人负责。员工还要定期召开"安全会议"，主动报告错误并进行详细的"根源分析"，来检验有可能造成错误或侥幸幸免的基础流程。

运用了这样的技巧之后，位于加拿大安大略省伦敦市的圣约瑟医院，将 2016 年第二季度 80 万次药物分配中的配药错误（将错误的药品给了错误的人）减少到了 2 起。此外，美国密苏里州的金谷纪念碑医院运用同样的原则，将耐药性金黄葡萄球菌感染减少至 0，患者跌倒的事故——在医院中引发的不必要伤害的一大严重原因——减少了 41%。[31]

尽管要承担额外的责任，但在正念组织中工作的员工通常会通过额外的工作量获得成长，跳槽率也比那些未采用此类措施的组织低。[32] 与预期相反的是，感觉自己全身心投入更大的事业中，比只是走过场更有收获。

∽

在这些方面，有关功能性愚蠢和正念组织的研究相得益彰，揭示出我们所处的环境既可以让群体的头脑反思和深入思考，也可能危险地窄化它们的视野，失掉群体智慧和专业意见带来的益处。这些研究为我们提供了一个在更大规模层级上理解智力陷阱和循证智慧的框架。

除了这些一般原则，该研究也为那些想要减少错误的组织提供了具体可操作的步骤。考虑到我们的偏见经常被时间压力放大，廷斯利建议组织要鼓励员工检查自己的行为并问："如果我有更多的时间和资源，我还会做同样的决定吗？"她还相信从事高风险项目的人要定期休息，来"暂停和学习"，在这个阶段他们也许会特别注意侥幸逃脱并调查背后的原因——这个策略 NASA 如今已经开始应用，她说。他们应该建立报告侥幸逃脱的制度；"如果你不报告侥幸逃脱，之后就负有责任"。

同时，斯派塞还建议在团队会议中增加定期的反思环节，包括预先的事后分析和真正的事后分析，并指定一个魔鬼代言人，其角色是质疑决策和寻找决策中的逻辑缺陷。"很多社会心理学观点认为这会引起轻微不满，但能带来更高质量的决策。"他还建议利用外部观点，可以从其他公司邀请借调人员，或是鼓励员工到其他组织及行业实地学习，这一策略有助戳穿偏见盲点。

目的是尽你所能来拥抱那种"慢性不安"——一种总有更好的做事方法的感觉。

用更广阔的视野来看这些研究，组织也可能从诸如基思·斯坦诺维奇的理性商数等测试中受益，这些测试可以让公司能够筛选出那些从事高风险项目的雇员，并检验他们是否更易受偏见影响，以及他们是否需要进一步培训。这些组织或许还会考虑在公司内设立批判性思维项目。

它们还可能会分析其文化中嵌入的思维模式：是鼓励人才的成长，还是引导雇员相信他们的能力一成不变。卡罗尔·德韦克的研究团队让"财富美国1000强"中7家公司的员工对一系列陈述的赞同度打分，例如，"提到成功，这家公司似乎相信人们具有特定程度的天分，大家真的没法做什么来改变这一点"（反映出群体僵化思维），或者"这家公司真诚地注重员工发展和成长"（反映出群体成长型思维）。

正如你可能希望的，培养了群体成长型思维的公司享有更大的创造力和生产力，团队协作更多，员工忠诚度更高。重要的是员工也不那么容易为了成功而抄近路或作弊。他们知道自己的发展是受到鼓励的，因而不那么容易掩饰自己察觉到的错误。[33]

在公司培训过程中，组织也可以运用富有成效的斗争和理想的困难来确保员工更深入地处理信息。正如我们在第八章中看到的，这不仅意味着材料更容易被回忆起来；这也能提升对基本概念的整体把握，意味着这些经验教训能更好地转移到新情境之中。

最终，令组织明智决策的秘密非常近似于令聪明人明智决策的秘密。无论你是法医学家、医生、学生、教师、金融家还是航空工程师，都值得这样做：虚心承认你的局限和失败的可能性，考虑模糊性和不确定性，保持好奇并对新信息持开放态度，承认从错误中成长的潜力，以及积极地质疑一切。

∽

在总统调查委员会关于"深水地平线"爆炸的那份该死的报告中，某个特别的建议引起了大家的注意，该建议受美国各核电站的革命性变革的启发，将它们作为典型，研究了一个行业如何能更谨慎地应对风险。[34]

正如你可能预料到的，引发革命性变革的是一场真正的危机。（"在他们行动前，每个人都等着受罚。"罗伯茨说。）这一回是 1979 年三里岛核反应堆某放射性核心熔毁。这次灾难使得新的监管机构建立，即美国核电运行研究所（INPO），该机构引入了若干重要特质。

每台发电机每 2 年就要接受一组检查员的检查，每次检查持续 5 到 6 个星期。尽管 INPO 三分之一的检查员是长期工，但大多数人是从其他发电厂借调来的，这使得组织之间能更好地进行知识共享，每个公司也都能经常引入外部视角。INPO 还借助定期评定小组来积极促进基层员工和管理层的讨论。这确保了日常运营的细节和质疑能被每个管理层级的人所认识和了解。

为了增强问责制，检查结果将在年度晚宴上公布——这意味着"整个行业的高层都在关注表现欠佳者"，根据一位 CEO 在总统调查委员会报告中的说法。通常，参会的 CEO 们要提供自己的专业知识来帮助其他

发电机达标。因此每家公司都持续从其他公司的错误中学习。自 INPO
开始运作，美国发电机工作事故的数量减少至之前的十分之一。[35]

你不必是核能爱好者，也可以看到这些体系如何将行业员工的群体
智慧最大化，以及有效增进了每个个体对潜在危险的意识，减少了那些
逐渐堆积的小小的、不被重视却可能导致灾难的错误。INPO 展示了监管
机构有助于警觉文化在组织间传播，联合成千上万员工进行反思和批判
性思考。

石油产业尚未实施同等水平的复杂系统，但能源公司已经联合起来
修订行业标准，提高员工培训及教育，并提高他们的技术水平以更好地
应对泄漏。英国石油公司还资助了一个大型研究项目，该项目旨在应对
墨西哥湾的环境灾难。经验教训已经被吸取——然而代价是什么呢？[36]

～

智力陷阱经常源于我们无法超越自身预期去思考——想象一个不同
的世界，在这个世界中我们的决策是错的而不是对的。这是发生在 2010
年 4 月 20 日的事；但没人想到他们掉以轻心所造成的灾难的真实规模。

随后的几个月里，水面浮油覆盖了超过 112 000 平方千米的海面——
差不多是英格兰总面积的 85%。[37] 据生物多样性中心称，这次灾难至少
杀害了 80 000 只鸟、6 000 只海龟和 26 000 只海洋哺乳动物——生态系
统被原本可以避免的错误毁掉了。5 年后，海豚宝宝出生时依然肺部功能
不全，这是因为泄漏的石油的毒性效应，以及它们的父母健康状况不佳。
怀孕的母海豚中，只有 20% 能产下活的小海豚。[38]

更不用说巨大的人力成本。除了有 11 个人死在钻井平台上，以及幸
存者难以想象的创伤，这次泄漏毁掉了墨西哥湾渔民的生计。事发 2 年

后，达拉·鲁克斯，刘易斯安那州硫黄港的渔民，描述捕来的螃蟹时说："蟹壳上有窟窿，壳上所有的尖都被烧掉了，壳上和爪子上的尖都没了，畸形蟹壳，还有的螃蟹里边已经快死了……它们还活着，但你打开蟹壳闻闻，臭得像是它们已经死了一个星期。"

随后几个月里，该地区抑郁症患病率升高了 25%，许多社区挣扎着从灾难中恢复。"想想看，你失去了一切让你快乐的东西，因为这就是当有人泄漏了石油并在海面上喷洒油脂分散剂时会发生的事。"鲁克斯在 2012 年对半岛电视台说，[39] "住在这里的人还没傻到要在这里游泳或吃这个水域的海产。"

这次的灾难完全可以避免——如果英国石油公司及其合作伙伴当初认识到人脑的不可靠性，以及人脑有可能犯错这一点。没人能例外，墨西哥湾深色的污点时刻提醒着我们，智力陷阱里潜藏着真正的灾难。

结　语

我们以凯利·穆利斯的故事开始了此番旅程——这位杰出的化学家曾醉心于占星术和星体投射，甚至为否定艾滋病的观点辩护。现在应该已经明了，动机性推理如何令他忽视了每一个警示信号。

然而我希望大家已经明白，智力陷阱远非某个个体犯错的故事。智力陷阱是事关我们所有人的一种现象，提醒我们所有人，也是针对我们整个社会，去实践那些已经开始被我们欣赏但忽略了的思维方式。

为了写这本书，我采访了如此多的杰出科学家，我注意到，每位专家看起来都在以某种方式身体力行着他们所研究的那种智力或思维方式。戴维·珀金斯总是深思熟虑，经常暂停我们的谈话，在继续聊下去之前反思一阵；同时，罗伯特·斯滕伯格在传达他的信息时极其从实际出发；伊戈尔·格罗斯曼特别谦逊，额外注意强调自己知识的局限性；而苏珊·恩格尔有无穷无尽的好奇心。

或许他们之所以被自身研究领域吸引，是因为想要更好地理解自己的思维；又或许他们自己的思维开始向研究对象靠拢。无论是哪一种，对我来说这都证明了我们可以获得的潜在思维方式之广泛，以及它们所带来的种种好处。

詹姆斯·弗林将智商在 20 世纪的兴起描述为我们"认知的历史"；它呈现了我们的头脑被周遭社会塑造的种种方式。但我突然想到，如果这些科学家每个人都能在 19 世纪初提出并推广他们的研究成果，在一般智力的概念开始主宰那种被认为是"聪明"的思维方式之前，我们的认知历史或许将大不相同。照目前来看，由智力测试、SAT 和 GRE 考试衡量的抽象推理依旧主导着我们对智力构成的理解。

我们不需要否定这些技能的价值，或是放弃对事实性知识和专业性知识的学习，而是应当认识到其他推理方式和学习方式同样值得我们加以注意。事实上，如果说我在本次研究中学到了什么，那要数培养这些其他的特质通常会增强认知能力标准测试所衡量的那些技能，还能让我们成为更全面、更明智的思考者。

一项又一项的研究已经证明，鼓励人们定义他们自己的问题，探索不同的观点，想象其他事件的不同结果，以及辨别错误的论证，能够激发他们整体的学习新材料的能力，也能鼓励更明智的推理方式。[1]

我发现特别鼓舞人心的一点是，用这些方法学习通常会令各种智力程度的人受益。举例来说，它们可以减少高智商人群的动机性推理，也能提高智商较低的人的一般学习能力。位于布法罗的纽约州立大学展开了一项研究，研究负责人布兰德利·欧文斯（Bradley Owens）发现智力上的谦逊相比智高测试能更好地预测学业成就。每一个在智力上更为谦逊的人，学业表现都会更好，但——关键是——这最令那些智商较低的人受益，完全弥补了他们较低的"天生的"能力。[2] 循证智慧的原则可以帮助任何人将自身潜能最大化。

∽

有关人类思考和推理的这一新理解在此时出现真所谓恰逢其时。

正如罗伯特·斯滕伯格在 2018 年写的："智商的急剧提升带给我们的，以一个社会来说，比任何人有权期望的少多了。相比于 20 世纪之交的时候，现在的人们或许更擅长弄明白复杂的手机和其他科技发明。但就我们作为一个社会整体的行为而言，你对这 30 分的提升有什么深刻印象吗？"[3]

尽管我们在诸如科技和医疗领域取得了长足进步，但我们在解决那些迫切需要解决的问题上并没有丝毫进展，这些问题包括气候变化和社会不平等——伴随智力陷阱而来的越发教条化的观点只会阻碍不同立场者之间的沟通，而沟通或许才是解决办法。世界经济论坛指出，日益加剧的政治上的两极分化和"数字化野火"[4] 所散播的错误信息，已然成为当今我们面临的两个最大的威胁——比得上恐怖主义和网络战。

21 世纪出现了各种复杂的问题，需要更睿智的推理方式，这种推理方式承认我们目前的局限性，能忍受模糊不明和不确定性，平衡不同观点并沟通不同的专业领域。事情正越来越明朗，我们需要更多人来体现这些品质。

这可能听上去像是一厢情愿，但回忆一下那位在开放性思维和换位思考上得分很高的美国总统，他更能找到应对冲突的和平的解决方法。了解了这项研究后，除了显而易见的学业成绩和专业上的成功，我们有理由积极追问并要求我们的领导者拥有这些品质。

∽

如果你也想从这些研究中有所收获，第一步就是承认这个问题。我们已经看到了智力上的谦逊如何帮助我们识破偏见盲区，形成更理性的观点，躲避错误信息，更有效率地学习，以及与周围人一起更有效地工作。正如哲学家瓦莱丽·泰比里厄斯所指出的——她现在正和芝加哥实践智慧中心的心理学家们一同工作—— 我们通常花了海量的时间来试图提高自尊和自信。"但我认为如果我们能对自己知道什么和不知道什么更为谦逊，就会极大地改善自身的处境。"

正因如此，我在附录里对各种简短的定义做了一个"分类"，概括了智力陷阱核心部分的最常见的错误和一些解决它们的最佳方式。有时候，仅仅是给你的思考贴上标签，就会让你的思维更有洞见。我发现用这些方式来质疑你自己的智力是一个很刺激的体验，因为你拒绝了很多一直认为理所当然的假设。这将使你重拾孩子般的发现的乐趣，这种乐趣曾激励过从本杰明·富兰克林到理查德·费曼这一行列中的每一个人。

作为成年人，我们很容易认为在结束学业的时候自己就已经达到了智力巅峰；实际上，我们经常被告知不久之后智力就会下滑。但循证智慧方面的研究表明，我们全都能学习新的思维方式。无论什么年纪，无论什么专业背景，无论是 NASA 的科学家还是小学生，我们都可以受益于以洞见、精准和谦逊的方式来运用头脑。[5]

附录：有关愚蠢和智慧的分类

有关愚蠢的分类

偏见盲区：我们倾向于看到别人的缺陷，而对自己推理中的傲慢和错误视而不见。

认知上的吝啬：在决策时基于直觉而非分析的倾向。

污化的思维程序：一种可能导致进一步非理性行为的错误的基本认知。例如，那些从小就不相信科学证据的人，长大后更容易受假药的影响，还容易相信超自然事物。

理性障碍：智力和理性的不匹配，正如我们在阿瑟·柯南·道尔的人生故事中看到的。这可能是由认知上的吝啬或污化的思维程序引起的。

获得性思想僵化：我们对专业知识的自我认知使我们认为自己有权封闭思维并忽视其他观点。

思维固化：专家的想法变得僵化且固执的过程。

专业白痴：用来描述狭隘的专业人士。他是所在领域的专家，但他对诸多方面问题持有狭隘的态度。

僵化的思维模式：相信智力和天分与生俱来，而努力是无能的表现。

除了限制学习能力，这种态度通常似乎还会使我们的思想更封闭，且在智力上更为狂妄自大。

功能性愚蠢：大体上不愿意自我反省，不质疑我们的假设，以及思考行动后果。尽管这可能短期内会提高生产率（使之具有"功能"），但在长期看来会削弱创造力与批判性思维。

"热"认知：回应式的、十分情绪化的想法，可能会完全支配我们的偏见。可能是所罗门悖论（见下文）的来源之一。

元遗忘：一种智力上的傲慢。我们未能记得自己知道多少又已经忘记多少；我们假设当下的知识水平依然处在巅峰状态。这常见于大学毕业生中；几年之后，他们相信自己还和当年参加期末考试时一样理解学业内容。

无心：对我们的行动和周遭世界缺乏关注和洞见。这是孩子接受的教育方式中的一个特殊问题。

摩西错觉：未能发现文本中的矛盾，因为文本具有顺畅感和熟悉感。例如，当回答"摩西每种动物各带了多少只到方舟上？"这个问题时，大多数人会回答两只。这种对注意力的分散是谣言和假新闻宣传者的常用策略。

动机性推理：只有当结论符合预定目标时才运用头脑的一种无意识倾向。它可能包括证实性偏见或自我中心偏见（优先寻找及记忆适合我们目标的信息），以及非证实性偏见（尤为怀疑并不符合我们目标的证据的倾向）。例如，在政治领域，我们特别容易批评诸如气候变化等问题的证据，如果那并不符合我们已有的世界观。

彼得原理：我们是根据目前的工作才能获得提升的——而不是因为具有适合下一个职位的潜力。这意味着管理者无可避免地会"提升到他们并不具有相应能力的层级"。由于缺乏管理团队的实践智慧，他们之后会表现欠佳。以管理学理论家劳伦斯·彼得的名字命名。

伪意义深刻的屁话：看似令人印象深刻的断言，被呈现得既真实又有意义，但进一步思考会发现它实际上内容空洞。和摩西错觉一样，我们或许会因为普遍缺乏反思而接受相关信息。

所罗门悖论：得名于古代以色列国王，所罗门悖论描述的是我们没有能力对自己的生活明智地推理，即便我们在面对他人问题时能做出良好判断。

策略性无知：有意避免学习新知识的机会，以避免引起不适，提高我们的生产率。例如，在工作中，如果质疑将阻碍我们晋升，不去质疑行动的长期结果是有利的。这些选择或许是无意识的。

天才过多效应：当一支队伍里的"明星"选手达到某特定临界值时会带来意想不到的失败。例如，看看 2016 年欧洲杯中的英格兰足球队。

有关智慧的分类

积极的开放性思维：有意追求那些有可能质疑我们的意见的其他观点和证据。

认知接种：一种策略，通过有意使自己接触错误陈述，来减少带有偏见的思考。

群体智慧：团队作为一个整体的推理能力。尽管它与智商关系不大，诸如团队成员的社会敏感性等因素看起来重要得多。

理想的困难：教育领域的一则强有力的概念：如果最初的理解过程被设计得更难，而非更简单，我们实际上能学得更好。参见成长型思维。

情绪指南针：综合了内感受（对身体信号敏感）、情绪差异（细致准确地定义情绪的能力）和情绪管理，能帮助我们避免认知偏见和情感偏见。

　　认识上的准确性：如果一个人的信仰被推理和事实证据支持，那么他在认识上就是准确的。

　　认识上的好奇心：一种好奇的、感兴趣的、质疑的态度；对信息的渴求。好奇心不仅会提高学习水平，最新研究显示，它也会保护我们不受动机性推理和偏见之害。

　　外语效应：说第二语言时会变得更理性这样一种令人惊讶的倾向。

　　成长型思维：相信天赋是可以发展和被训练的。尽管早期有关思维模式的科学研究聚焦于其在学业成就上扮演的角色，但越来越清楚的一点是，它可能会通过培养诸如智力上的谦逊等特质，而带来更明智的决策。

　　智力上的谦逊：有能力接受我们的判断的局限性并试图弥补错误。科学研究表明这是一个重要的但被忽略了的品质，将很大程度上决定我们的决策和学习能力，特别是对团队领导者来说或许尤为关键。

　　正念：与无心相反。尽管这可能包含沉思的行为，但它指的是一般意义上的反思和占线状态，以避免对事件做出回应性的、过度情绪化的反应，并令我们更加客观地注意并考虑自己的直觉。该术语也指组织的风险管理策略（见第十章）。

　　道德代数：本杰明·富兰克林用于权衡正反面意见的策略，通常会持续数日。通过运用这种缓慢而系统的方法，你或许可以避免诸如获得性偏见等问题——根据脑子里冒出来的第一个信息来判断的倾向——将令你对自己的问题给出更为明智的长期解决办法。

　　预先的事后分析：在做决定之前，故意考虑最坏的情况，以及所有可能导致最坏情况的因素。这是享誉已久的"避免偏见"的策略之一。

　　反思能力：专长的最后阶段，当我们可以停下来分析自己的直觉，并在直觉和分析的基础上做出决策。参见"正念"。

苏格拉底效应：一种选取视角的方式，即我们想象自己在向年轻的孩子解释我们的问题。这一策略会减少"热"认知，并减少偏见和动机性推理。

模糊容忍度：一种接纳不确定性和微妙之处的倾向，而不是寻求马上了结眼前的问题。

∽

杰克 - 安妮 - 乔治测试的答案（第 5 页）

杰克（已婚）→ 安妮（未婚）→ 乔治（未婚）

杰克（已婚）→ 安妮（已婚）→ 乔治（未婚）

这个容易引起错觉的测试要求我们同时思考两种可能性——无论安妮结没结婚。正如你在上图中看到的，在每种情况下，都有一个已婚者正看着一个未婚者。

致　谢

如果没有许多人的慷慨相助，这本书便不会存在。其中，我最要感谢的是我的经纪人卡丽·普利特，感谢她充满热情地信任我的提议，以及她自始至终的支持和引导。还要感谢费莉西蒂·拜伦联合公司团队的其他人，纽约的佐伊·帕格纳门塔，还有安德鲁·纳伯格联合公司的团队，感谢他们帮忙将本书传播到世界的其他地方。

我很幸运地得到了编辑们的指导，他们是霍德 & 斯托顿出版公司的德拉蒙德·莫伊尔和 W.W. 诺顿出版公司的马特·韦兰。他们睿智的判断和老练的编辑使这本书有了很大提升，从他们的建议中我学到了很多。还要感谢霍德公司的卡梅隆·迈尔斯的建议，他在确保编辑过程尽可能顺畅上帮了忙。

我非常感谢专家们与我分享他们的洞见和知识。包括：戴维·珀金斯、罗伯特·斯滕伯格、詹姆斯·弗林、基思·斯坦诺维奇、万迪·布吕纳·德布鲁因、丹·卡亨、雨果·梅西耶、埃特尔·德罗尔、罗恩·威廉森、伊戈尔·格罗斯曼、伊桑·克罗斯、安德鲁·哈分布拉克、西尔维娅·马梅德、帕特·克洛斯凯瑞、诺伯特·施瓦茨、埃琳·纽曼、戈登·潘尼库科、迈克尔·舍默、斯蒂芬·莱万多夫斯基、约翰·库克、苏珊·恩格尔、卡罗尔·德韦克、特内雷·波特、詹姆斯·施蒂格勒、罗伯特·比约克、伊丽莎白·比约克、埃伦·兰格、安妮塔·威廉斯·伍利、安格斯·希尔德雷思、布兰德利·欧文斯、欧怡、安德烈·斯派塞、凯瑟琳·廷斯利、卡内莲·罗伯茨——还有很多没有提及的受访者，他们的专业知识为我的论述做出了贡献。

还要感谢布兰登·梅菲尔德好心将他的经历与我分享；迈克尔·斯托里，他让我对身为一名超级预言家意味着什么有了一点点了解；还有乔尼·戴维森在图表方面的帮助。我也要感谢长滩智识美德学院的师生们，在我访问期间，他们热情无比。

2015 年，BBC 未来频道的理查德·费希尔最先委托我写了一篇有关"智力的消极面"的文章。感谢你让球滚动起来，还要谢谢你给予我事业上的持续鼓励和建议。同时，感谢我的朋友和同事，包括萨莉·埃迪、艾琳·戴维斯、彼得·戴维斯、凯特·道格拉斯、斯蒂芬·道林、娜塔莎·芬威克、萨姆·芬威克、西蒙·弗朗茨、梅利萨·霍根布姆、奥利维亚·豪伊特、克里斯蒂安·贾勒特、爱玛·帕廷顿、萨姆·帕廷顿、乔·佩里、亚历克斯·赖利、马修·罗伯森、尼尔·苏利文、劳伦·苏利文、海伦·汤姆森、理查德·韦勃、克莱尔·威尔逊，大家都给予了我宝贵的支持。我欠你们很多顿酒。非常感谢玛尔塔、卢卡、达米亚诺和斯特凡尼娅。

我对我的父母，玛格利特和艾伯特，以及罗伯特·戴维斯怀有的谢意难以言表，感谢你们在这场旅程中的每一步所给予我的支持。没有你们，我不可能写出这本书。

英文版详细注释

扫码进入博集天卷书友会页面,即可直接阅读英文版详细注释。

The Intelligence Trap
Copyright © 2019 by David Robson
This edition arranged with Felicity Bryan Associates Ltd.
through Andrew Nurnberg Associates International Limited

著作权合同登记号：图字 18-2020-054

图书在版编目（CIP）数据

思维的精进 /（英）大卫·罗布森著；沈悦译 . --
长沙：湖南科学技术出版社，2021.1
ISBN 978-7-5710-0860-4

Ⅰ.①思… Ⅱ.①大…②沈… Ⅲ.①思维形式—通俗读物 Ⅳ.① B804-49

中国版本图书馆 CIP 数据核字（2020）第 233827 号

上架建议：心理励志

SIWEI DE JINGJIN
思维的精进

作　　者：［英］大卫·罗布森
译　　者：沈　悦
出 版 人：张旭东
责任编辑：刘　竞
监　　制：吴文娟
策划编辑：许韩茹　万巨红
特约编辑：包　玥
版权支持：辛　艳
营销编辑：闵　婕
封面设计：仙境设计
版式设计：李　洁
出　　版：湖南科学技术出版社
　　　　　（湖南省长沙市湘雅路 276 号 邮编：410008）
网　　址：www.hnstp.com
印　　刷：旺源文化发展（天津）有限公司
经　　销：新华书店
开　　本：700mm×995mm　1/16
字　　数：223 千字
印　　张：18
版　　次：2021 年 1 月第 1 版
印　　次：2021 年 1 月第 1 次印刷
书　　号：ISBN 978-7-5710-0860-4
定　　价：55.00 元

若有质量问题，请致电质量监督电话：010-59096394
团购电话：010-59320018